대통령을
꿈꾸던
아이들은
어디로
갔을까

대통령을 꿈꾸던 아이들은 어디로 갔을까

오찬호 지음

믿을 건
9급 공무원뿐인
헬조선의
슬픈 자화상

위즈덤하우스

일러두기

1. 이 책에 등장하는 인물의 이름은 전부 가명이다. 본문에서 언급한 내용들은 모두 사실이나, 해당자의
   세부사항이 너무 상세해 발생할 수 있는 우려를 방지하기 위해 일부 지점들은 맥락을 벗어나지 않는
   범위 안에서 수정했다.
2. 이 책의 8, 118쪽의 사진은 서강대학교 사회학과 최근우 학생, 22, 112, 121, 133쪽의 사진은 오찬호,
   150, 230쪽의 사진은 담당 편집자가 촬영했다.
3. '공시족', '공시생', '지잡대' 등 사전에 등재되지 않은 조합어, 유행어, 속어 등은 본문의 맥락에서 필
   요할 경우 그대로 허용했다.
4. 본문과 미주에서 전집이나 총서, 단행본 등은《 》로, 개별 작품이나 논문명, 편명, 기사제목은〈 〉로 표
   기했다.

그들이 공무원이 되려는 것은
'공공'에 대한 열정이 아니라,
'개인'에 대한 공포 때문이다.
_ 안수찬, 〈그들과 통하는 길〉 중에서

차례

프롤로그 | 다음 생은 다른 나라에서 태어나라 9

1부 | 잘 하든지, 잘 태어나든지 21

참을 수 없는 존재의 가벼움 23
"작년에도, 그 전년에도 떨어졌어요, 올해가 세 번째예요" 23
이러다가는 백수가 될지도 모른다는 공포 27
끊임없이 부모를 원망해야 하는 시대 38
중산층도 '가난이 죄'라고 말하는 곳에 희망은 없다 49

나는 대학을 갔는데 모두가 공무원 준비나 하라 하네 55
"9급 시험 대비 학원에 우리 대학 학생들은 거의 없어요" 55
"음…… 공무원 시험 준비해" 58
끔찍한 장수생 생활만은 피하고 싶다 67
과정의 불공정함을 인정하지 않는 사회 76

지금의 지옥만 아니면 된다는 사람들 83
월 150만 원으로 살기 싫다 83
부조리한 현실을 탈출하는 유일한 방법 89
"그런다고 사회가 변하냐"고 할수록 사회는 나쁘게 변한다 97

2부 | 지옥을 떠나 더 나쁜 지옥으로 111

그곳은 섬은 아니되 도시 속 섬처럼 떠 있는 곳입니다 113
속세와 통하는 다리 113
꿈이 같은 사람들 119
시험, 합격, 그리고 승자의 여유 140

3부 | 아니꼬우면 공무원 하라는 사회 149

저녁이 없는 회사를 떠나며 153
365일 중 330일을 출근하다 153
과로하는 사회, 버티는 사람들 159

사회는 군대보다 더 힘들다 163
"회사생활 별것 없어, 군대랑 똑같아" 163
문제는 공무원 사회도 도긴개긴 171

가정이라는 감옥, 회사라는 유리천장 174
첫 번째 여자 이야기: 경력 단절 10년, 선택지는 하나 174
두 번째 여자 이야기: 남자들의 꽃이 되기 싫어서 180

오십 살이 넘어 공무원 시험에 도전하다 187
베이비부머 세대, 이들의 굴곡진 삶 187
그들은 소리 내 울지 않는다 193

공딩족을 아십니까 197
교복 입은 공시족 197
공무원 하려고 일반고에서 특성화고로 전학 온 아이들 201
"사회가 내게 공무원을 권한다오" 208

한국에서 장애인이 무엇을 할 수 있을까 215
무엇을 배웠든 바구니 공장으로 215
장애인을 부차적인 존재라 생각하는 사회 222

4부 | 우주가 아니라 사회가 도와줘야 한다 229

오늘보다 나아지기 위해 버려야 하는 생각들 231
'현실이 어쩔 수 없잖아'라는 말은 틀렸다 231
'공무원만이 희망'이 되어서는 안 된다 240

에필로그 | 어떻게 하면 아이들이 대통령을 꿈꾸게 할 수 있을까 245
주註 251

전철 창밖으로 63빌딩이 보이면
'외딴 섬' 노량진에서의 하루가 다시 시작된다.
내년에는 이 풍경을 절대 안 보겠다고 다짐하지만
그러지 못할 것 같아서 두렵다.
여기보다 '기약 없다'는 표현이 어울리는 곳이 있을까 싶다.

_ **본문 중에서**

다음 생은 다른 나라에서 태어나라

> 먹고 사는 문제가 중요한 이유는
> 역설적으로 먹고 사는 것과 관련 없는
> 본질적 문제가 중요하기 때문이다.
> _ **존 메이너드 케인스**[1]

청춘들이 무엇에 자신을 희생하고 있는가

나는 '지구인'이 아니다. 지구로부터 18광년 떨어진 곳에 위치한 FPG행성, 그곳에서 태어나고 자랐다. 수천 년간 평등한 사회를 유지해왔던 FPG행성은 우주 기후 변화에 따른 자원 고갈 때문에 곧 사라질 운명이다. 행성의 지도자들은 '지구'에 자신들의 뿌리를 내리기로 수십 년 전에 마음먹었다. 이미 신체적 외형을 인간과 일치시키는 데 성공한 우리들은 후손들이 안정적으로 살 곳을 지구 안에서 택해 이주할 계획을 수립했다.

하지만 230여 개의 나라 중 어떤 곳에 안착하느냐는 것은 쉽지 않은 문제였다. '누구든지 태어날 때부터 자유롭고 평등하다'라는 FPG

행성의 건성建星 이념을 볼 때, 민주주의와 자본주의가 불가분의 관계로 맺어진 사회가 이상적이라고 생각해 표본을 좀 추렸지만, 겉으로 볼 때 이 두 체제를 지향하는 나라는 무수했다. 이 중 아무 곳이나 고를 순 없었다. 같은 자본주의라도, 같은 민주주의라도 지구 사람들은 다르게 살아간다. 모든 나라가 천부인권을 법으로는 보장했지만 어떤 곳은 불평등을 줄이기 위해 온갖 노력을 하는 반면, 어떤 곳은 고통받는 사람들의 신음에 아예 관심이 없다. 이 차이는 저마다의 역사와 문화 속에서 형성된 사회철학, 이를 바탕으로 한 교육제도와 그 결과인 시민들의 정치적 성숙도가 나라마다 같지 않기 때문에 발생한다. 가족들끼리 저녁식사를 할 수 있는지 아닌지, 일상에서 차별을 받는지 아닌지의 문제는 바로 이 차이 때문이다. 그러니 아무 곳이나 선택할 수 있겠는가. 우리는 '개인이 행복할 수 있는 사회'를 찾아야만 했다.

행성의 원로지도자들은 정예요원들을 미리 파견해 각 나라들의 속살을 알고자 했다. 지도자들은 현재 시점에서 청춘들이 '무엇에', 그리고 '얼마나' 자신을 희생하고 있는지를 파악하라는 특명을 내렸다. 이는 두 측면에서 그 사회의 특징을 파악하는 데 유용하다. '무엇'을 살펴보는 것은 청춘들의 열정이 얼마나 다양한 꿈으로 펼쳐지는지를 확인하는 데 도움이 된다. 개인의 진로가 다양하다는 것은, 그 사회가 여러 안전망을 통해 개인들의 기본적인 생활이 가능하도록 노력하고 있음을 뜻한다. 그 덕에 어릴 때부터 '획일적으로' 미래를 준비하지도 않는다. 이는 그 사회를 살아가는 전체 구성원에게 무조건 득이다. 다양한 삶의 궤적을 거치는 사람이 많을수록, 다양한 분야에 종사하는 사람이 많을수록 사회 전체의 관용지수가 높을 수밖에 없기 때문이다. 내가 차별받지 않고, 차별하지 않는 존재로 살아야 하는 것에 무슨 찬반토론이 필요하겠는가.

그리고 '얼마나' 청춘들이 자신의 시간을 바치고 있는지를 파악하는 건 '생존이 아닌 삶'이 가능한 공간을 찾는 우리 행성의 미래를 위해 굉장히 중요한 포인트다. 평균 80세까지 거뜬히 살아가는 개인의 생애에서 청춘의 한때가 지나치게 힘들어서는 되겠는가. 청춘 이후의 단계로 가기 위한 준비의 성격에서 적절한 노력이 그 시기에 필요한 것은 당연하지만 '과잉'되었다면 문제다. 목표를 달성했든 못했든 마찬가지다. 전자는 '보상심리'에 지나치게 집착하게 한다. '내가 얼마나 고생했는데!'라는 자기합리화 안에서 부패와 매너리즘은 그렇게 정당화된다. 후자는 개인에게 심각한 '트라우마'를 안겨주게 된다.

정상적인 사회는 구성원들의 안정적인 경제활동을 바탕으로 유지되는 것이기 때문에, 청춘에서 다음 단계로 이르는 과정이 지나치게 힘들어서는 안 된다. 실패에 아랑곳하지 않고 다시 도전할 수 있는 분위기가 만들어져야 하는데, 도전이 '전투'가 되면 상처가 클 수밖에 없기에 꿈을 포기하고 인생을 하향화해서 살아야 하는 개인이 늘어난다. 사회 전체의 분위기가 어두워지는 건 당연하다.

이러한 행성의 지침을 한국에서 수행하는 역할을 맡은 나는 9급 공무원이 되기 위해 모든 열정을 바치는 사람들의 집결지인 노량진으로 갈 수밖에 없었다. 한국의 젊은이들이 '9급 공무원'에 이토록 집착하는 현실은 나로서는 굉장히 당황스러웠다. 풍족한 보상을 받지 못함에도 공직에 헌신하려는 이유가 있지 않겠는가 하는 순진한 생각도 잠시 들었다. 나라를 위해 일하고자 하는 사람들에게서 공공에 대한 열의가 느껴진다면, 그리고 가장 낮은 직급의 공무원에게도 그 열의를 볼 수 있다면 그 사회는 괜찮은 것 아닐까? 최소한 FPG 행성에서 공무원이 되겠다는 이들은 '자신의 속한 사회'를 좋아했다. 그래서 그들은 더 공적으로 일했고, 이는 더 많은 이의 '사적권리'를 보장하는 선순환을 이뤄냈다.

하지만 아무리 좋게 생각해도 한국에는 9급 공무원이 되겠다는 사람들이 너무 많다. 그리고 그 수는 계속 늘어나고 있다. 하나의 직업에만 사람이 이토록 몰린다는 것은 다른 직업들에 무슨 문제가 있음을 뜻하니, 이 사실만으로도 주도면밀한 조사가 필요했다. 앞서 언급했듯이, 다양한 개인들이 '안정'을 누리며 살아가는 것은 그 사회가 훌륭하다는 징표다. 그런 곳에서는 '공무원 열풍'이 있을 리 없다. 한국인들에게는 공직에 대한 무슨 사명감이라도 있는 것일까? 하지만 한국인들이 갑자기 유전자 변형이 일어난 것도 아닐 텐데 20년이라는 짧은 기간 동안 사명감을 가지고 일하겠다는 사람이 급증할 리는 없다. 그러니 여기에는 사명감이 없더라도 이 직업을 선택해야만 하는 명백한 '사회적' 이유가 있지 않겠는가.

4,120명을 뽑는 2016년도 국가공무원 9급 공채시험의 지원자 수는 역대 최대인 22만 2,650명이다. 2001년의 지원자가 9만 212명이니 15년 동안 증가 폭이 두 배가 훌쩍 넘는다. 공부 초기라서 시험을 치르지 않은 경우와 경찰직, 군무원직 등을 준비하는 이들을 합치면 적어도 매해 30만 명은 9급 공무원이 되길 희망하고 있다. 원

서만 달랑 넣고 시험장에 나타나지 않을 사람을 감안해도 어마어마한 수다. 전체 경쟁률은 54 대 1이다(역대 9급 공무원 시험 최고 경쟁률은 2013년도의 75 대 1이다. 참고로 상대적으로 적은 인원을 뽑는 7급 공무원 경쟁률은 이미 100 대 1을 넘겼다). 지원자 중 1.85퍼센트만이 합격하고 98.15퍼센트인 21만 8,530명이 떨어진다. 이 중에 상당수가 지방직 등 '9급' 타이틀이 붙는 모든 시험에 한 해 내내 일단 응시부터 하겠지만 그런다고 달라질 바늘구멍이 아니다. 서울을 제외한 16개 시·도의 2016년도 9급 지방직 공채시험 지원자는 21만 2,983명이다. 이 중 20만 1,624명이 떨어진다. 서울시 9급 공채시험은 거주지와 무관하게 지원할 수 있는데 13만 2,848명이 시험을 치고 13만 1,262명이 떨어진다.

그래서 의심될 수밖에 없다. 물론 9급 공무원을 준비하는 개인에게 무슨 잘못이 있을 리 없다. 하지만 '입신양명立身揚名'의 성격이 짙은 5급도 아닌 9급 공무원에 이토록 많은 개인들이 몰려드는 걸 '무슨 문제 있어?'라는 식으로 예사롭게 봐서는 안 된다(성형수술을 하는 개인을 비난할 수는 없다고 해서 이를 선택한 '개인들'—특히 최근에 급증한—을 분석해 한국사회의 지독해진 외모지상주의를 언급하는 게 문제되지 않는 것과 마찬가지 이치다). 월 134만 6,400원을 받고(2016년 9급 기준) 운이 좋아 5급 공무원까지 가더라도 그 기간이 29년이 걸리는[2] 직업을 희망하는 30여만 명은 나라를 너무 사랑해서 공무원이 되고자 하는 것일까? 비록 급여는 적지만 정년이 보장되고 연금제도 때문에 노후 걱정을 덜 수 있다고? 그 이점利點은 늘 존재했던 것인데 갑작스레 '지상 최대의 조건', '천국의 복지', '신의 직장'이 되어 개인들을 유혹하게 된 것일까? 이 질문은 저 엄청난 수의 지원자들이 공무원이 되고 싶어서가 아니라 '되지 않으면 안 될 상황'을 먼저 겪었다는 것을 충분히 암시하게 한다. 여기에 매달리지 않으면 안 되는 어떤 기구한 일들이 각자에게 있다는 것이다. 이 사연들을 듣는 것이야말로 우리 행성의 미래를 위한 나의 당연한 의무 아니겠는가.

나는 정체를 들키지 않기 위해 지난 10여 년간 '사회학 연구자'로 위장했고, '오찬호'라는 이름을 사용했다. 처음에는 '신문사 기자'로 위장했지만 조직에 구애받지 않아야 더 정확한 조사가 가능하다고 판단해 '제도권 밖 학자'를 선택했다. 나는 대학에서 시간강사를 오래 하면서 젊은 세대를 자연스럽게 만났고, 이 과정에서 공무원 시험을 준비하는 여러 케이스들을 확인했다.

특히 지난 2년간은 '노량진'에서 주로 활동했다. 최대한 밀착취재하기 위해 노량진에 하루 종일 있기도 했고, 1호선이든 9호선이든 노량진역을 지나갈 일이 있을 때면 일부러 내려 (지금은 없어진) 육교를 건너면 만날 수 있는 맥도날드Mcdonald's에서 천 원짜리 원두커피를 한 잔 시켜놓은 채 무작정 시간을 보내면서 그곳의 공기를 글로 남겼다. 42명의 '공시족(각종 공무원 시험을 준비하는 사람들을 이르는 말. FPG행성에는 없는 말이다)'들을 만나 인터뷰를 했고 우리 행성의 미래가 걸린 일이라 신중, 또 신중하게 보고서를 만들어갔다.

노량진으로 온 사람들에게 '오게 된' 이유를 들으니 한국은 암울했다. 이곳에서의 경쟁은 납득할 만한 수준이 아니었다. 과過했고, 불공정했고, 무엇보다 나아질 기미가 보이지 않았다. 나는 '있는 그대로를' 관찰한 후 이의 함의를 사회학적 시선으로 분석해 행성의 최고위직 관계자들에게 보고했다. 내가 오랫동안 사회학을 공부한 이유는 이 때문이었다. 공시족들이 말하는 공무원이 되려는 이유가 전체 사회를 관통하는 '골격'에서 등장한 것인지를 판단할 때 사회학은 제격이었다. 우리 행성의 관심은 한국에서 '공무원 하기'가 아니라, 공무원이 되려는 사람이 말하는 '한국사회'니까.

결과부터 말하자면 나의 발표 후, FPG행성은 '한국'을 이주 후보국에서 한 치의 망설임 없이 제외시켰고, 나에게는 즉시 귀환 명령을 내렸다. 보고서는 '여기에 우리가 살 수 없다'는 제목으로 시작해서 다음으로 끝맺는다. 처음부터 끝까지 어두운 내용뿐이었지만 도무지 밝은 기운을 찾을 수 없었기에 나는 솔직하게 표현했다.

> 한국에서 공무원이 되고자 하는 사람들은 자신의 삶이 '불안해서' 도피처를 찾고 있었다. 여기서 불안하다는 것은 단순히 경제적인 것만을 의미하지 않는다. 한국사회는 개인이 누려야 할 평범한 권리를 보장해주지 않는다. 여러 방면에서 악질적인 차별이 문화, 관습 등의 말도 되지 않는 이유로 만행한다. 이런 곳에서 우리 후손들을 키울수 있을까?

아주 가끔 경찰직이나 소방직 공무원 희망자들 중에서 공직의 꿈이 어릴 때부터 있었다고 애써 강조하는 경우를 발견할 수 있었으나 '왜 이 꿈이어야만 했는지'라고 몇 걸음 더 들어가서 물어보면 언제나 답은 '지랄 같은 한국사회 때문'이었다. 특히 지원자가 가장 많은 '일반 행정'직렬 준비자들의 경우, 국가관이나 공직관 등의 단어로 지원 동기를 물어보는 나를 오히려 어이없게 쳐다보았다. '여기에 정말 그런 이유로 공부하는 사람이 있다고 생각해요?'라고 묻는 듯이 보이는 이들의 눈빛 때문에 얼쯤했던 기억이 한두 번이 아니다. 수많은 이들이 한국사회의 공공 시스템을 '불신'했고, 이와 비례해 자신의 미래가 불확실하다고 '확신'했다. 그래서 지푸라기라도 잡겠다는 심정으로 매달릴 걸 찾았는데 그게 공무원 시험이었다. 공무원 시험이 없었으면 한국에선 진작 혁명이라도 났을 것이라는 우스갯소리가 있을 정도다.

비극적인 것은 공무원 시험이 '잘못된' 한국사회에 도리어 면죄부를 주는 역할을 한다는 사실이다. 포악스러운 한국사회에서 그나마 안정적인 직업을 얻고자 노량진에서의 삶을 선택한 수십만 명의 이야기는 일상의 비상식에 대한 문제 제기를 봉해버린다. 갑甲들은 '사회가 이런 줄 몰랐어? 억울하면 공무원 시험 치든가?'라고 비아냥거리고 을乙들은 '억울해서 공무원 되고 말거다'라면서 사실상 항복한다. 결국 사회의 폭력성은 더 심해진다. 그러면 '더' 늘어난 억울한 을들이 공시족이 되니 합격의 바늘구멍은 더 좁아지고 당연히 노량진은 '공시 낭인'들의 집합소가 된다. 이는 한국사회가 공무원 열풍을 '눈물겨운 사투'를 벌이는 개인을 등장시켜 "목숨을 걸어 합격할 수 있었다"는 판에 박힌 인터뷰를 소개하는 접근 방식이 엄청난 문제가 있음을 의미한다. 우리가 묻고 또 물어야 할 질문은 단 하나다. "도대체 한국에는 어떤 일이 벌어지고 있는 거야? 상황이 이 지경인데도 안 바꿀 거야?"

시민의 역할을 직무유기한 한국인들의 실상은 끔찍했다. 나는 한국에서 발견한 사례들을 가감하지 않고 보고서를 만들어 '잘못된 것을 잘못되었다고 말하는 것'이 진정한 '긍정적 자세'라 여기면서 보고서를 발표했고 곧 한국을 떠나게 되었다. 하지만 막상 떠나려니 한국이 아니었으면 '지금의 선택'을 하지 않았을 수많은 이들의 얼굴이 자꾸만 떠오른다. 그들을 위해서라도 2년간 기록한 것들을 보여주고자 한다. 이는 한국을 떠나는 '나'를 위한 것이기도 하다. 어쨌든 우리 행성은 지구 어딘가에 안착할 것이기 때문에 한국의 문제를 '인류애'의 관점에서 외면할 수 없다. 지구의 어느 한 나라가 '상식을 찾아간다는 건' 다른 나라에 희망을 주는 일 아니겠는가.

이 책의 1부에는 나의 보고서를 보고 행성의 원로지도자들이 한국을 포기하게 되는 과정을 담았다. 공무원이 되길 원하는 이들은 자본주의 사회를 지탱하는 경쟁의 논리가 사람들로부터 신뢰받을 수 없는 상태임을 생생하게 증명했다. 나는 개인이 감당할 수준을 넘어선 '기회의 불평등' 앞에서 도무지 꿈을 꿀 수 없는 이들을 만났고, 오래되어 견고해진 온갖 편견이 난무하는 '과정의 불공정성'에 지쳐버린 이들의 상처를 발견했으며 무슨 일을 하든 성실히만 살면 되는 줄 알았다가 잔혹한 현실 앞에 뒤늦게 후회한 이들이 말해주는 결과의 비상식성을 기록했다.

2부에는 지옥 같은 한국사회를 떠나 더 지옥 같은 노량진에서 고군분투하는 청춘의 모습을 담았다. 임용고시와 7급 시험에 연이어 합격하지 못하고, 배수의 진을 친 9급 시험 때문에 24시간을 분 단위로 쪼개서 관리하는 아무개가 들려주는 노량진에서의 삶은 한없이 먹먹했다.

3부에는 '한국은 답이 될 수 없다'는 결론을 내기 위해 그동안 관찰한 사례들을 모았다. 한국에서 자본주의 논리는 절대적 갑이었다. 민주주의는 이 갑의 횡포를 제어하지 못했다. 사회 전체의 혈관이 이런 가치로 채워져 있으니 단순히 젊은 세대만이 이런 시대의 물줄기에 허우적거리는 것이 아니었다. 그래서 온갖 이들이 노량진으로 왔다. 야근에 지친 회사원, 하루아침에 실직자가 된 중년, 경력단절 이후 괜찮은 일자리를 구하기가 어려웠던 주부, 최저임금조차 못 받는 사회에서 무슨 희망을 가질 수 있겠냐는 고등학생, "공무원 말고 그럼 뭘 할 수 있죠?"라고 묻는 장애인 등등. 이 퍼즐을 모으면 고스란히 '가장 객관적인 한국의 모습'이 완성된다.

　4부에는 '우리는 지구를 조상으로부터 물려받은 것이 아니라 후손으로부터 빌려 쓰고 있는 것이다'는 미국 인디언의 경구를 교훈 삼아 어떻게든 오늘보다 내일은 '나쁨'이 줄어드는 변화를 희망하면서 짧은 조언을 덧붙였다. 핵심은 현재의 구체적인 절망을 '파괴'하는 것만이 미래가 나아지는 것이다. 그렇게 한국사회가 변화하길 희망한다.

대통령을 꿈꾸던 아이들은 처음부터 없었다

이 책의 제목인 《대통령을 꿈꾸던 아이들은 어디로 갔을까》는 사실 우문이다. 이곳에 사는 사람들은 '애초에' 대통령을 꿈꾸지 못한다. 독자들은 이를 정확히 이해하고 책을 넘기길 바란다. 그렇지 않으면 "지금의 청춘들이 도전 정신은 없고 그저 현실에 안주하려는 속성이 강하다"면서 어딘가 문제 있는 '안빈낙도安貧樂道', '안분지족安分知足'으로 이들을 묘사하고픈 유혹에 쉽게 빠지게 된다. 노량진을 관찰해보니 이건 다 헛소리였다. 수많은 이들이 안정성만을 좇는 것은 자신의 삶이 워낙 안정적이지 못하기 때문이다. 한국사회는 개인의 실패를 이해해주지 않는다. 삶이 안정적이지 않다는 것은 취업이 어렵다는 이유만도 아니다. 잘 다니던 직장을 '때려치우고' 노량진의 컵밥을 먹는 이들도 수두룩했다. 이런 사회를 한국의 젊은이들은 '헬조선'이라고 했다. 그러니 공무원이 되려는 이들을 자신의 희망을 '거세'한 나약한 존재로 봐서는 안 된다. 이들은 윗세대가 잘못 만들어놓은 시궁창 같은 현재에서 단지 생존을 위한 '모험'을 너무나 오랫동안 하고 있었다. 엄청난 사회적 낭비다.

그럼에도 '우문'으로 책 제목을 정한 것은 그래도 '아이 때는' 대통령을 꿈꾸는 경우가 많은 사회를 희망하는 '현답'을 찾기 위해서다. 그러니 저 질문은 '현재의 젊은이들'을 꾸짖기 위한 것이 아니라 '현재를 만들어낸 한국인 모두'를 향한 것이다. 한국은 모두가 공익을 존중할 때 개인의 사적권리가 보호됨과 동시에 그 범위가 확장된다는 상식이 지켜지지 않는 곳 같다. '모두의' 존엄성이 지켜질 때 덩달아 '나'라는 개인의 주체성이 오롯이 인정될 수 있다는 건 너무나도 지당하다. 노량진에서 만난 '공무원이 되고픈 사람들'은 사람이라면 누구나 누려야 할 권리가 공적 시스템 안에서 보호되지 않는 한국에 어떤 희망도 기대하지 않았다. 그러므로 우리는 도무지 여기서 살 수 없다.

지난 2014년 3월 광주에서 공무원 시험을 준비하던 20대가 인적이 드문 야산에서 나무에 목을 매 자살한 채로 발견되었다. 2015년 1월에는 천안의 한 모텔에서 30세 남자가 역시 자살로 생을 마감한 채 발견되었는데 이 남자의 유서에는 '부모님한테 기대만큼 하지 못해서 죄책감이 들고 죄송하다'는 말과 함께 놀라운 사실이 적혀 있었다. 그는 몇 년간 공무원 시험에서 낙방하자 부모님께 지방군청 공무원이 되었다고 거짓으로 말하고 1년간 아침마다 출근하는 척을 해왔다고 밝혔다. 월급이라면서 그간 갖다드린 2천만 원은 대부업체에서 대출받은 돈이라는 사실과 함께.

　이 두 기사에는 "저승이 한국보단 편안할지 몰라요. 명복을 빕니다" 등 위로의 댓글이 수없이 달렸는데, 가장 많은 공감을 받은 댓글이 공교롭게도 동일했다. 그건 "다음 생은 다른 나라에서 태어나라"였다. 정말이지 할 수만 있다면 그렇게 해주고 싶다. 아, 빠트릴 뻔했다. 행성 이름인 FPG는 'For the Public Good', 즉 '공익을 위하여'라는 뜻이다.

2016년 11월
한국을 사랑한 외계인 오찬호

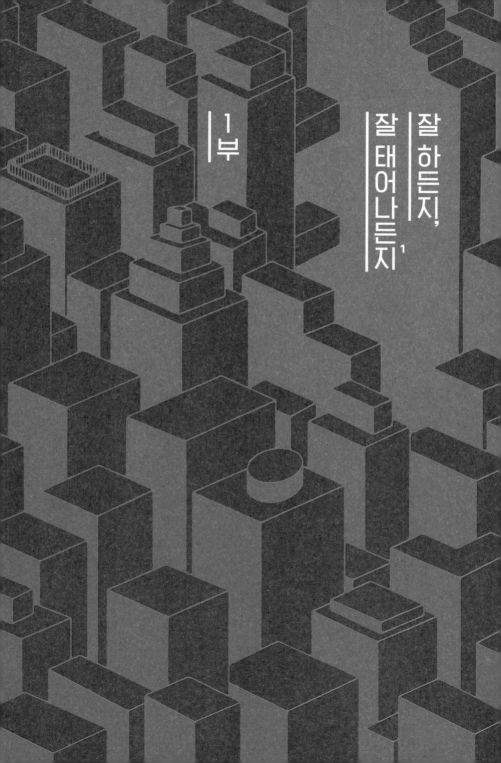

1부

잘하든지,
잘태어나든지 [1]

기성세대가 어떤 삶을 살아왔든지 그와 별반 관계없이
그들의 자식들이 살아가야 할 세상은 천지개벽했다.
_장하성[2]

참을 수 없는
존재의 가벼움

부자가 되고 싶다는 꿈을 꿨다면

부자가 되었을 것도 같다.

내가 불행하거나, 남을 불행하게 만들면서 말이다.

_ 김소연[3]

"작년에도, 그 전년에도 떨어졌어요, 올해가 세 번째예요"

홍은정. 한국에서 명문대라 불리는 대학의 국어국문학과에 재학 중인 학생이다. 나와는 5년 전에 강의시간에 처음으로 만났다. '청년문화론'이라는 강의였는데, 고작 1학년인 은정이는 자신의 일상 속에 숨어 있는 사회의 모순적 숨결을 발견하고 이를 수려한 문체로 잘 드러냈다. 엄청난 독서량, 평소에 사회의 문제를 진중하게 고민하는 습관이 없었다면 불가능한 일이다. 나는 이 친구를 '우리 강의의 에이스'라고 부르길 마다하지 않았다. 제출한 에세이를 돌려줄 때는, '취업 스펙만을 강요하는 세상에서 정말로 인간이 가져야 할 품격을 존중하는 태도에 깊은 존경을 보냅니다'라는 문구를 작성하기도 했

다. 그리고 학기를 마치면서 대부분의 학생들과 그러듯이 은정이와
도 별다른 소식을 주고받지 않고 살았다. 하지만 가끔 그의 안부가
궁금하긴 했다. 나의 느낌상, 은정이가 일반적인 대학생의 취업 준
비를 하지 않을 것이라는 확신이 약간 있었기 때문이다.

　4년 후, 나의 다른 강의인 '현대사회의 이해'를 수강 신청하는 은
정이를 만났다. 이미 졸업을 했을 시간이라 의아했지만 요즘 워낙 다
양한 이유로 재학 기간이 늘어나니 대수롭지 않게 생각했다. 어떤 이
유든 은정이의 '지적 욕구'가 나를 자극시킬 것은 분명했기 때문이
다. 하지만 강의가 진행될수록 은정이가 낯설어지기 시작했다. 그의
초롱초롱 눈망울은 온데간데없었다. 슬쩍 질문을 던져보면 마지못해
답은 하지만 굉장히 '짜증나는' 표정이 슬며시 드러났다. 에세이도
마찬가지였다. 진중하지 않았다. 시간을 투자하지 않은 느낌이 행간
곳곳에 묻어 있었다. 내용도 그다지 파괴적이지 않았다. 대충 안정적
으로 묻어가려는 태도로 자판을 두드렸을 것이 빤한 글이었다.

　그렇게 변해버린 은정이가 강의시간 내내 휴대폰을 만지작거리
는 날이 있었다. 모든 학생들이 하는 행동이지만 그러지 않길 바랐
던 학생이라 자꾸 신경이 쓰였다. 은정이는 10여 분을 그러더니 갑
자기 고개를 떨구고 일어나지 않았다. 나는 아파서 그런가 생각하
고 강의가 끝난 후 괜찮은지 슬쩍 물어보았다. 솔직히 '요즘 너 정신
상태가 왜 그래?'라는 속내를 표정에서 감추진 못했다. 눈치를 챘는
지 은정이는 연신 "아, 교수님. 죄송합니다" 하면서 자신의 수업 태
도가 문제가 있었음을 에둘러 표현했다. 그러면서 "제가요…… 요
즈음…… 좀…… 정신이……"라면서 말을 흐느적거리더니 갑자기

오열했다. 당황하는 내게 은정이는 눈물을 흘리면서 말했다.

> "교수님, 죄송해요. 오늘 공무원 시험 발표 날이어서 그거 확인한다
> 고 그랬어요. 가채점했을 때 커트라인에 딱 걸려 있다고 생각했는데
> 떨어진 걸. 아니 이 짓을 다시 해야 한다는 생각에 순간 아무것도 안
> 보였어요."

나는 당황스러웠지만, 자기계발서에나 나오는 문구를 들먹이며
애써 은정이를 위로했다. "아, 나도 정말 마음이 아프네. 공무원 시
험 합격하려면 몇 년 걸리는 건 기본이라니까 그래도 힘내자. 커트
라인 근처라면 다음에 가능성이 있다는 것이니 긍정적으로 생각하
렴."

선생의 조언에 마음을 추슬러서였을까? 은정이가 눈물을 흘리면
서 씩 웃었다. 하지만 이어지는 말을 들어보니 그녀에게 '긍정 요법'
이 얼마나 우스꽝스러운 것이었는지 단번에 알 수 있었다.

> "어휴, 선생님. 작년에도, 그 전년에도 떨어졌어요. 올해가 세 번째
> 예요. 올해는 세 학기나 연속으로 휴학하면서 도전했는데도 결과가
> 이러네요. 이거 준비한다고 다른 스펙은 하나도 없어서 일반 기업에
> 는 원서접수조차 못 하는데……."

유레카! 은정이야말로 내가 찾던 표본이었다. 그날 이후, 나는 학
교 안 카페에서 은정이와 여러 번의 인터뷰를 진행했다. 은정이는 3

년째 공무원 시험에서 낙방했다. 7급을 두 해 준비하다가 9급으로 변경했는데도 결과는 마찬가지였다. 참고로 은정이는 수능 성적이 상위 1퍼센트였던 친구다. 상위 1퍼센트의 능력자가 왜 그렇게 공무원에 집착하는지를 물으려고 할 찰나, 은정이가 갑자기 "미안해요. 선생님"이라면서 입을 열었다. 그러면서 4년 전에 자신이 강의의 모든 에세이에서 만점을 받았다는 사실과 내가 이번 학기 첫 번째 에세이 과제에 '이런 과제가 오랜만이라서 적응을 하지 못한 모양이네요. 곧 예전의 클래스로 돌아오길 기대해도 되지요?'라고 첨삭한 일을 떠올렸다. 은정이는 '그래서' 볼 면목이 없지만 '애초에' 이럴 줄 알았다고 했다.

"사실 이 수업…… 그냥 학점 잘 받을까 해서 신청했어요. 몇 년 전에 에이플러스 받은 적도 있고 해서 점수 따기 유리한 과목인 줄 알았어요. 에세이로 평가하고 시험을 따로 치지 않으니 막연히 '내 공부 할 시간 많이 나겠다' 정도만 생각했죠. 그런데 개강 첫 날에 선생님께서 에세이를 여섯 번 제출해야 한다고 하시는 순간 '아, 이거 듣다간 공무원 시험 망치겠다'라는 생각이 들었어요. 그래서 수강정정을 하려고 했는데 선생님이 워낙 반갑다고 하셔서 차마 그러지 못했어요. 그래서 별수 없이 들었는데 역시 글쓰기가 엉망이 되더라고요. 일단 지금 제가 '사색할' 여유가 없으니 글이 그럴 수밖에 없죠."

나아가 이 강의가 "솔직히 제게는 짜증나는 시간"이라 했다. '공무원 시험 모드'와 너무나 맞지 않는다는 것이 이유였다. 은정이의 말로는 이렇다. 객관식 100문제를 100분 안에 풀어야 하는 9급 공무원 시험은(7급은 140분 동안 140문제를 푼다) '모르는 걸 줄이는' 방식으로 공부해야 한다. 두꺼운 교재 두세 권이 한 과목에 필요한 범위인데 여기서 나오는 문제가 고작 스무 개다. 그러니 열 몇 권의 책을 통째로 외워야 하는 판국에 아는 걸 '넓혀 나가는' 공부는 시간 낭비의 대표적인 경우다. 그래서 문제에서 오답을 걸러내는—다른 말로 정답을 암기하는—훈련을 끊임없이 반복한다. 그러다가 "사회학적 상상력을 바탕으로 미시적 삶과 거시적 구조의 연결고리를 찾아보자"는 식의 이야기를 들으면 황당하다. 애써 노력해보아도, 뇌의 발동 자체가 걸리지 않는다. 그래서 일차적으로 짜증이 나는데 75분의 강의 때문에 괜히 '흩어진' 생각을 재정비해 다시 공무원 시험 모드로 전환시키는 시간을 마주할 때 또 짜증이 난다.

진심을 말해주는 은정이를 보니 나는 미안한 감정이 먼저 들었다. 상상 그 이상의 '생존 압박'을 겪는 청춘들에게 "과연 돈이 인생의 전부일까요?"라고 말하는 내 모습은 아마 백면서생白面書生처럼 비쳤을 것이다. 은정이는 솔직한 만큼 '정확하게' 기억하고 있었다. 자신이 공무원 시험을 준비하지 않으면 안 되겠다고 생각한 '그날'을.

이러다가는 백수가 될지도 모른다는 공포

그날은 2학년 가을학기 중간고사가 끝난 날이었다. 은정이는 늘 그랬듯이 책이나 죽어라 읽을 계획을 세웠다. 시험공부 때문에 읽다 만 헤르만 헤세Hermann Hesse의 《수레바퀴 아래서Unterm Rad》를 들고 학교 앞 카페를 찾은 은정이는 '오늘은 특별히' 아메리카노보다 600원이 비싼 카페 라테를 주문한 후 볕이 들어온 창을 등지고 앉아 카페안 사람들을 구경했다. 이런 여유가 얼마만인가 하는 생각이 드는 순간, 묘하고 낯선 느낌이 은정이를 강타한다. 은정이는 다른 사람들과 자신이 확연히 구분되고 있음을 느낀다.

'이게 뭐지?' 은정이는 영화에서 카메라가 롱테이크로 배우의 주변을 빙빙 돌 듯 자신의 시선을 주위로 옮겨갔다. 가장 먼저 눈에 들어온 장면은 각자 노트북을 펴고 마주앉은 세 명의 무리다. 이들은 자기소개서를 작성하면서 상호 체크를 하는 모양이다.

그중 한 명이 "어릴 때부터 도전을 두려워하지 않았고…… 음…… 이 지점은 너무 식상하지?"라면서 씁쓸한 표정을 짓는다. 그러자 다른 한 명이 "식상하지. 대한민국 취업준비생 중 도전 싫어하는 사람은 아무도 없을 걸? 무슨 근거가 있어야 한다니까. 예를 들어 '이처럼 모험을 두려워하지 않았기에 저는 50일간의 '미국' 자전거 여행에 도전할 수 있었다' 뭐 이런 거? 그런데 난 자전거도 없으니, 젠장"이라고 말하면서 웃는데, 말 그대로 '웃는 게 웃는 게 아닌 표정'이다. 다른 이는 "별수 있냐. 그렇다고 '어릴 때부터 도전은 싫었다'고 말할 수도 없잖아. 그냥 '내일로' 기차 여행간 거 좀 부풀려서 적어"라고 말하면서 웃는다. 그제야 모두가 커피 한 모금을 마신다.

그중 덥수룩한 수염, 체육복 바지를 입고 있는 '복학생' 느낌의 한 명이 카페 안 모든 사람들이 다 들릴 정도로 소리를 내며 기지개를 펴더니 이렇게 말한다. "젠장! 이럴 줄 알았으면 워킹홀리데이라

도 다녀오는 건데……. 편의점 알바 경험을 적을 수도 없고." 다시
침묵이 흐르더니 복학생 '그'는 말한다. "아, 지겹다. 같은 자기소개
서 이리저리 고쳐서 쓰는 것도. 성장 과정 지어내는 것도 한계지. 그
냥 업체에 맡겨버릴까? 너희들 ○○선배 알지? 그 선배 자기소개서
만 칠십 네 번 작성했대. 그런데 다 떨어지고 결국 자기소개서 대필
해주는 사람 찾아서 50만 원 주고 작성한 걸로 작년에 ○○기업 서
류 통과했다더라." 말은 그렇게 하지만 실제 그는 그럴 의지는 없어
보인다. 마주앉은 사람이 말한다. "그럴 돈 있으면 진작 했지. 그거
나중에 서류 합격하면 추가로 돈 더 요구한다는 거 몰라?" 그러더니
다시 침묵이 이어졌고 간간이 혼잣말들을 각자 내뱉는다. "박카스
국토대장정을 하면서……", "가락시장에서 했던 새벽 아르바이트
는……", "인턴 경험은 무엇보다도 소중한……."

　은정이는 이들이 토로하는 불만도 놀라웠지만 그 '자기소개서'라
는 것이 단순히 개인의 성장사史를 나열하는 것이 아니라는 사실에
어안이 벙벙했다. 제각기 다를 수밖에 없는 성장을 말 그대로 '소개'
하는 '자기소개서'를 기업은 애초에 원하지 않는다는 걸 '순진하게
도' 은정이는 그때야 알았다. '자신의 역량을 강화시키기 위해 열정
을 가지고 도전한 과거 경험'을 어떻게든 찾아내어(아니면 지어내어
서라도!) 규격에 잘 맞출수록 자신에 대한 좋은 소개가 된다는 사실
은 익숙한 사람에게는 별 놀랄 일도 아니겠지만 한번만 생각해보면
말도 안 되는 우스움, 그래서 공포 그 자체다.

　방금 은정이가 느낀 '묘한 감정'은 이 공포로부터 야기된 것이었
다. 자기소개서를 작성하던 무리들은 이 공포의 공기를 만들어내는

한 조각이었을 뿐이다. 고개를 돌려보자. 카페 한 구석에는 단체로 예약해야만 사용 가능한 작은 회의실이 하나 있다. 유리방 안에는 묘한 풍경이 펼쳐진다. 조금 전 친구처럼 보였던 여섯 명이 들어갔는데 이들은 약간의 잡담을 서로 하더니 이내 세 명은 테이블에서 좀 떨어져서 가지런히 앉아 맞은편 세 명을 정중하게 응시한다. 맞은편에는 하나같이 한 손에는 펜을 빙빙 돌리면서 거들먹거리는 표정으로 무엇인가를 질문하는 '갑'이 있다. 그러면 정중한 세 명의 '을'들은 쩔쩔매는 표정으로 입을 뻥긋거렸다. 그럴 때, 갑들은 더 매서운 표정으로 무엇을 캐묻는 듯 보였다. 난감한 질문이 분명했다.

을 중에는 얼굴이 빨갛게 달아오른 사람도 있었고 하얗게 질려 있는 경우도 있었다. 그러나 손을 무릎 위에 정중히 모아 허리를 꼿꼿하게 편 처음의 자세를 흐트러지지 않게 하려고 노력하는 모습은 세 명 모두 같았다. 어색하지만 얼굴에 웃음기를 애써 보이고자 입술을 씰룩거리는 행동도 일치했다.

그렇게 30여 분이 지나자 갑과 을이 자리를 교체한다. 조금 전 을이었던 지금의 갑은 한층 여유로운 자세가 되어 무엇인가를 묻고 새로운 을들은 좀 전의 호탕한 태도는 온데간데없고 경직되어 있다. 은정이는 저 사람들이 뭐 하나 싶었는데 유리창 옆에 붙은 메모지를 보니 이해가 되었다(오른쪽 박스 참조).

이 방은 '면접 연습' 전용 방이었다. 원래 목적에서 달라진 것인지, 애초에 이런 학생들을 위한 것인지는 모르겠으나 중요한 것은 은정이가 지금에서야 이 방의 용도를 알았다는 사실이다. 예약 현황을 보니 수요에 비해 공급이 부족해보였다. 방 안에는 검정색 사인

금일 면접연습 예약 현황

12:00~14:00   ○○대 경영학과 홍길동 외 5명
14:00~16:00   △△대 사회과학대 김철수 외 4명
16:00~18:00   ○○대 동아리 '마블'(총 6명)
18:00~20:00   ○○대 △△대 연합스터디 팀(총 5명)

※ 다음 팀을 위해서 10분만 일찍 정리해주시기 바랍니다.
※ 우리 카페에서는 여러분들의 합격을 진심으로 기원합니다. 참고로 이 방에서 연습한 많은 이들이 대기업 합격했답니다. 여러분들에게 행운이 깃들길 바라요~!

펜으로 작성한 글귀가 적힌 노란색 포스트잇이 곳곳에 붙어 있다. 선명하게 보이는 '다시는 이 방에 들어올 일 없으면 좋겠다'라는 문구가 지금 방 안에 있는 여섯 명의 대학생들이 분출하는 '간절함'과 조우해 앙상블을 이룬다.

때론 괴성이 고성으로 흘러나오자 은정이는 놀란다. "○○○ 씨는 그러니까 노조를 긍정적으로 생각하신다는 겁니까?", "직장 상사가 성희롱하면 외부에 알리지 말고 어떻게 해결해야 하는지 말해보세요!" 이게 무슨 말인가. 노조를 긍정하는 것이 무슨 문제라도 된단 말인가? 폭력을 당했는데 그럼 이를 외부에 알리지 어디에 알려야 하는 걸까? 회사 안에 경찰서라도 있단 말인가? 은정이는 의아해했지만 갑의 워낙 우렁차고 단호한 목소리를 듣자하니 을이 말해야 할 답은 이미 정해져 있는 듯했다. 그러니까 이 방은 '기업이 좋아할 만한' 답을 암기했는지를 연습, 또 연습하는 곳이다. 평소 은정이는 '남들 눈치 안 보고 자신의 생각을 조리 있게 말할 줄 안다'는 소리

를 주변으로부터 자주 들었다. 그런데 저 방에서는 그러면 절대 안될 듯했다.

거대한 두 조각이 미처 채우지 못한 틈은 카페의 다른 이들이 메웠다. 홀로 앉아 있는 이들은 죄다 토익TOEIC 책을 펼치고 있었다. 이 광경을 은정이가 처음 본 것은 아니었다. 다만 지금껏 무시했었다. 대학에 와서 왜 저러고 사느냐면서 '한심하게' 본 것도 사실이었다. 하지만 이 날은 다른 느낌이었다. 손에 들고 있는 헤르만 헤세의 책은 어색하기 짝이 없었고, 무엇보다 참을 수 없을 정도로 자신의 존재가 '가벼워' 보였다. 한없이 평범, 아니 그 아래로 보일 뿐이었다. 순간 미래는 불안해졌다. 서둘러 카페를 나오면서 은정이는 생각했다. '내가 과연 저런 것을 준비할 수 있을까?' 그리고 3주 후, 아직 대학에서 2년을 채 보내지도 않은 은정이는 '나는 이미 늦었다. 이러다가는 백수가 되겠다'는 결론을 내리고 '무슨 일이 있어도 공무원이 되어야 한다'고 결심한다. 공무원은 살면서 단 한 번도 생각하지 않은 직업이었다.

은정이는 새로운 결심을 하게 되기까지의 3주 동안 '취업 완전체'가 되기 위해서는 무엇을 준비해야 하는지를 살펴봤다. 완전체들은 일단 학점 관리부터 목적 의식이 달랐다. 학점은 '높은 게' 그냥 좋은 거였다. 당연한 말처럼 보이겠지만 실상은 굉장히 추잡하다. 높은 학점이 취업의 필수가 되면, 생각의 폭을 넓히고자 '미지의 영역'에 도전할 필요가 전혀 없다. 학점 등급 B를 받았다면 그 내실에 상관없이 그 인간은 'B' 인간일 뿐이다. 그래서 완전체들은 '원래 아는 것', '익숙한 것'을 찾아 듣는다.

모험은 필요 없다. 이미 영어를 원어민 수준처럼 하더라도 '영어 초급 회화'를 신청한다. 아무런 지적 성숙이 없어도 A를 받으면 '열심히' 산 것이기 때문이다. 익숙하지 않은 것에 도전할 때도 있다. 점수만 잘 준다면 별로 관심 없었던 영역도 서슴없이 노크한다. 그래서 뼛속까지 마초인 인간이 '페미니즘' 강좌를 듣는 진풍경이 펼쳐진다. 생각의 변화를 추구해서가 아니다. 그냥 그 강의가 '부담 없다'는 소문이 자자하면 돈을 주고서라도 어떻게든 한 자리를 얻어낸다.*

하지만 '멍청한' 은정이는 대학에 와서 가급적 새로운 걸 많이 배우고 싶어 했다. 은정이는 강의에 대한 선배들의 후기, 평가 방식 등을 살펴보지 않고 순수하게 강의 계획서의 교과목 개요, 한 학기 동안 읽을 책의 목록 등을 살펴보는 원시적인 방법으로 수강신청을 했다. 그래서 진정으로 얻은 건 많았지만 '드러난' 지표만으로는 얻을 게 별로 없었다. 그렇게 4학기를 지냈으니 지금부터 제대로(?) 한다고 만회할 상황이겠는가.

완전체들의 말에 따르면 토익은 3학년 초에는 끝내야 한다고 했다. 다른 걸 관리할 시간을 확보하기 위해서다. 4학년이 되어 토익 점수 가지고 끙끙거리면 아무것도 못 된다고 했다. 그래서 은정이도 일단 학교에서 실시하는 모의토익에 응시했다. 생애 첫 시험인데

---

* 요즘 대학가에서는 '부담은 적고 점수는 잘 받을 수 있는' 이른바 저비용 고효율의 강의를 돈을 주고 거래하는 대학생들이 있다. 거래 방식은 간단하다. 학교 커뮤니티를 통해 상호 접선이 이루어지며, 접속자가 적은 새벽 시간에 거래가 성사된다. 한 명이 강의를 취소하는 동시에 다른 한 명이 순간적으로 발생한 '여유 인원 1명'을 차지하는 식이다. 인기(?)강의의 경우 20만 원에 거래되기도 한다. 이 몹쓸 풍토를 자세히 알고 싶다면 나의 책 《진격의 대학교》(문학동네, 2015)를 읽어보길 바란다.

710점 정도가 나왔다. 취업지원팀 직원의 상담에 따르면 요령도 하나도 모르는 상태에서 이 정도면 나름 우수하다면서 1년 정도 학원에 투자하면 850점 정도는 충분히 가능하다고 했다. 아예 휴학을 하고 좀더 집중하면 900점도 내다볼 수 있다는 격려도 이어졌다. 토익 점수를 위해 휴학을 권유하는 것이 이상했지만, 이것만으로 취업 완전체의 자격이 된다면 은정이는 한 번 올인하는 것도 나쁘지 않다고 생각했다. 하지만 "토익 점수가 목표치에 도달하면 휴학하고 어학연수를 가는 코스로 공부하면 되겠다"는 직원의 말에 포기했다. 직원은 '어학연수 없는' 토익 점수는 '팥 없는 붕어빵'에 불과하니 학교와 연계된 유학원 목록을 친절하게 알려준다. 대학에 와서 토익에 올인하는 것도 몸과 정신이 어질어질할한데 그게 다가 아니라니 은정이는 겁이 났다. "그걸 꼭 가야 하나요?"라고 묻자 직원은 앞에 '대大' 자 붙는 기업에 가려면 필수라고 했다. 실제 완전체들은 어학연수는 물론이고 교환학생 경력도 많다. 은정이는 교환학생을 외국에서 한국으로 온 경우만을 생각했지 그 반대의 경우가 그렇게 흔한지(?) 처음 알았다. 그런 건 유엔UN 같은 국제기구에서나 일할 사람이 선택하는 것이라 생각했는데, 실제 교환학생 경험자들은 그런 곳이 아니라 국내 대기업에만 관심이 있었다.

취업 과정에서 이런 것을 '기본적으로' 요구하는 것이 과연 타당한지에 대한 논의는 대학 내에 없었다. 현상에 대한 비판이 없으니 모두가 스펙에 매달리고 기준은 상향평준화되어갔다. 그렇게 스펙이 포화되면 또 다른 스펙이 등장한다. 어학연수가 기본이 되더니 자격증과 공모전 실적을 내라고 하고 봉사활동과 인턴 생활 경험을 평가하기에 이른다. 더는 평가할 것이 없을 정도니 외모와 사상도 기업이 요구하는 '틀'에 맞추라고 한다. 또 학생들은 열심히 그 기준에 자신을 맞춘다.

예를 들어, '진보정당 서포터즈 활동' 같은 것이 취업에서는 자살 행위라는 걸 잘 안다. 예전 같으면 정치적 성향은 기업에서 사원들을 '임원급' 정도로 승진시킬 때 고려할 만한 요소였다. 그런데 지금은 20대 신입사원들을 판단하는 데 적용된다. 그러니 '대학생활'이라는 뜻 자체가 과거에 비해 완전히 달라질 수밖에 없다. 서류전형을 통과하기 위해 고려해야 할 요소가 이 정도다. 그 관문을 통과하면 죽음의 면접이 기다린다. 옥석을 가려내겠다는 기업의 의지는 면접의 형태를 완전히 바꿔버렸다. 한 언론사에서 소개한 '꼬리에 꼬리를 무는' 네버엔딩 면접을 보자.

> 7단계의 면접을 포함, 총 10단계의 전형 과정이 두 달 반에 걸쳐 진행된다. △서류전형 △인적성전형 △강점혁명검사 온라인 전형 △1차 면접 △조별 PT면접 준비 △영어면접 △PT발표 면접 △조원평가 면접 △상황판단면접 △최종면접이 그것이다. 특히 다섯 번째 '조별 PT면접 준비'가 취준생들의 진을 뺀다. 조별 PT면접에 대한 설명회를 하루 종일 거친 후 조별 PT 준비를 본격적으로 시작하는데, 이 과정은 꼬박 일주일 동안 진행된다. 해당 기간 동안 지원자들은 조별로 지점에 배치돼 매일 출근한다.[4]

면접에선 "이 업계에서 일한 경험이 있는가?"와 같은 형이상적인 질문을 '신입'사원이 되고자 하는 대학 졸업예정자에게 퍼붓는다. 대학을 다닌 사람에게 실무 경험의 유무를 묻는 정도니 그 외에 어떤 질문이 오가겠는가? 하긴, 역사를 전공한 사람에게 "요즘 대학생들은 보고서도 쓸 줄 모른다"고 묻는 세상이니 놀랍진 않다. 그러니 카페 한쪽 구석이 늘 만원이었고 이 면접 과정에서 취업 완전체의 상당수가 탈락한다. '규격화된 인간'들만이 이 면접을 치르지만 미세한 균열을 찾기 위해 기업은 지원자를 압박, 또 압박해서 지원자를 양파처럼 깐다. 이 과정에서 '갑질 면접'이라 불릴 만큼 여러 추태가 등장해도 '도전 정신', '사회생활' 등의 범주에서 이를 해석할 의지가 없다면 취업할 생각은 애초에 하지 말아야 한다. 불만은 그저 학교 화장실에 "아, 똥이 안 나온다. 나는 이제 잘 할 수 있는 게 아무것도 없다"[5]라는 낙서만으로 풀어야 한다. 은정이는 생애 처음으로 자신의 미래를 걱정했다.

> '이 공간에서 내가 버틸 수 있을까? 요구하는 모든 것들은 시간적으로도 문제였지만 시간이 있다한들 할 수 있는 게 아니지 않은가. 그럼 나는 뭘 해야 하는가?'

진중한 고민이지만 '이 상황에서 그나마 할 수 있는 걸' 찾으니 결론은 빨리 났다. 취업 완전체이길 거부하는 것이 속세를 떠나 살겠다는 결심이겠는가. 최소한 '자신'은 부양하기 위해 무엇이라도 해야 하니 선택지는 몇 가지 없었다. '젠장! 공무원이나 하자!' 처음은 누구나 그렇듯이 은정이도 '도전하자!'가 아니라 '그거나 해볼까?'

였다. 이게 얼마나 순진무구한 발상인지를 깨닫는 데 그리 긴 시간이 걸리진 않았지만, 그때는 그랬다. 자신이 실제는 공무원을 할 그릇보다 훨씬 '큰' 그릇을 가지고 있음을 속으로라도 선언하지 않으면 왠지 억울하게 느껴지는 유일한 순간이기 때문이다. '잘못된 시대'를 만나지 않았으면 충분히 다른 일을 할 수 있는데 울며 겨자 먹기로 이 직업을 선택했음을 (아직 공무원이 되지도 않았지만) 누군가에게 말하고 싶었다. 아주 잠시 동안이지만 그런 오만함을 즐겼다.

부모님께 말씀드리는 게 먼저라고 생각하고 은정이는 대구로 내려갔다. 어릴 때부터 공부를 잘한 은정이에게 "너는 크게 될 사람이다"라는 말을 자주 하셨던 부모님은 딸이 공무원이 되겠다는 말에 어떻게 반응했을까? 은정이는 어느 정도 노하실 모습을 예측했다. 그래서 부모님을 설득하고자 내려간 것인데, 그런 일은 일어나지 않았다. 부모님은 대환영이었다. 50대 초반의 나이에 명예퇴직을 당하고 1년 넘게 집에 계시는 아버지는 "아무렴! 뭐니 뭐니 해도 공무원이 최고야. 잘 결정했어!"라는 격려를 마다하지 않았다.

은정이는 '설득을 어떻게 해야 하나'라는 고민이 사라져 안심이었지만 평생 이런 가치관을 한 번도 비추지 않았던 아버지였기에 당황스럽기도 했다. 논쟁은 부모님들끼리 하셨다. 아버지가 "그럼, 은정이는 행정고시 준비하는 거지?"라고 말을 하니 평생을 전업주부로 사시다가 얼마 전부터 동네의 큰 슈퍼마켓 계산원으로 일하고 계신 어머니는 매서운 눈빛을 감추지 않고 말했다.

"그 무슨 세상물정 모르는 소리를 해요! 요즘 7급, 9급 공무원 되는 것도 과거에 사법고시 수준으로 공부한다니까요. 이 양반이 이렇게 순진하니 저리 잘렸지. 은정아, 정말 생각 잘했다. 너 동사무소에서 일하는 큰 외삼촌 봐라. 대학 나와서 얼마나 할 게 없으면 공무원 하냐고 그렇게 무시당하고 살았는데 낼모레 환갑인데도 지금도 떳떳하게 일하고 살잖아. 퇴직하면 매달 연금도 200만 원씩 꼬박꼬박 들어오고. 그러니 열심히 해. 아빠, 엄마가 쓰는 거 아낄 테니 넌 돈 걱정 말고 공부만 하렴."

어머니는 마치 전쟁터에 나가는 군인을 대하듯 진수성찬을 차려 주셨다. 은정이는 '아쉬워하지 않으시는' 부모님이 아쉽기도 했다. 이때가 11월 초였는데 은정이는 다음 해 8월에 있을 7급 공무원 필기시험에 당연히 합격할 줄 알았다. 그래서 당시에는 합격을 하게 되면 대학 졸업까지 유예가 가능한지가 궁금했을 뿐이었다. 물론 다음 날 은정이는 이 '미래지향적 고민'이 얼마나 우스운지를 알게 된다. 학원 탐방을 위해 처음으로 '노량진역'에 내려 거리를 걷는 순간 은정이는 이곳의 묘한 느낌에 당혹함을 감추지 못한다. 걷고 있는 수많은 자기 또래의 얼굴만 보았을 뿐이지만 머릿속에는 단 하나의 생각이 감돈다. '진짜 전쟁이구나……'

끊임없이 부모를 원망해야 하는 시대

FPG 회의실은 웅성거렸다. 행성의 원로들은 "고작 취업을 한다고 저렇게 많은 걸 준비해야 한단 말인가?"라면서 씁쓸한 표정을 지었다. 우리 행성에서 취업은 하나의 단계였다. 일정 정도의 교육을 마치면 자연스럽게 경제활동을 하는 게 당연했다. 다들 그렇게 살아왔으니 '별걸 다 준비하고도' 취업하기 힘든 한국의 현실에 혀를 내두르는 건 당연했다. 하지만 '레드팀Red Team'의 의견은 달랐다. 레드팀은 조직의 편향적 결론을 예방하기 위해 꾸려진 팀이다. '블루팀Blue Team'이라 불리는 아군이 아닌 일종의 적군인 셈이다. 이들은 도출된 결론을 끊임없이 의심하면서 궁극적으로 조직의 판단 오류를 줄이는 역할을 한다.

레드팀의 문제 제기는 이러했다. 사회가 계속 발전하는 데 취업에 필요한 역량이 동일할 수가 없다. 그래서 젊은 세대가 준비할 것이 많다는 것은 그만큼 사회가 역동적이라는 뜻이기도 하다. 과거에는 상상할 수 없는 미지의 세계를 개척하기 위해 많은 준비가 필요하다는 것은 구성원들을 끊임없이 자극하는 좋은 조건이기도 하다. '사고思考'가 많을수록 사고事故가 줄어든다는 이치는 우리 행성에서도 중요하다고 여기지 않는가? 오늘보다 나은 내일을 위해 정체되지 않은 삶을 사는 곳에 우리가 안착하는 것도 나쁘지 않을 것 같다. 레드팀의 결론은 이러했다. '우리는 한국의 청춘들이 굉장히 진취적으로 느껴진다!'

원로들의 시선은 내게로 향했다. 이제 레드팀의 의견에 적절한 반론을 펼쳐야 한다. 심호흡을 한 번 하고 나는 주장을 더 확실하게 피력했다. '취업을 위해 별걸 다 준비해야 한다'의 문제는 이 상황이 행여나 '사회의 역동성'을 키운다고 하더라도 긍정할 수 있는 성질이 아니다. 별게 다 필요한 곳이 아닌 곳에서도 별걸 요구하는 사회는 '기회의 불평등'이 개인이 감당할 임계치를 넘어서 버렸음을 의미한다. 누구나 쉽사리 '대단한' 사람이 될 수 없다는 건 자본주의 체제 나라들의 공통된 특징이지만 '대단하지 않다고 해서' 평범한 직장인 생활조차 '쉽사리 하지 못하는' 건 결코 같지 않다.

이 차이는 엄청나다. 비록 기회가 공평하지 않더라도 '팔자려니' 하고 넘어갈 수 있는 사회와 "억울해서 못 살겠다!"고 외치지 않으면 미칠 것 같은, 그래서 이 '불평등'의 상황이 또렷이 개인에게 기억될 수밖에 없는 사회는 문제의 격이 다르다. '공정하지 못한' 경쟁은 그 성과가 사회적으로 어떠하든 경계해야 하는 게 마땅하다. 특히, 부모와 자녀세대 사이의 갈등이 구조적으로 심각해 깊어질 수밖에 없다는 측면에서 더 그렇다. 인간으로 위장할 우리들은 선택한 사회의 시스템을 따라 살아갈 수밖에 없는데 한국에서는 '우리끼리' 소원해져야 할 각오를 해야 한다. 어디 그런 곳에서 자녀를 출산하라고 할 수 있을까?

노량진에 있는 수험생들의 상당수가 '부모님의 형편을 생각할 때' '나는 아무것도 못 할 것 같다'는 경험을 겪으면서 인생의 진로를 수정한다. 이를 이해하기 위해선 시간대가 다른, 그리고 경제적 수준이 달랐던 가정에서 살았던 한국인 A, B의 이야기를 들어봄 직하다. 1968년에 태어난 A와 1988년에 태어난 B, 이들은 '같은' 나라에서 태어나 전혀 '다른' 삶을 산다. 그 내용을 미리 말하자면 A보다 부유한 가정에 살았던 B가 다른 이유도 아닌 '자신이 경제적으로 풍족하지 못한 것' 때문에 부모를 '끊임없이' 원망하게 된 사연에 관한 것이다.

먼저 과거에 살았던 A다. A는 지방의 가난한 집안에서 태어났고 자랐다. 아버지는 A가 어릴 때 돌아가셨고 어머니는 초등학교 앞 2평 남짓한 공간에서 떡볶이를 평생 파셨다. 고로 A는 힘겹게 살았다. 과외는커녕 학원조차 맘 편히 다닐 형편이 아니었다. 하지만 A는 개의치 않았다. 학교에서 가르쳐주는 것을 본인이 악착같이 한다면 대학은 갈 수 있었기 때문이다. A는 《성문종합영어》와 《수학의 정석》을 가지고 열심히 노력했고 나름 사학명문이라 불리는 지방의 한 대학으로 진학했다. 지금은 '지잡대'라면서 조롱의 대상이 된 대학이지만 그때는 그렇지 않았다. 그러니 '대학 서열'의 상층부 학교, 이른바 '인서울'의 이름 있는 대학으로 진학하지 못한 것은 A에게 약간 아쉬울 뿐이지, 인생의 '장애물'로 인식되지 않았다. 좀더 좋은 조건에서 공부시켜주지 못한 부모에 대한 원망이 없었다면 거짓말이겠지만 '지배적'이지 않았다.

대학에 진학한 후 가정형편상 등록금과 생활비를 부모로부터 받을 수 없었던 A는 아르바이트를 했다. 학교 앞 호프집에서 저녁 6시부터 밤 12시까지 서빙을 하는 일이었다. 이는 곧 학점 관리의 문제로 이어졌다. 그래도 A는 열심히 공부했고 평균 3.0학점으로 졸업할 수 있었다. B학점에 턱걸이를 한 수준이니 학업 성적이 탁월했다고 볼 수는 없으나 취업 과정에서 이것이 문제되지는 않았다. "왜 학점이 이 정도죠?"라고 묻는 사람이 없으니 자신이 아르바이트를 해야만 했던 힘든 상황과 이것이 야기된 이유에 대한 원망도 없었다.

A의 취업이력서는 단출했다. 평균 B학점으로 졸업한 대학의 학위증은 당시에는 결코 초라한 대우를 받지 않았다. 그 시절, 영어성적

과 자격증은 보유한 사람만 적는 것이지 의무가 아니었다. "너 무슨 부귀영화를 누리려고 토익을 공부하는 거야?"라는 눈총을 받았던 친구 몇몇만 남들하고 다른 어학능력을 이력서에 기재했는데 이들은 실제 그런 능력을 필요로 하는 희소한 자리로 진출했다. 그렇지 않은 곳에서 일할 사람에게 영어능력은 있으면 좋겠지만 없다고 치명적인 결과를 초래하는 변수는 아니었다. 그래서 A는 이력서의 자격증 칸에 군대에서 취득한 '태권도 1단'과 '운전면허'를 적었고 무난하게 정규직으로 취업했다.

A의 부모는 자식이 영어를 배우는 데 '아낌없는 지원'을 전혀 할 수 없었지만 이 때문에 자녀와의 관계가 소원해지지 않았다. A는 대학에 입학한 후 취업할 때까지 부모님께 딱 한 번 손을 벌렸다. 면접 때 입고 갈 정장을 사야 하는데 돈이 부족했기 때문이다. 그때 '나중에 갚아드리겠다'면서 받은 5만 원이 전부다. 이 '나중'도 취업의 공백기가 없었기에 그리 오래 걸리지 않았다.

대학 입학과 졸업, 취업에 이르기까지 부모의 도움이라곤 받아 본 적 없는 A는 지금도 부모님을 늘 공경한다. '낳아주고 하루 세 끼 밥 굶기지 않으면서 길러주신' 은혜를 어떻게 갚아야 할지 전전긍긍한다. A는 부모로부터 '하루 세 끼' 밥 얻어먹는 것조차 대학을 입학한 다음엔 스스로 해결했지만 문제될 것은 없었다. 부모로부터 적극적인 재정적 지원을 받지 못해서 나타나는 '자녀의 역량'을 과거에는 그렇게 묻지 않았기 때문이다. 쉽게 말해, '어학연수'를 취업의 기본으로 묻지 않는 시대에서는 비행기 표 살 돈도 없는 가정형편이 개인에게 별 영향을 미치지 않는다. 그러니 개인이 처한 '가난'은 마음

먹기에 따라 극복될 가능성이 어느 정도는 있었다. 설사 가난이 개인의 삶을 제약하더라도 감당할 만한 수준의 사회였다. 나는 그때의 한국사회를 '좋았다'라고 말할 생각은 추호도 없다. 다만 지금이 이때보다 '더' 나빠진 건 분명하다. 올리버 예게스Oliver Jeges의 표현을 빌리자면 산다는 게 '롤러코스터'인 건 변함없지만 그 고도가 자꾸만 높아지고 있다.[6] B가 이를 증명한다.

B의 아버지는 중학교 교사이며 어머니는 동사무소 공무원이다. B 가족은 서울 끝자락에 있는 23평 아파트에 '자가로' 살고 있다. 말이 끝자락이지 시세가 5억 원이다. 15년 전에 1억 원을 대출받아 2억원대에 마련한 아파트는 대출금을 전부 상환하니 두 배 넘게 가격이 올라 있었다. 두말할 것 없이 B가족은 '중산층'이다.

B는 흔히 하는 말로 '풍족하지는 않지만 부족하지 않게' 유년시절을 보냈다. A와 비교한다면 단연코 풍족했다. A는 목욕탕에서 독학했다는 수영을 B는 아파트 앞 유소년 스포츠센터에서 무려 3년간 배웠다. A에게 사교육은 고3때 시험을 앞두고 수학학원 3개월 다닌 게 전부였지만, B에게 사교육은 성장 과정의 일부였다.

B의 부모는 변호사, 의사 집안의 자녀처럼은 아니더라도 또래 평균치 정도는 투자했다. B는 유치원 때부터 집을 들락날락거리는 학습지 교사를 만났고, 과학캠프와 영어캠프도 꼬박꼬박 참가했다. 초등학교 5학년 때부터는 동네에서 가장 유명하다는, 그래서 '더 비싸다는' 학원도 다녔다.

대학을 입학해서도 B는 A와는 차원이 다른 호화를 누렸다. 등록금은 부모님이 책임졌고 졸업할 때까지 매달 50만 원의 용돈도 받았다. 이처럼 부모로부터 아낌없는 투자를 받으면서 자란 B, 그는 A보다 '더' 부모에게 감사하고 있을까? 아니다. B는 오래전부터 '부모의 지원 부족'이 늘 불만이다. 그리고 해가 갈수록 이는 반복되고 누적되어 이제 B는 자식을 위해 아낌없는 지원을 마다하지 않았던 부모를 '능력 없다'면서 원망하기에 이르렀다.

중산층 가정에서 자란 B가 부모를 원망하게 된 시기는 특목고 진학에 실패하고 나서부터였다. 중학교 때 나름 괜찮은 성적을 유지했던 B는 3학년이 되면서 외고 진학을 희망했다. 하지만 내신 성적이 '퍼펙트 하지 않으면' 외고 입학이 어렵다는 사실을 알게 되면서 B는 좌절감에 빠지게 된다. 외고 진학을 희망하는 수많은 학생들이 중학교 1학년 때부터 B가 다닌 학원의 '일반부'보다 수강료가 몇 배 이상 비싼 '특목고 진학 특별반'을 다니고 있었고 별도의 과외를 하는 경우도 허다했다. 초등학교 5, 6학년 때부터 '해외 유학 대비반'을 다녔다는 사람들을 만나는 것도 어렵지 않았다. 각종 경시대회 수상, 입이 떡 벌어지는 영어 공인점수 성적 등은 기본이었다.

이런 업적(?)들은 입시에서 공식적으로 요구하지 않는 경우가 많다지만, 어떻게든 자기소개서에 기록되어 개인의 경쟁력을 올려준다. 뉴질랜드나 캐나다로 어학연수를 다녀온 이들도 수두룩했다. 방학 때 다녀온 사람, 방학'마다' 다녀온 사람, 아예 그쪽에서 학교를한 학기, 두 학기를 다녔다는 사람도 어렵지 않게 확인할 수 있었다. B는 생애 처음으로 '가정 형편'을 탓했다. "왜 나는 어릴 때 외국에 안 보내줬어!"라면서 불만을 토로했지만 부모는 가슴이 먹먹하다. 설마, 중학교 때 외국에 안 보냈다고 '부모 노릇' 못 한다는 소리 들을 줄은 꿈에도 몰랐기 때문이다.

B는 좌절하지 않고 일반고에서 열심히 공부하고자 했다. 그런데 지금의 입시는 학교에서의 엉덩이 싸움만으로 성적이 보장되진 않는다. 몇백 가지가 넘는 입시 전형 방식, 학교별로 달라지는 가중치를 꿰뚫고 있지 않으면 눈뜬장님이 되는 것이 작금의 현실이다. 무엇보다도 일반고 '안'에서 아무리 정신을 바짝 차려도 얻을 수 없는 것들이 너무나 많다. 일반고의 분위기는 완전히 달라졌다. 능력이 출중한 사람이 외고, 과학고를 '가는' 시대의 일반고가 아니다. 지금은 '능력이 부족해서' 특목고를 '가지 못한 자들이' 모인 결핍의 공간이 바로 '일반고'라는 인식이 팽배하다. 그러니 학생들은 일찌감치 열패감에 사로잡혀 공부에 대한 열의를 놓아버리고 선생들은 가르칠 의지를 상실한다. 이는 일반고 학업 평균치를 낮추게 되는데 문제는 '그래서' 논술시험이라든가 수시전형의 다양함에 부합하는 교육과정이 '수요가 원체 부족하니' 굳이 꾸려지지 않는다는 것이다. 필요하면 '알아서' 학원을 가라는 분위기가 팽배하다. 그런데 대한민국의 학원이 어디 '평등'한가. 무상일리도 없지만 돈을 얼마만큼 내는지와 성과물은 비례한다.

B는 논술시험을 준비하기 위해 대치동 학원가를 찾았다가 5일 과정에 100만 원 정도의 수강료가 '저렴하다'고 하는 상담을 받고 충격을 받았다. B는 당연히 이 학원을 다닐 수 없었고 원했던 대학에 가지 못했다. 하지만 50만 원을 내고 3일 코스라도 수강할 수 있어서 '그나마' 서울 소재 대학에 합격할 수 있었다. 하지만 만족보단 아쉬움이 크다. 자신보다 성적이 낮은 친구가 전담 과외 선생 밑에

서 포트폴리오 작성에 열중하더니 '더' 유명한 대학에 수시전형으로 진학한 것을 알게 된 이상 배가 아픈 걸 부인할 수 없기 때문이다. B는 다시 부모를 원망한다. 왜 자신의 부모는 허구한 날 "우리는 입시설명회 쫓아다닐 시간도 없고 입시 상담을 받을 현금도 없단다. 이해해주렴"이란 말을 달고 살았을까. 부끄럽지도 않은가!

대학을 진학한 B는 그래도 열심히 살고자 했다. 하지만 대학은 '부모에 대한 원망'을 주체할 수 없을 정도로 쌓아가는 곳이었다. 취업, 아니 '대기업에 원서를 넣기 위한' 기본 자격으로 필요하다는 9종 세트(학벌, 학점, 영어점수, 어학연수, 자격증, 공모전, 봉사활동, 인턴, 마지막은 충격적이게도 성형수술)는 모두 '부모의 소득'과 밀접한 상관관계를 맺고 있었다. B는 그나마 부모의 도움으로 1년간 매달 22만 원의 학원 수강료를 지불할 수 있었기에 토익 점수 800점을 넘길 수 있었다. 하지만 그다음부터는 답이 없었다. 여태 제주도에도 한 번 안 가본 B에게 어학연수는 언감생심이다.

자격증으로 태권도단증, 운전면허증은커녕 워드프로세서, 컴퓨터활용능력 같은 걸 묻는 시대도 오래전에 끝났다. 향후 진로가 회계사인지 여부와 상관없이 전문성 어필 차원에서 공인회계사CPA를 기본으로 취득하고 금융권에 원서를 넣기 위해서는 증권투자상담사, 자산관리사, 변액보험판매사 자격증 정도는 보유해야 한다. 재무설계 전문 자격증인 에이에프피케이AFPK(Associate Financial Planner Korea)도 가급적 취득해야 한다. 이런 자격증을 보유한다고 합격이 보장이 되는 것도 아니다. 다 갖추고도 백수인 사람들이 수두룩하다. 이 와중에 공모전을 챙겨야 하고 봉사활동을 '업적화'해야 한다. 평가하지 말아야 할 것을 평가하니 봉사활동도 혹시나 꼬투리 잡힐 '야학교사'보단 '캄보디아에 가서 집짓기'가 훨씬 경쟁력이 있다.

그러니 '돈'이 많을수록 유리해진다. 학점 좀 관리하고 영어점수 높다고 해서 50만 원 내고 '기업에 따른 적합한 자기소개서 작성법'을 첨삭 받은 자보다 '뛰어난' 글을 쓰긴 어렵다. 운 좋게 서류전형에 합격해도 취업전문학원에 100만 원을 지불하고 '압박 면접' 예행 연습을 한 경쟁자를 이기긴 어렵다. 이 모든 것은 돈과 시간의 문제요, 고로 아무리 효심이 지극하다 하더라도 상황에 따라 부모 '탓'을 할 가능성은 높아졌다. 이런 것들을 요구하지 않았으면 '원망하지 않았을' 부모님이지만 시대는 완전히 변했다.

면접 때 영향을 주는 '첫인상'에도 부모의 존재가 개입된다. 인상이 좋은 게 나쁜 건 아니지만, 그게 취업의 '기본'이 되어버려 누군가에게 '불이익'을 주는 일이 실제 발생하니 취업준비생들은 이마저도 경쟁하기 시작한다. 이제 외모는 눈곱 잘 떼고 머리 손질 단정하게 하는 그런 수준이 아니다. 하지만 '외모'는 노력으로 쉽사리 변하지 않는 것. 그러니 의술에 의지할 가능성은 당연히 높아졌고 이와 비례해 부모의 돈은 자꾸만 호출된다.

지난 2004년 '스펙'이란 단어가 국립국어원 신조어가 될 때 등장한 취업세트는 고작(?) 3종이었다(학벌, 학점, 영어점수). 이 시절에는 부모에 대한 원망이 그나마(?) '고등학교 때 좀더 투자하지 않은 것', '대학 때 자신이 공부에만 집중할 수 있도록 해주지 않은 것' 정도의 차원에서 이루어졌겠지만 지난 10년간 취업세트는 세 배로 진화했다. 그만큼 '어떤 부모' 밑에서 태어나는지가 더 중요해졌다. 고

난을 극복한다는 건 인간으로서 감당해야 할 삶의 무게일 수 있겠으나 그 임계치를 넘어서자 많은 사람들이 '헬조선'이란 말들을 하기 시작했다.

그래서 B는 현재 졸업한 지 2년이 지나도록 취업을 못 했다. 작은 가게라도 하나 해볼까 하지만 집안 형편이 그 정도가 아니라서 또 부모를 원망하고 있다. B는 부모의 도움으로 아르바이트를 하지 않고 공부를 열심히 해서 평점 4.1로 졸업을 했지만 세상은 그것을 포함한 다른 것들도 요구했다. 그러나 집안의 경제적 수준이 쉽사리 달라질 성질이 아니라는 것을 깨달은 B는 스스로 최적의 길을 '쫓기듯' 찾을 수밖에 없었다. 그래서 '뒤늦게' 공무원 시험에 뛰어들었다.

9급 공무원 시험을 준비하는 사람들 중에는 고등학교를 졸업하면서 진즉에 진로를 결정한 경우가 다반사다. 20대 후반에 이런 결정을 내린 것이 너무 늦은 것 아닐까 하는 고민을 B는 잠시 했지만 '뒤늦게' 공시생이 된 경우도 역시나 엄청나다는 것을 노량진에서 확인하니 위로가 되었다. 물론 같은 처지에 있는 사람이 '많으니' B는 2년째 합격하지 못하고 있다. 슬슬 부모님의 지갑과 시험공부의 상관관계로 인한 문제가 수면위로 부상 중이다. B는 금수저가 아닌 것이 억울해서 인생의 판을 바꿨지만 노량진이라고 이 사회의 법칙을 피해갈 리 있겠는가. 공무원 시험공부의 최적화 모드를 위해서는 노량진에서 가장 유명한 선생들이 있다는 곳의 학원 수강은 물론이고 시간 절약을 위해 원룸을 얻고 독서실을 등록해 강제로 시간 관리를 받는 트라이앵글 구축이 필요하다. 물론 다 돈이 있어야 가능하다.

중산층도 '가난이 죄'라고 말하는 곳에 희망은 없다

통계수치는 한국사회가 더는 나빠질 것 없는 바닥조차 뚫고 말 그대로 '헬hell'로 향하고 있음을 그대로 드러낸다. 통계청의 '2015년 사회조사 결과'를 보면 "평생 노력하면 본인 세대에게 사회경제적 지위가 높아질 가능성이 높다고 보느냐"는 질문에 21.8퍼센트만이 '그렇다'고 응답했다.

문제는 10년, 100년이 아니라 불과 6년 사이에 그 낙하 폭이 상당하다는 것이다(2009년 35.7퍼센트 → 2015년 21.8퍼센트). 이는 개인이 삶의 불안에 대한 공포를 좀더 직접적으로 느끼고 있음을 뜻한다. "생각해보니, 예전에는 이 정도는 아니었는데……" 정도의 상황과 "작년엔 재작년보다 엉망이었어. 그런데 올해는 더 나빠졌어"라고 말하는 경우는 전혀 같은 상황이 아니다. 후자의 개인들에게는 '그래도 나아지겠지'라는 긍정성이 없다. 이는 고스란히 '내 자녀 역시 괜찮아지지 않을 것이다'라는 예측으로 나타난다. 2009년에는 48.4 퍼센트가 그래도 자녀들은 노력한 만큼 열매를 맺을 것이라고 했지만 2015년에는 그 수치가 31퍼센트로 줄었다.[7] B의 경우가 과장이 아니란 말이다.

행정 기준으로는 명백한 중산층 가정에서 자란 청년이 부모의 '중산층 정도에 불과한' 재산 때문에 겪게 되는 삶의 좌절은 결코 '일부'의 이야기가 아니다. 평범한 삶을 누리지 못한다는 건 극도로 가난한 자들만의 경로였지만 이제는 가난하지 않게 자란 자들도 가난해지게 된 세상이다. 부모의 힘은 자녀의 삶을 탄탄하게 만드는 데 있어 언제나 중요한 변수였겠지만 지금은 '정말로' 막강해졌다.

앞서 등장한 B의 부모는 자녀의 대학 재학 기간 4년간 등록금 4천만 원, 생활비 2천 4백만 원을(그래봤자 한 달에 50만 원이다. 휴대폰 요금, 학원비 등을 제외하면 밥값과 교통비 수준에 불과함) 지원했지만 그정도로는 '아무것도 해준 것 없는' 부모일 뿐이다. 부모는 답답한 마음에 "내가 널 어떻게 키웠는데……"라고 한탄하지만 아들은 "도대체 날 어떻게 키웠단 말이죠?"라고 당당하게 반문한다.

5억 원짜리 주택을 보유한 사람이 "가난이 죄다"라고 말해야 하는 상황이라면 그보다 경제적 형편이 좋지 못한 수많은 가정에서는 어떤 일들이 벌어지고 있을까? 그 와중에 부모와 떨어져서 주거비 문제까지 해결해야 된다면 상황은 악화일로다. 대학도 영리를 추구하는 세상이 되면서 과거처럼 '저렴한' 4인실 기숙사는 '비싼' 2인실, 1인실 형태로 탈바꿈했다. 저렴하다는 곳이 한 학기(4개월) 2인실 기준 180만 원 정도다. 1인실의 경우 월 50만 원 이상은 기본이고 수도권 ㄱ 대학의 경우 72만 8천 원이라는 어마어마한 금액을 받기도 한다(대신, 아침과 저녁에 밥은 준다). 이런 기숙사에 못 들어가는 '다른 지역'에서 온 학생들이 35만 명이다.[8]

그러면 밥도 스스로 해결해야 하는 대학 주변 원룸으로 가야 하는데 그러기 위해선 수도권 기준 평균 보증금 1,418만 원, 월세 42만 원이 필요하다.[9] 보증금이 부족하면 반지하 혹은 옥탑방을 구해야 하고 아예 목돈이 없다면 고시원 외에는 대안이 없다. 화장실, 욕실, 부엌이 공용이고 방 가운데에서 손을 뻗으면 양쪽 손 끝이 벽에 닿는 그런 넓이의 방이 20~25만 원이고, 방에 샤워 시설이 있어 '고시텔'이라 불리는 곳은 30만 원이 넘는다. 평당 월 임대료만 계산하

면 고시원이 타워펠리스보다 높다는 말이 있을 정도다.[10]

학교 다니면서 매일 5시간씩 주 5일 동안 아르바이트를 하면 한 달 임금의 절반을 월세로 내야 한다. 계약이 끝났을 때, 월세는 반드시 상승한다. 부담이 되어 이사를 선택하지만 모아둔 돈이 있을 리 없으니 더 비루한 주거공간을 마련한다. 월세를 내기 위해 '매달' 열심히 살아도 '매해' 자신은 보잘것없는 존재라는 사실을 체험한다. 고생 끝에 낙원樂園이 오는 게 아니라 끝이 보이지 않는 곳으로 낙하落下만이 있을 뿐이다. 이 말은 수많은 대학생들의 노량진행行이 앞으로도 끊임없이 이어질 것임을 의미한다.

'20대의 사회적 지위'라는 수치가 있다. 40대가 1이라고 보았을 때 20대가 어느 정도의 안정감을 보유하고 있는지를 표시한 것이다. 월드밸류서베이World Value Survey의 조사에 따르면 51개국의 평균이 0.78인데 우리나라는 0.61에 불과했다. 스웨덴 0.82, 독일 0.77, 네덜란드 0.75, 일본 0.66 등 대부분의 나라들이 한국보다 20대의 사회적 지위가 높았다.[11] 평균적으로 1이 되지 않는다는 건 어떤 사회에서나 어른이 되어가는 과정은 만만치 않음을 뜻하는데, 한국은 유독 더 고통스러운 20대를 보내야만 한다.

지금 세대가 과거와 얼마나 다른 환경에 처한지를 수치로 확인하는 건 구글 검색 몇 분이면 가능하다. 굳이 그러지 않아도 공인중개소 앞에서 한 번이라도 머뭇거려보았다면 '달라짐'을 느껴야 하는 게 당연하다. 특히 당신이 어른이라면! 일례로 1991년에 5,166만 원이었던 경기도 분당 서현동의 32평 아파트가 2015년도에는 5억 8천만 원이다.[12] 이 팩트 하나만으로도 여러 논의를 뽑아낼 수 있다.

첫째, 집을 마련한다는 개념 자체가 완전히 달라진 시대의 등장이다. 2인 이상 도시가구의 월평균 가처분소득 중 절반을 저축한다고 가정하면 1991년에는 8.6년, 2015년에는 28.4년이 걸린다. 10년만 죽은 듯이 살면 집이 마련되는 시대와 20년을 미친 듯이 살아도 내 집 마련이 불가능한 시대는 결코 같은 시대가 아니다. 일찍 일어나는 새가 벌레를 많이 잡는 시대는 끝났다. 지금은 몸만 피곤할 뿐이다.

둘째, 아파트만으로 의미 있는 재테크가 불가능해진 시대다. 아파트 가격이 과거처럼 오를 리 없다. 그러니 열심히 산다고 자산증가폭이 동일할 리 없다. '티끌 모아 태산'이 아니라 '티끌은 모아봤자 티끌'이 되는 시대다. 그리고 이 문제는 같은 청년세대 '안'에서의 균열이 과거에 비해 커질 수밖에 없음을 의미한다. 그렇게 가난했던 시대에도 '내 집 마련을 포기'한다는 말이 드물었다. 하지만 지금은 N포 세대란 말이 자연스러워졌다. 가장 대표적인 '3포' 중 하나가 바로 내 집 마련이다. 수영장 딸린 3층 저택을 구입하겠다는 것도 아닌데 24평짜리 아파트 가격만 봐도 입이 떡 벌어진다.

그런데 누구는 부모 잘 만난 덕에 '주거권'을 쉽게 확보한다. 누구는 당연한 권리를 얻기 위해 몇 십 년간 아등바등하는데 누구는 '몇 십 년'의 시간을 절약한다. 그러니 이들의 격차는 결코 좁혀지지 않는다. 잘사는 집안의 자녀가 크루즈 세계 여행을 가는데 누구는 못 간다면 이는 불평등이긴 하지만 사회문제까지는 아니다. '세계 여행'이 보편적인 인간의 권리는 아니기 때문에 자본주의 체제라면 개인은 수긍할 수밖에 없다. 그런데 '집'은 그렇지 않다. 정상적인 사회라면 '열심히 공부한 다음 어떤 일이든 성실하게 주 40시간을 일하면' 자기 소유의 집이 있을 것이라는 확신이 들어야 한다. 하지만 한국은 지금 그러한가?

　FPG행성에서는 상상도 할 수 없는 일이다. 평범하게 살아도 행복할 수 있는 사회를 꿈꾸는 건 무슨 고귀한 이상이 아니다. 우리가 끊임없이 노력해야 하는 건 이런 사회를 만들고 유지하기 위함이어야 하지, 잘못된 사회 속에 '홀로' 살아남기 위함을 강구하는 것이어서는 안 된다. '상식적인' 공적 시스템 안에서만 사적 행복이 '상식적으로' 보장될 수 있다는 건 두말하면 잔소리다. 역으로 "사회가 병들면 개인도 병들기 마련이다."[13] 한국이 딱 그러하다. 한국에서 겪는 젊었을 때의 고생은 '그게 원인이 되어' 그 후에도 개인을 고생시킨다.

　한국사회는 기회의 불평등을 개인이 '참을 수 있는' 시대에서 웬만큼 기회를 가져도 평등하지 못한 출발선을 경험할 수밖에 없는 시대로 악화되었고 '더' 그럴 것으로 보인다. 이것이 우리 행성과의 차이였다. 내가 살았던 곳도 개인에게 기회가 완전 평등하게 주어진 적은 없었다. 다만 이 불평등의 정도를 '줄이는' 역사를 만들어왔고 앞으로도 그래야 한다는 데 불만을 제기하는 경우는 없었다. 1년 단위로 보면 미세한 변화일지 모르겠지만 이는 '그래도 좋아지고 있다'고 말할 수 있는 충분한 근거 자료가 되니 쉽사리 포기하란 말을 하지 않았다. 하지만 한국에서 더는 "보란 듯이 극복하라!"고 그 누구에게도 말할 수 없다.

　우리는 이곳에 갈 이유가 없다. 행성을 버리고 말 그대로 '몸'만 가서 '맨 땅에 헤딩'을 해야 하는데, '할아버지의 재력' 없이 시작해야

하는 우리들이 B 정도로 살 가능성도 거의 없지 않은가. 후손들에게
어떤 원망을 들으려고 여기에서 터를 잡고 출산을 한단 말인가?

나는 대학을 갔는데
모두가 공무원 준비나 하라 하네

> 이곳에서 어떻게든 살아가기 위해
> 바라던 것 중 일부를 '포기'하게 되는 거다.
> _ 미스 핏츠, 《청년, 난민되다》 중에서[14]

"9급 시험 대비 학원에 우리 대학 학생들은 거의 없어요"

은정이를 1년 만에 다시 만났다. 그녀는 9급 공무원 시험에 최종 합격했다. 7급에 두 번 떨어지고 9급에는 두 번째에 합격했다. 학교 앞 카페에서 충격을 받고 새로운 인생의 여정을 결심한 지 3년 9개월 만이었다. 직렬을 바꾼 것이 주효했다. 전년도에 7급에서 9급으로 직급을 낮췄을 때, 하향 지원한 자존심을 '적성에 맞는 직렬을 선택'하면서 지키려고 했던 것이 얼마나 바보 같은 짓이었는지를 뼈저리게 깨달은 은정이는 지난 1년간 '오직 합격만을 위해서' 모든 전략을 수립했다. 경쟁률 800 대 1(교육행정직)과 15 대 1(세무직) 사이에서 '적성 고려'는 중요치 않았다. 적성은 '어디든지' 합격하면 저절로 생기는 것이라 믿었고 실제 합격을 하니 진짜로 별 걱정도 없었다. 그래서인지 은정이는 밝았고, 덕분에(?) 많은 이야기를 나눌 수 있었다.

마음의 안정을 찾은 은정이는 '생각해보니' 자신의 성격과 공무원이 깨나 적합해 보인다는 주변 증언들을 수없이 들었다고 했다. 엄마가 어릴 때부터 "우리 은정이는 성격 차분하지, 집중력 좋지, 게다가 공부도 잘하니 공무원 되어서 차근차근 경력을 쌓아가면 좋겠다"라고 자주 말했다고 한다. '생각해보니' 은정이는 친구들에게도 "넌 하고자 하는 건 똑 부러지게 하니까 공무원 되는 게 딱 맞아 보여"라는 말을 자주 들었는데, 그 이유가 엄마와 비슷한 느낌이었다고 했다.

물론 저 성향과 공무원이라는 직종이 어떤 인과관계 때문에 '적합 판정'을 받는 것인지는 모르겠다. '그런 성격의 소유자라고' 언제 어디서나 공무원 되기를 권장 받은 건 아니기 때문이다. 이건 '오늘날 한국에서'의 판단이다. 사회의 기본적 법칙─이를테면 '이 정도 공부하면 어느 정도는 살 수 있다', '어떤 일을 해도 성실하면 굶어 죽지는 않는다' 등─이 요동치더니 어느 순간부터 '이런 성격이면 공무원 준비에 빨리 나서는 게 좋다'는 말들이 자주 들리고 있다. 이 문제를 따지자는 건 아니고, 중요한 것은 은정이가 '너는 능력이 있으니 충분히 가능하다'는 믿음을 주변에서 느꼈다는 사실이다. 그리고 이는 합격에 실로 영향을 미쳤다. 은정이는 '주변' 덕택에 자신의 자존감을 이 시험에 걸 수 있었고, 자신감을 유지할 수 있었음을 고백한다.

"나 정도라면 결코 포기해서는 안 된다는 각오가 그래도 슬럼프를 빨리 탈출하는 비법이 아니었나 해요. 솔직히 말해 9급 시험 준비하는 학원에서 보면 우리 대학 학생들은 거의 없어요. 슬쩍슬쩍 다른 사람학교를 알게 되는데, 들어보면 정말 처음 들어보는 이름이 태반이에요. 인터넷에 검색해보면 '지잡대'로 다 나오는 그런 학교들요.

처음엔 내가 왜 저런 애들이 하는 걸 준비하나 해서 자존심이 상했는데, 나중에는 자신감이 생기더라고요. 내가 설마 저런 학교 학생들보다 못하겠나 생각하면서 '나는 저들보다 무조건 나은 인간이다', '내가 떨어질 리 없다'는 오기? 이런 주문을 자꾸 걸었던 게 사실이에요. 저희 학교 학생들 중에는 공무원 시험을 준비하는 경우가 아직까지는 대세는 아닌데 그게 말 그대로 천만다행이라 생각했죠. 내 경쟁상대가 아니니까. 이 시험, 절박하고 막연해 보이지만 그래도 가능하다고 계속 믿었기에 합격할 수 있었던 것 같아요."

은정이의 자존심은 묘한 모습으로 표출된다. 학원에서 어쩌다가 같은 학교 야구점퍼를 입고 있는 학생을 발견하면 전혀 일면식도 없으면서 "○○대학 다니세요? 저도 그런데…… 혹시 무슨 전공이세요?"라고 묻는 걸 서슴지 않았다. 이 질문은 '그 학생'을 향한 것이라기보단 자신의 주변인들에게 은정이 '자신'의 학교를 알리기 위한 성격이었다. 그래서 질문은 우렁찼다. 대학 강의실에서 스쳐 지나간 인연이라도 있으면 헤어졌던 '절친'을 만난 것처럼 다가갔고 밥도 함께 먹었다. 이들은 주로 자신이 '9급 공무원' 공부를 할 처지가 아니었음을 '자주' 성토했고, 묘하게도 '여긴 내가 있을 곳이 아닌데'

라는 느낌을 외부에 표출할수록 시험공부에 최적화되면서 그'곳'에
더 안정적으로 안착했다. 집단들 중에서 '우위'라는 확신은 '이건 충
분히 해볼 만하다'는 여유와 '절대로 저들에게 질 수 없지'라는 긴장
을 개인에게 주기 때문이다.

어딘가에 쫓기지 않으면서도 경각심을 유지하는 것, 경쟁에서 이
보다 중요한 조건은 없다. 은정이는 이런 부수적인 상황이 '부수적
인 것 이상의' 심리적인 안정감을 준 것을 부인하지 않았다. 그런 은
정이의 뒷자리에 충청권 소재의 모 대학을 다니다가 휴학한 규민이
가 앉아 있었다. 규민이는 은정이가 접한 공기와는 전혀 다른 주변
을 경험했다. 그 이야기를 할까 한다.

"음…… 공무원 시험 준비해"

드라마 〈응답하라 1988〉에서 정봉 역을 맡았던 배우 안재홍이 처음
으로 대중에게 얼굴을 알린 영화 〈족구왕〉에서는 한국의 "청춘들이
갇혀 있던 덫을 은유나 상징 없이 그대로 드러낸다"[15]는 평을 받는
명대사가 등장한다. 군대를 제대하고 '연애를 꼭 하겠다는' 설렌 마
음으로 학교에 복학한 주인공 홍만섭(안재홍)은 기숙사 선배에게 뜻
밖의 강요를 받는다.

선배 너 무슨 과야?

만섭 민족의 혈, 생활경영대 식품영양학과……

선배 음…… 공무원 시험 준비해.

만섭 근데 저는 공무원 시험에는 별로…….

선배 너 토익 몇 점이야?

만섭 토익은 아직 본 적 없습니다.

선배 학점은?

만섭 평점 2.1…….

선배 음…… 공무원 시험 준비해.

꿈이 무엇이든 딱히 도드라지는 어떤 것이 없다면 공무원 시험을 준비하는 것이 가장 이상적이고 현실적이라는 조언, 규민이도 무수하게 들었다. 은정이는 어디에 있는 학교인지도 모른다는 충청권 소재의 '그런 학교', 이른바 '지잡대라 불리는 지방대'에 다니는 규민이는 자신의 존재를 부정하는 것이 학교생활의 시작이었다. 본인의 입장은 상관없다. '주변'이 그렇게 강요한다. "여기가 너의 종착지라 생각하지 마라! 더 높은 곳으로 가라! 어떻게? 공무원 시험에 합격하면 된다! 그게 가문의 영광이다!"

얼마 전에 서울대 학생이 9급 공무원 시험을 준비하게 된 사연을 교내 인터넷 커뮤니티에 올리면서 "월급 150만 원으로 시작하는 게 까마득하지만 내가 중요하게 생각하는 건 저녁이 있는 삶"이라고 말한 바가 있다. 이 글을 두고 갑론을박이 벌어졌는데, '학벌이 아깝다', '지금까지 노력한 시간이 아깝다' 등의 주장과 팽팽히 맞선 한쪽의 입장은 '자신 내면의 목소리를 듣는 용기에 박수를 보낸다'는 것이었다. 지극히 '서울대스러운' 풍경이다. 규민이가 다니는 학교의 학생들은 공무원이 되겠다는 내면의 목소리가 '없으면' 무조건 욕먹는다. 자신이 어떤 공부를 하고 싶든, 아니면 〈족구왕〉의 만섭이처럼 순진한 대학 생활을 하고 싶든 그건 중요치 않다. 순수한 존재 의식을 쓰잘머리 없는 것으로 강력히 부정하고 '외부의 틀'에 자신을 잘 맞출수록 스스로의 존재가 (완성도 아니고) 인정되는 역설적 상황, 그게 바로 지방대를 다니는 규민이의 현실이다.

시작은 대학 합격통지서를 받은 직후 '집 안'에서부터 출발한다. 아버지는 "회사에서 네 학교 물으면 재수한다고 할 거다"면서 재수할 생각이 추호도 없는 규민이를 어색하게 만들었다. 어머니께서는 "옆 동의 ＊＊＊호 아들 이번에 서울대 갔잖아. 지금 그 집 엄마 동네방네 난리도 아니다. 다들 네가 어느 대학 갔냐고 묻기에 창피해서 얼버무렸다"[16]면서 한숨을 쉬니 ○○대 합격을 별로 창피하다고 느껴본 바 없는 규민이는 자신이 무엇인가 잘못 생각하는 것 같았다. 서울의 유명 사립대학을 다니는 누나는 마치 영화 〈족구왕〉에서 만섭이가 만난 기숙사 선배 같았다. "네가 합격한 그 학교, 학교도 후졌는데 너는 외국어도 자신 없지? 그럼 일찌감치 공무원 시험 준비해."

가족들은 '아재'라고 불리는 먼 친척 이야기를 그때부터 자주했다. 요약하면 완전 사고뭉치였고 성적도 엉망이어서 고등학교도 겨우 마쳤던 '그 아재'는 20대 때 생활이 너무 방탕해서 주변 사람 모두가 기피할 정도였다고 한다. 그러다가 자기 아버지가 모처에 끌고 가 미친 듯이 공무원 시험공부만 몇 년을 시킨 덕분에 합격했다고 한다. 규민이의 가족들은 그 아재가 그때 공무원이 되지 않았으면 사람 구실도 하지 못했을 것인데 지금은 얼마나 당당한지를 강조,

또 강조한다. 이들에게 규민이의 현재는 공무원 임용 전의 대책 없던 그 아재였다. 그래서 규민에게 요구하는 선택지는 단 하나다. 규민이 '스스로' 미래를 고민하는 것은 가족에게 결코 용납될 수 없다.

규민이는 그 아재처럼 대학을 못 간 것도 아니고 방탕함과도 한참 거리가 멀지만 그건 규민이의 사정일 뿐이다. 가족들은 '지방대' 아무개와—이 아무개가 직계가족일지라도—친족관계를 맺고 있는 것 자체를 부끄럽게 여긴다. 그래서 규민이가 개의치 않는 건 관심 없다. 아니, '개의치 않아서' 더 화가 난다. 가족에게 규민이는 '열등한 타자'일 뿐이다.[17] 그래서 대학에 입학하기도 전에 가족들은 규민이를 압박하고 또 압박한다. "넌 반드시 실수를 만회해야 한다. 그러니 공무원이 되어라! 그게 유일한 효孝다!" 가족들은 모른다. 이런 '조롱'이 공무원 시험에 전혀 도움이 되지 않는다는 상식을.

가정에서부터 '패배자' 정체성을 듬뿍 주입 받은 사람들이 집단을 이루고 있는 지방대에서는 '우리에게 유일한 탈출구는 공무원'이라는 공기가 흐른다. '세상이 더러우니 공무원이 되자'는 곳에서 이들을 향한 사회적 혐오는 면죄부를 얻는다. 그러니 지방대생들은 가정에서뿐 아니라 일상의 혐오에 상시적으로 무방비로 노출되어버리니 그들이 '탈출구'를 찾는 심리는 커질 수밖에 없다.

공무원 말고 무슨 대안이 있겠냐는 식의 생각은 이미 거대한 물결이 되었다. 이것이 대학大學이란 공간과 과연 어울리는지 따져보는 이는 없다. 여기선 은정이의 학교처럼 "대학이 취업학원이냐!"와 같은 볼멘소리도 없다. 아주 오래전부터 지방대 학생들은 '오직 취업'을 위해 발버둥치는 대학생활을 해왔기 때문이다. 물론 효과는 미비하다. 그러니 발버둥은 더 심해진다. 여긴 문화학자 엄기호의 표현을 빌리자면 "실업이 아니라 취업이 예외"[18]가 된 곳이다.

학생들은 어릴 때부터 '들어보았던' 이름 있는 기업에 합격한 선배들을 눈을 여러 번 씻고 찾아야 가뭄에 콩 나듯이 발견할 수 있는데 그런 '능력자'들도 한 꺼풀 두 꺼풀 벗겨보면 본사 오리지널 공채에서 바늘구멍을 뚫은 경우가 아니다. 인맥에 인맥이 동원되었다거나 아니면 영업직이거나 지방 계열사로 들어간 경우가 부풀려서 포장된 경우가 태반이다. 그렇지 않다면 미담 사례가 동반된다. 학과의 전설이 되어 신입생을 위한 '취업 특강' 강의까지 온 규민이 학과의 선배 K처럼 말이다.

K는 대기업 호텔의 레스토랑에서 아르바이트를 '성실하게' 했는데, 하루는 진상 손님이 이것저것 클레임을 걸었다고 한다. 그래서 '여기서 자존심은 없다!'는 자세로 K는 손님이 시키는 것을 '노예처럼' 다 해줬는데, 이 광경을 멀리서 오너 가家의 누군가가 흐뭇하게 바라보았다는 (익숙한) 반전이 등장한다. 그분의 자애로움은 K를 '호텔 식·음료팀' 정직원으로 채용하는 파격으로 이어지고 '지방대 졸업생' K는 그 이후 '차별 없는 채용을 하는 기업'의 단골 사례로써 해당 호텔뿐 아니라 학교, 심지어 공공기관에서 '기회가 보장되는 나라'를 증명하는 예시로 사용되곤 했다.

그런데 '운'에 정규직을 걸 수 있겠는가? K의 사례는 역으로 규민이가 다니는 학교 타이틀로는 안정된 급여가 보장되는 기업의 문턱을 넘어서지 못한다는 말이다. 일부 언론에서 '스펙이 아닌 개성을 본다'는 말로 지방대에도 기회가 있다는 식으로 이야기하는 건 다

헛소리다. 토익, 어학연수, 자격증, 공모전, 인턴 활동 '없는' 지방대 학생의 개성은 면접장에서 "지금 취업을 하겠다는 것인지 말겠다는 것인지"라는 사실상 탈락 통보를 예약할 뿐이다. 스펙 없는 스토리는 '역시나 지방대 학생은 어쩔 수 없지'라는 단호한 낙인만을 기하급수로 부풀리게 되니 그때부터는 웬만큼 스펙을 갖춰도 사람 자체를 신뢰하지 않는 최악의 상황이 등장한다. 이미 그 '편견의 벽'은 지방대 학생들이 감당할 만한 높이와 두께가 아니다. 그러니 지방대 학생들은 '계급장 떼고' 승부를 걸 수 있는 유일한 종착지로 흐르게 된다. 필기시험과 면접시험. 얼마나 간단한가? 가자! 노량진으로! 저기가 우리의 희망이다! 결국 규민이는 자신의 의지와 상관없이 가족들이 '원한' 길을 가게 되어 있었던 셈이다.

학교는 이런 요구에는 잘도 응답한다. 규민이의 학교는 자기 학교 학생들이 '서러움과 열등감'으로 똘똘 뭉쳐 있다는 것을 전제하고 처음부터 '나름의 솔루션을 찾아주겠다'는 솔직한 태도를 감추지 않는다. 규민이는 이 학교를 고등학교 3학년 때 캠퍼스 투어의 일환으로 온 적이 있다. 대학에서 버스 대절, 점심식사를 다 지원하고 심지어 32기가바이트 유에스비USB를 선물로 준다. 덩달아 인기가수의 공연도 보여준다. 그때 대학의 취업지원팀 팀장이 단상에 올라와 목에 힘주어 말한다.

"우리 학교는 9급 공무원 준비생들을 위해서 아낌없는 지원을 하고 있습니다. 별도 열람실은 물론 공무원 시험 전주에는 강의 출석을 하지 않아도 배려해드립니다. 노량진 일타강사* 초청특강도 매년 개최하고 있습니다. 그래서 올해도 9급 공무원에 14명이 합격한 쾌거를 달성했답니다.

여러분! 늦었다고 생각될 때는 정말 늦습니다. 저희 대학에 오셔서 1학년 때부터 차근차근 준비하시면 졸업 전에 공무원에 합격하는 영광을 누릴 수 있고 그게 바로 부모님께 효도하는 길이랍니다."

입학 전부터 학교가 요구하는 바람직한 학생 상像은 규민이 가족의 것과 다르지 않았다. 학교는 수요에 따라 적합한 솔루션을 공급하기 위해 안간힘을 쓰고 있었다. 14명, 이 합격생 숫자가 초라해 보일지도 모르지만 대기업 정규직 공채 합격에 비하면 몇 곱절이나 높은 수다. 투자한 만큼 '그나마' 성과가 나오는 건 9급 공무원 시험이 유일하다. 그러니 학교도 '공무원 시험 전에 출석을 배려해달라는 공문'을 강사들에게 '부끄러운 줄도 모르고' 발송한다. 대학이 나서서 '지금이 대학 강의나 한가하게 듣고 있을 때냐'고 모순적인 말을 하는 꼴이지만, 학생들은 그래도 '우리 대학이 이런 노력이라도 하고 있어서 다행이다'는 평이다.

문제는 '공무원 시험 준비'가 지방대 전체의 공기, 그것도 아주 묵직한 공기가 되어버렸다는 것이다. 과거에는 세무대학, 철도대학,

---

* '일류 스타강사', '일급 스타강사'를 뜻한다. 노량진에서만이 아니라 대한민국 사교육 시장에서 흔히 사용된다.

교통대학 등 진로와 커리큘럼을 일치시킨 몇 대학을 제외하곤 '종합 학문'을 추구하는 것이 일반적인 대학의 모습이었다. 1984년 10월 10일자 《매일경제》 신문에는 '달라진' 공무원 시험 풍경을 소개하면 서 "요즈음은 7급 공무원에도 대졸자들이 많이 응시한다"는 관계자 의 말이 등장한다. 9급 공무원 준비자 열에 아홉이 대학생 재학 이 상의 학력을 갖춘 지금과는 달라도 참으로 달랐던 시절이었다. 그러 다가 취업난 등의 문제가 본격화되자 이제는 '공공인재학부', '글로 벌리더학부' 등의 전공을 갖춘 대학들이 등장했다. 이 전공들은 행 정고시, 7급 공무원 시험 준비에 맞추어 커리큘럼이 구성되어 있다. 그리고 취업난이 더 심각한 지방대에서는 모든 학문의 '끝'을 공무 원에 맞추게 된다. 경찰이란 이름이 붙은 학과는 경찰공무원 시험 을, 소방이란 이름이 붙은 학과는 소방공무원 시험을 준비한다.

규민이가 다니는 학교 역시 기업계 입사를 희망하는 학생들이 그 나마 많은 경영학 및 공학 계열을 제외하곤 전부가 '공무원 시험'을 싫든 좋든 권장 받는다. 이게 과연 자신의 길인가 탐색할 틈도 없다. 대학 홈페이지에 대문짝만하게 올라온 9급 공무원 합격 동문선배들 의 후기에는 "1학년 때부터 진작 준비 안 한 게 가장 후회가 되었어 요"라는 말이 빠지지 않는다. 여기서 진로 고민은 사치다. 가끔 풋 풋한 1학년들이 "선배들이 왜 공무원에만 환장하는지 모르겠다. 여 기가 대학인지 학원인지 모르겠다. 등록금이 아깝지도 않으냐"는 푸념을 하지만 자신의 발언이 멍청했음을 깨닫는 데 그리 긴 시간이 걸리지 않는다.

물론 90년대까지만 하더라도 이 학교에서 9급 공무원 시험 준비는 소리 소문 없이 이루어졌다. 합격한들 현수막이 붙지도 않는 곳에서 합격 비법을 말하는 선배도, 이를 듣는 후배도 없었다. 어떻게 누가 9급 공무원이 되었다고 하면, 후배들은 '그럴 만한 사연이 있었나봐'라는 식으로 이해했다. 하지만 지금은 반대다. 도서관에서 고전이라도 읽고 있으면 "어디 믿는 구석이 있는 거야?"라는 소릴 들을 각오를 해야 한다. 그러니 도서관에서 책을 읽는 사람이 없다.

이는 은정이의 학교도 마찬가지다. 그곳도 도서관 한쪽에서 책을 한껏 쌓아놓고 독서에 몰두하는 이들은 예전에 사라졌다. 시험 직전도 아닌데 전공 공부를 하고 있으면 "너 토익 준비 안 해?", "자격증은 안 따?" 등의 질문을 들을 각오를 해야 한다. '철학'이란 단어가 들어가는 책이라도 읽고 있다면 '진지충蟲'으로 소문난다. 대학생답게 살수록 '버러지' 소릴 듣는 현실이 설마 지방대만의 분위기라 생각하면 오산이다. 하지만 9급 공무원 관련 교재들이 책상 위를 지배하는 정도는 아니다(그래서 은정이는 학교에서 공부할 때 반드시 칸막이가 있는 열람실에서 벽을 등지는 통로의 끝자리를 선호했다. 가급적 등 뒤로 사람이 지나다니지 않기 때문이다).

하지만 규민이의 학교는 다르다. 도서관만이 아니라 캠퍼스 곳곳에서 '9급 공무원 교재'를 들고 돌아다니는 학생들을 만나는 게 어렵지 않다. 어차피 '전공 안 할' 전공 강의 교재는 복사해서 사용한다. 어차피 '학점 관리용'인 교양강의의 추천 책을 돈 주고 사는 일은 결코 없다. 그러니 만약 손에 책을 잡는다면 '잡힐 책'은 빤하다. 가끔 7급 공무원 시험 교재를 들고 다니는 사람도 있는데 인상도 남다르다. 그는 심각하지만 당당해보인다. 1970~80년대에 검정 뿔테

안경을 쓰고《전환시대의 논리》,《해방 전후사의 인식》과 같은 사회과학 서적을 읽었던 대학생의 모습이라고 해야 하나? 그만큼 작금의 공기는 달라졌다.

불과 20년 전만 하더라도 규민이의 학교 출신 중 공무원 시험에 합격한 사람들은 후배들을 만나서 "먹고 살기 위해 어쩔 수 없었다", "거쳐 가는 정거장으로 생각하고 있다. 곧 옮길 거다"라는 말을 하면서 자기방어하기에 급급했다. 어떻게든 변명을 하지 않으면 안 될 공기가 있었기 때문이다. 지금은? 학과에서는 졸업생 중 합격자를 어떻게든 찾아내서 '나는 어떻게 9급 공무원이 되었나'라는 특강을 개최한다. 그리고 이날, 학과 구성원들의 행사 참여도는 유례없이 높다.

끔찍한 장수생 생활만은 피하고 싶다

빠를수록 좋다고 대학 1학년 때부터 공무원 시험을 준비하라는 곳에서 누가 '대학 공부'를 중요하게 생각하겠는가. 규민이 역시 공시족이 되면서 자연스레 모든 강의를 '학점 따기' 그 이상으로 생각해 본 적이 없다. 그리고 규민이 같은 사람들이 워낙 많으니 학교가 적극적으로(?) '학생 중심' 교과 커리큘럼을 수용할수록 전체 강의가 '말랑말랑해'진다. 교수는 괜히 분위기를 깨지 않는다. 그도 학부 강의에 에너지를 쏟을 이유가 없다. 이 말은 지방대가 어떠하든 '본인이 하기 나름'일 수도 없음을 의미한다. 아무리 주변 눈치에 아랑곳하지 않고 진짜 대학교육의 수혜를 받고자 발버둥을 쳐도 그런 구조가 없기 때문이다. 그러니 (낯간지럽지만 최소한 표면적으로는) '공부하러' 대학에 와, '적성에 따라' 전공을 선택했겠지만 규민이가 다니는 대학에서 '전공공부는 원래 적당히 하는 것, 그리고 해봤자 별 도움도 안 주는 것'에 불과하다.

이때부터 악순환은 시작된다. 지방대 학생들이 실제 대기업에 입사하더라도 명문대 졸업생들과 '차이가' 도드라지게 나버린다. 이것이 누적되면 기업체에서는 지방대에 대한 편견을 가지게 되고 이는 대기업이 '일부 대학' 졸업생들의 리그가 되는 결과로 고스란히 이어진다. 그러면 '지방대 괴담'이 활성화된다. 눈에 보이지도 않는 사람, 행여 보이더라도 조직 내 중추적인 역할을 맡지 못하는 자를 '승자들이' 배려할 리 없다. 이때부터 지방대의 '지방'은 사전적 의미의 '서울 밖 지역'이 아니라 '낙오자 수용소' 같은 이미지를 가진다. 이와 비례해 "지방대를 왜 지잡대라고 하는지 알겠더라"는 식의 '조롱과 멸시'가 난무한다. 규민이 가족들이 그렇게 애가 탔던 이유다.

기본적인 도덕이 파괴되면 아무리 그런 혐오의 문제점을 지적해도, '억울하면 공부 열심히 해서 지방대 안 가면 되지'라는 식의 놀랄 만한 합리화만이 부유한다. 당연히 지방대를 가지 않을 시기를 넘겨버린 많은 이들은 '그다음'에 할 수 있는 변신 솔루션을 무조건 찾아야 한다. 자신의 존재를 끊임없이 부정해야 하는 상황은 이렇게 발생한다. 그러면 학교의 하향평준화는 '더' 가속화되고 사회적으로 형성되는 지방대의 오명汚名은 '더' 악화일로로 치닫는다. 당연히 이를 싫어할 사람들이 늘어날 수밖에 없고 결국 공무원이 정답이 된다.

변신 솔루션의 효과가 눈에 띌 정도면 좋겠으나 그것도 아니다.

지원자 수를 생각해보면 지방대에서 9급 공무원 합격하는 확률은 지극히 낮다. 너도나도 다 하니까 분모만 비정상적으로 늘어났기 때문이다. 규민이 학교의 취업지원팀 직원은 '14명 합격'했음을 부단히도 강조했지만 이는 준비하는 사람에 비하면 매우 미약한 숫자다. 그래서 규민이는 캠퍼스에서 9급 공무원 시험에 작년에 이어 올해도 '불합격한' 다수들을 늘 만난다. 그리고 이들 대부분이 내년에도 지금의 신분을 그대로 유지한다. 그러니 더 불안하다. 역전 홈런을 칠 수 있다는 자신감을 가져도 모자란 판국에 '이놈의 학교를 나와 도대체 무엇을 할 수 있단 말인가' 하는 자괴감이 규민이를 감싼다.

이러다가 끔찍한 '장수생'이 되는 것은 아닌지 규민이는 좌불안석이다. 괜한 걱정이 아니라 규민이의 학교에는 '공무원 시험 준비'가 직업 자체가 되어버린 장수생 선배들이 너무 많다. 몇 년을 준비했는지 이제 구체적으로 알지도 못한다. 주변에 물어보면 정확한 기간은 모르지만 "5년은 훨씬 넘었을 걸"이라면서 정확한 사실을 말해준다. 기네스 감에 올라갈 전설의 인물이 있었다는 이야기도 가끔 들린다. 12년 동안 준비하다가 최근에 공장으로 취업했다는 선배 등의 그런 이야기들.

장수생들은 오랜 고생 끝에 합격하는 케이스가 아니라, 그냥 '오래' 일정한 생활을 계속하고 있는 사람들이다. 자신의 길이 아니라면 다른 걸 준비하지, 왜 저렇게 되지도 않는 걸 붙잡고 있냐면서 한심한 표정을 지을 사람이 있을 걸로 안다. 그런데 그들은 붙잡고 있는 것 외에 다른 묘수가 없다. 9급 공무원 시험공부는 '합격하지 않는 이상' 그 어떤 곳에서도 활용될 수 없다. 5급 행정고시의 장수생들 중에는 학원 강사로 진로를 틀어 7, 9급 준비생들을 가르치는 경우도 있고 7급의 경우 9급으로 하향지원이라도 할 기회가 있지만 9급은 아니다. 운이 좋으면 학원의 생리와 수험생의 심리를 탁월하게 (?) 안다는 점을 인정받아 학원의 직원이 되어 수업 및 출판물 관리를 하거나 열에 하나 정도로 데스크 상담 정도의 일을 한다.

취업하기 위해 온갖 것을 갖춰야 하는 세상에서, 노량진을 벗어나지 못하는 개인의 행보를 '실무경험'을 중요시하는 기업들이 눈여겨볼 리 없다. 오히려 공무원 시험조차 (그것도 오랫동안!) 합격하지 못한 의지박약을 증명할 뿐이다. 그래서 일반적인 기업에 가려면 자신의 과거를 '감추고' 경쟁을 해야 하는데 지금껏 일반적인 스펙 관리를 하지 않았으니 결과가 좋지 않다는 것은 바보가 아닌 이상 충분히 예측할 수 있다. 그들은 별수 없이 다시 수험서를 펼친다. 공무원 시험 공부 3년 정도가 넘어가면 '그래도 계속 고집하는 이유'가 다들 비슷하다.

> "이제 와서 취직을 한다는 건 사실상 불가능하다. 그동안 쌓아 둔 스펙도 없고, 나이도 더 많아졌다. 지금까지 해온 것이 아깝기도 하다. 무엇보다 이제 자신이 없다. 새로운 무언가를 시작하는 게 두렵다. 계속 실패만 있을 것 같다. 더 이상 갈 곳이 없는 것 같다. 그만두고 싶어도 그만둘 수가 없다. 이게 아니면 길이 없다는 걸 알고 있다."[19]

규민이는 신입생 시절부터 장수생 클럽을 봐왔다. 한눈에 보더라도 그들의 모습에서 공무원에 대한 열의는 눈곱만큼도 보이지 않는다.* 규민이의 착각이 아니다. 오죽 '정형화'되었으면 공시 장수생을 노숙자들이 노숙생활에 만성화되어가는 과정과 유사하다고 연구한 논문이 있을 정도다. 장수생과 노숙자는 이런 점에서 같다. 초기에는 자신의 생활을 빨리 벗어나고자 한다. 그러나 점점 탈출은 생각으로만 하고 실제 행동은 무기력해지는 삶에 적응한다. 그러다가 '좀처럼 벗어나지 못하는' 상황에서의 생활이 일상이 된다. 나아가 유사한 경험자들끼리 공감대를 이루면서 자기들끼리의 소속감을 이루기도 한다.[20]

규민이도 정확히 판단했다. 학교에 이리저리 떠도는 이야기를 조합해보면 자신의 생각이 적중했음을 쉽사리 알 수 있다. 몇 년 전에 시험공부를 시작했다더라, 노량진에도 몇 년 가 있었다더라, 그러다가 다시 학교에서 공부한 지 꽤 오래되었다더라 등의 소문을 몰고 다니는 장수생 선배들의 생활은 이러했다.

그들은 오전 8시에서 9시 사이 슬금슬금 학교로 나온다. 복장은 체육복, 상의는 주로 후드티이고 여기에 달린 모자는 반드시 쓴다. 벤치에 앉아서 담배를 핀 다음, 후배의 사물함에 있는 책들을 끄집어낸다. 그다음 과방 혹은 학과 조교가 직속 후배일 경우에는 과사무실로 간다. 거기서 종이컵에 믹스 커피를 무료로 마시고 있으면

---

* 오해마시라. 이건 장수생이 아니어도 나타나지 않는다. '공직에 대한 애정 때문이라는' 것은 나중에 면접 준비할 때나 등장한다. 그 전에 등장할 때도 아주 가끔 있는데, 내가 만난 공시족들은 그나마 열정이 남아 있던 준비 초기에는 살면서 접해보지 못한 행정학이라든가 법 관련 과목을 판례 중심으로 접할 때 공부의 신선함을 아주 가끔 느낀다고 했다. 이때 불현듯 '이 공부 재밌네. 공무원이 내 길에 맞다고 생각 안 해봤는데, 나쁘지 않을 것 같아' 정도의 착각을 잠시 했다고 한다.

동료 장수생도 오고 1교시 수업을 듣는 몇몇 학생들도 모여 든다. 복학생들하고만 시시콜콜 이야기를 주고받은 다음 이들은 도서관으로 향한다. 그리고 신기하게도 점심시간이 되면 또 후배들과 합류해 밥을 먹고 자판기 커피 한 잔하고 헤어진다.

사라진 장수생들은 학과 체육대회가 있으면 멀리서 구경도 하고 있고 가끔은 뒤풀이에도 나타나 막걸리를 한 잔 하기도 한다. 학과에서 회식 등이 있으면 처음에는 없지만 밤 10시 정도가 되면 복학생 후배가 꼭 전화를 해서 그들을 불러낸다. 그럼 그들은 회식 자리에 와서 후배들보고 "공무원 시험 빨리 준비해" 정도의 조언을 하고는 맥주 몇 잔 마시고 자기들끼리 따로 한 잔 더 하러 간다. 그리고 다음날에도 마치 직장인들처럼 동일한 공간을 사용하고 동일한 동선으로 이동하면서 하루를 보낸다. 그리고 시험이 지나면 마치 휴가처럼 1∼2주 사라졌다가 다시 복귀하고 같은 생활을 반복한다. 그러면 다들 '저 선배가 또 불합격했구나' 하고 알게 된다.

이론적으로는 '저러니 합격을 못 하는' 누군가를 귀감 삼아 '나는 저러지 않겠다'는 동기부여로 이어져야겠지만 규민의 눈앞에서 '저러는' 사람은 너무나 많다. 그들은 자신과 '같은' 대학을 졸업한 선배다. 그래서 규민이에게 어슬렁거리는 장수생들의 모습은 '대학 이름'과 '공무원 합격'에 밀접한 상관관계가 있음을 증명하는 사례다. 그래서 규민이는 '자신도' 그렇게 될 것 같아 두렵다. 모두에게 공무원이 되라고 적극적으로 권장하는 것과 비례해 '되지 못할 것'이라는 두려움도 동반 상승하는 곳, 바로 규민의 학교다.

그래서 규민이는 공무원을 준비하는 순간부터 자신감을 잃어버렸다. 이 시험이 단순히 개인의 직업을 결정하거나 안정된 직장을 가진다는 차원의 문제가 아니라, 이 관문을 통과해야만 자신의 어깨를 짓누르는 지방대라는 낙인의 무게를 떨쳐버릴 수 있다는 의미부여에 이미 지쳤기 때문이다. 이리저리 조언을 구해보니 학교의 공기로부터 빨리 벗어나는 게 답이라 했다. 즉, 노량진으로 가라는 말이었다. 그곳에서 2~3년 죽었다고 생각하고 공부하면 합격이 가능하다고 했다. '죽었다고 생각하라'는 말은 사실 합격할 확률이 희소하다는 뜻이기도 했다. 그래서 이를 더 악물어야 한다고 '자기계발서'에서는 말하지만 실제 삶에서는 개인을 주눅 들게 한다. 규민이는 시작부터 겁을 먹은 채 노량진으로 조심스레 발을 들여놓았다.

9급 공무원 시험공부는 난이도 면에서 사람을 미치게 할 정도로 어렵지는 않다. 강의를 들으면 충분히 이해가 된다. 다만 두 측면에서 이 시험은 규민이에게 쉽지 않다. 일단, 영어 한 과목만큼은 만만치 않다. 수능 외국어영역 상위 1퍼센트 은정이도 영어 성적이 잘 오르지 않아 마음고생이 심했을 정도다. 꿈은 공무원인데 영어가 발목을 잡아 아파하는 사람이 많다보니 〈공무원 취업 준비생들의 영어 학습 전략〉[21]이라는 학계 논문도 있을 정도다. 영어는 언어라는 과목의 특성상 성적을 향상시키는 데 꽤 많은 시간이 걸린다. 이 말은 여기에 투자하는 시간이 짧을수록 전체적인 과목 관리가 잘 되고 당연히 집중력과 효율성을 보장받을 수 있다는 뜻이다.

내가 노량진에서 만나본 사람들 중 9급 시험공부를 시작한 지 4개월 만에 합격한 경우가 있었는데 비결은 영어였다. 그 사람은 어릴 때부터 영어에 유별난 재능이 있어서 능력이 특출했기에 별도로 공무원 시험 영어공부를 할 필요가 없는 수준이었다. 상대적으로 규민이는 그렇지 못한 경우다. 2년째 영어조차 일정 수준에 이르지 못했으니, 다른 과목은 말할 것도 없다.

다른 한 측면은 과목마다 범위가 너무 넓다. 앞에서도 말했지만 두꺼운 책 한 권에서 객관식 5~6문제가 나오니 '전체적으로 한 번 훑어봤다'는 수준에 이르는 데에도 지친다. 그런데 합격 수기들을 보면 이 전체 훑어보기를 한 번만 했다는 사람은 없다. 결국 '짧아야' 2년이라는 '긴' 시간 동안 앞의 것을 잊어버리지 않으면서 한 발 한 발 뒤로 나아갈 수 있는 체력과 정신력 싸움이 공무원 시험에서 무척 중요하다. 그리고 정신력은 체력이 의미 있게 사용될 토대를 제공한다. '할 수 있다'는 자신감과 '너희들에게 질 수 없다'는 자존감을 동시에 보유했던 은정이가 결국엔 합격한 이유이기도 하다. 규민이에게 과연 이것이 있을까?

원하는 만큼 진도가 나가지 않을 때마다 규민이는 캠퍼스 안의 장수생들이 생각나서 불안하다. 그런데 자신 앞에 앉던 은정이가 어느 날부터 '○○대 야구점퍼'를 입고 오기 시작한다. 엎친 데 덮친 격이다. 대학 입학 전으로 시간을 돌린다면 '쟤는 ○○대나 다니면서 여기 왜 오나"라고 규민이는 생각했을 것이다. 하지만 지금은 공포를 느낀다. 은정이의 야구점퍼는 규민이에게 '딱 떨어질 것처럼' 공부했던 학교 선배들만 제친다고 이 바늘구멍을 통과하는 것이 아니라는 압박을 준다. 규민이는 절대 입지 않는 학교 이름이 대문짝만하게 박힌 야구점퍼를 '애용'하는 은정이의 자신감이 규민이의 자존감을 파괴한다. '맑은' 정신으로 집중해서 공부해도 모자랄 판국에 온갖 상념이 규민이를 괴롭힌다.

이 와중에 은정이는 규민이를 자기 학교 학생으로 착각해서 "혹시 ○○대 학생 아니세요?"라고 제법 크게 묻는다. ○○대 학생 아니냐고 묻는 은정이가 밉고 ○○대 학생이 '아니라서' 자신도 밉다. 은정이는 '아니면 말고'라면서 자기 공부에 열중했지만 규민이는 그러지 못한다. 또 다른 누군가는 "너 규민이 아니야? 나야 나. 고등학교 때 창수. 이야, 널 여기서 다 만나네. 너 대학 어디 갔지?"라고 묻는다. 규민이가 "△△대"라고 기죽은 듯이 말하니, 창수는 '너 왜 그런 이상한 대학을 간 거야?'라는 표정을 짓는다. 규민이는 △△대라는 것이 알려지는 것만으로도 '열패감'을 가질 수밖에 없도록 길러졌다. 그런데 스스로 '말해야 하는' 상황까지 갔으니 오늘 공부는 잡쳤다.

장수생 선배들도 이러했을 것이다. 계급장 떼고 공부한 만큼 평가받는 정정당당한 시험이 공무원 시험이라고 하지만, 이 시험은 묘하게도 '계급장'이 영향을 미친다. 하지만 투자비용에 따른 성과가 양심적인 시험이라고 하니 이 시험 결과, 그러니까 자꾸만 불합격하는 객관적인 상황은 자기 자신이 '무능하다'는 객관적인 징표가 되어버린다. 지방대라고 자신을 우습게 대하던 다른 이들에게 '봐라! 내가 마음만 먹으면 무엇이든지 잘할 수 있다고!'라고 말할 수 있을 줄 알았는데 '아, 나는 이 정도였구나'라는 자괴감, 그것이 누적되다보니 '오래 공부해도 합격하지 못하고, 그렇다고 다른 것을 할 수도 없는' 장수생이 되었을 것이다. 규민이도 그럴 것이다.

과정의 불공정함을 인정하지 않는 사회

나의 보고서 발표가 끝나니, 레드팀은 이 발표에 굉장한 모순이 있다면서 문제를 제기했다. 핵심은 나의 설명 어디에도 공무원 시험 자체의 문제점이 발견되지 않았다는 것이다. 오히려 한국사회에서 취업에 이르는 길이 공정하지 않기에, 객관식 문제에 대한 답을 외우는 '노력만큼' 결과가 나오는 '공정한' 공무원 시험에 그렇게 사람들이 모이는 것인데 무엇이 문제인지를 따졌다. 그리고 내가 제시한 은정이와 규민이의 사례가 바로 순수한 개인의 의지로 결정되는 집중력 차이에 따른 '결과의 차이'인데, 이러한 공정한 시험에 청춘들이 몰려드는 게 왜 문제냐고 했다.

과연 그랬을까? 내가 규민의 사례를 통해 한국이라는 곳에 우리 행성의 미래를 맡겨서는 안 된다고 생각한 이유는 한국사회가 지독히도 능력주의를 의심하지 않고 있음을 고발하기 위해서다. 한국에서 공무원 시험은 레드팀의 판단처럼 능력주의에 따른 공정한 결과물의 '좋은 사례'로 소개된다. 지나가는 소가 웃을 일이지만 실제로는 이를 부정할 때 '웃는 소'가 곳곳에서 등장한다.

FPG 행성도 능력주의를 좋아한다. 그래서 우리가 지구로 이주를 계획하면서 '자본주의' 사회 중 하나를 선택한다는 것은 가장 먼저 결정된 사안이었고 별다른 논쟁조차 없었다. 개인의 생산성을 '순위'에 따라 평가하고 이에 걸맞은 보상이 이루어지면, 여기에 호응해 '더 열심히' 노력하는 사람들이 증가하며 궁극적으로 사회 전체의 노동과 삶의 질이 좋아지기에 우리 행성은 '능력주의'를 굉장히 중요한 삶의 철학으로 규정하고 있다.

중요하기에 반드시 전제되어야 할 것들을 더욱 따져봐야 함은 당연하다. 능력주의를 한 사회에 적용할 때는 '경쟁의 시작부터 끝까지 모든 과정이 공정해야만 한다'는 사회적 합의가 있어야 한다. 여기서의 공정은 기회·과정·결과의 평등을 뜻한다. 한국에서 기회의 평등이 얼마나 요원한 소리인지는 앞서 충분히 이야기했다. 이미 한국은 비록 불평등하더라도 '이 악물고 버티다보면' 가능한 그런 수준이 아니다.

그리고 이 상황은 청춘들이 노량진에 몰려드는 것과 무관치 않다. 그나마 가장 공정한 시험이 바로 공무원 시험이라고 생각하기 때문이다. 은정이 역시 마찬가지의 이유로 일반적인 취업 경로에 뛰어들지 않았다. 공무원이 되기 위해서 어학연수를 반드시 다녀올 필요도 없고 '뉴질랜드에 가서 젖소의 우유를 짠 경험' 어쩌고를 자기소개서에 포함시키지 않아도 된다. 나중에 어떻게든 포장할 수 있으니 '정기적으로 헌혈을 마다하지 않는' 짓도 필요 없다. 자격증은 있으면 말 그대로 '가산점'이지 이게 없다고 "취업을 할 준비가 전혀 안 되었네" 등의 모욕적인 소리를 듣지 않는다. 혹시나 조금이라도 잘 보일 수 있을까 하는 마음에 '경영' 관련 동아리에 들지 않아도 되고 행여 트집 잡힐 걸 우려해 '사회 비판' 관련 강의를 애써 피해 수강신청을 하지 않아도 된다.

결국 객관식 문제에서 '많이' 맞추고 면접 때 "시키는 것만 하겠다"면서 속마음만 들키지 않으면 합격하는 게 공무원 시험이다. 그래서 너도나도 몰려들어서 시험을 친다. 그 결과 은정이는 붙었고 규민이는 붙지 못했다. 과연 이 결과는 공정한 경쟁의 산물일까? 이를 의심하지 않는다면 많은 이들이 은정이가 대변하는 명문대라는 타이틀과 규민이가 대변하는 지방대라는 타이틀이 풍기는 '원래의 고정관념'을 타당하게 여길 것이다. "봐라, 자기들은 '학교 이름 가지고 차별하지 말라' 그러지만 이런 정직한 시험의 결과를 보면 이를 어떻게 차별 안 할 수가 있느냔 말이다."

　여기서 많은 이들이 지방대이지만 공무원 시험에 '합격한 누구누구들'을 떠올리며 나의 주장을 의심하겠지만 그것이 바로 능력주의의 묘한 함정이다. 한국사회는 전통적으로 '미치도록 가난했지만 더 미치도록 공부해서 서울대에 갔다던' 누구의 사례와 '아무도 안 알아주는 지방대 출신이었지만 모두가 알아줄 때까지 포기하지 않아 대기업에 입사한' 누가 존재한다는 사실로 경쟁의 본질을 덮는 데 익숙하다.

　9급 공무원 시험 결과를 보면 명문대 출신이 아닌 자들이 많다. 그래서 공무원 시험에 합격하는 개인들은 '대학 이름에 상관없이 열심히 하면 된다'는 사례를 대표하게 된다. 아울러 이 시험조차 합격하지 못하는 '엄청난 수의' 그저 그런 대학이라 평가받는 곳의 학생들은 '역시나 별수 없는' 경우가 된다. 그러니 공무원 시험 결과는 '혹시 편견이지 않을까' 했던 학력에 따른 격차가 객관적임을 확인하고, 그래서 학력에 따른 차별이 타당하다고 여기는 개인들을 양산한다.

　한국사회에서 이루어지는 경쟁은 기회가 평등한 경우라 할지라도 과정이 공정하지 못한 경우가 태반이다. 나는 《우리는 차별에 찬성합니다》(개마고원, 2013)에서 'CPA' 시험을 준비하는 각기 다른 대학의 학생들을 추적한 결과를 토대로 이를 주장한 바 있다. 별다른 '기회 차이' 없이 시작하는 대학생들의 CPA 시험 준비가 왜 '학교 서열'에 따라 '합격률' 차이로 나타나는 것일까? 나는 이른바 명문대에 재학 중인 학생과—이를테면 은정이—지방대에 재학 중인 학생들을—이를테면 규민이—관찰해 이들이 얼마나 '공정하지 못한' 세상의 평가를 받으면서 시험을 준비하는지를 기록했다. 명문대 학생은 시험을 준비하는 모든 과정에서 '자신의 능력을 비하하는' 주변인들을 아무도 만나지 않는다. 하지만 지방대 학생은 준비 과정에서부터 온갖 '의심의 눈초리'를 보내는 주변인들을(심지어 가족들까지!) 만난다. 이 학생은 시간이 지날수록 점점 위축되고 그 '다른 상황'에서 발생하는 '집중력의 차이'는 고스란히 명문대 학생과의 '결과 차이'로 나타난다. 흔히들 말하는 '객관적인 역량 차이'는 이런 과정에서 발생한 것이 태반이다.

다른 예를 보자. 서울대 출신 아무개는 학창 시절 '열심히' 준비해서 대기업에 들어가 '열심히' 노력해서 승진을 거듭한 끝에 안정적으로 살고 있다. '열심히'에만 주목한다면 이 사례는 의심할 여지가 없다. 하지만 한 걸음만 더 들어가보자. 한국사회에서 '서울대'라는 타이틀이 붙은 개인을 과연 '고정관념 없이' 바라보는 이들이 있을까? 절대 그럴 수 없다. 일단 배려부터가 다르다. 사람들은 서울대 출신이 일상에서 저지르는 사소한 실수를 '사소하게' 받아들여준다. 그게 당연한 것 아니냐고 하겠지만 그 사람이 누구냐에 따라 이 배려심은 동일하게 적용되지 않는다.

예를 들어 서울대 출신이 회사에서 중요한 프레젠테이션을 하는

데 보고서에 결정적인 오타가 있었다고 치자. 이때 이 오타를 가지고 트집 잡는 이는 드물다. 왜냐하면 '서울대'라는 변수와 '오타'의 상관관계가 없다고 생각하기에 말 그대로 그에게 실수는 실수일 뿐이다. 오타의 원인을 개인의 역량에서 찾지 않는다는 것이다. 하지만 '지방대'라는 타이틀을 가진 자가 '같은 실수'를 했다면 '동일하게' 판단할까? 절대 아니다. '저것 봐라. 머리가 나쁘니 저런 오타도 못 찾아내는 것 아니냐'면서 수군거릴 것이 뻔하다. 이 상황에서 당사자는 위축될 수밖에 없다. 그러니 '진짜' 실수를 할 가능성은 높아지고 이는 고스란히 좋은 기회를 얻지 못하는 악순환을 야기한다. 그러면 그는 '정말로' 의지가 약해져서 도전할 마음 자체가 사라진다. 우리가 말하는 '객관적인 최종결과'는 이런 '객관적인' 부당한 인식의 여정을 거친 이후의 일이다.

엘리트와 엘리트가 아닌 자들에 대한 편견에서 발생하는 과정의 불공정성이 한국에만 존재하는 것은 아니다. 하지만 이 한계를 극복하기 위한 노력의 정도는 사회마다 확연히 다르다. 가장 큰 차이는 '성공한 사람들이 사회에 가지는 부채의식'에 있다. '노블레스 오블리주noblesse oblige'의 유무는 그렇게 결정된다. 이러한 분위기는 부모의 재산을 자녀에게 상속하지 않고 사회에 환원하는 비율의 차이, 아버지의 기업을 자녀에게 대물림하는 것을 당연하지 않게 여기는 문화의 차이, 나아가 고소득자에게 높은 세율을 부과하는 제도적 차이로 나타난다. 자신이 번 것을 어떻게든 사회에 환원하지 않으면 '떳떳하지 않기에' 이를 강제할 정책 마련에 적극적으로 참여하는 사람들은 사회 전반적으로 '공공적 가치'를 드높여주게 된다.

결국 이 사회는 사회안전망, 복지 등에 대한 정부의 노력을 이념적으로 재단하는 경우가 줄어들기에 '불평등'이 (완벽히는 아니지만) 어떻게든 해소되는 쪽을 향한다. 물론 한국에서는 기대조차 어렵다. 능력주의를 비판하기 위해서는 성공한 자들의 뼈를 깎는 성찰이 필요한데, 한국에서 돈 좀 벌었다는 사람들은 자신이 걸어온 '과거'를 결코 비판하지 않는다. '내가 열심히 노력해서 얻은 결과인데'라는 말만 입에 달고 살면서 '자수성가'했다고만 한다.

규민이는 '과정의 불공정성' 때문에 노량진으로 갔다. 규민이 학교 선배들도, 친구들도 마찬가지였다. '대학교'를 아무리 열심히 다녀도 "괜히 대학생 흉내 내지 말고 공무원 학원이나 다녀"라고 주변에서 말한다. 이는 조언도, 격려도 아니다. 조롱이고 멸시이자 혐오다. 개인을 '무기력한 비관주의'에 빠지게 하는 명백한 가해다. 이런 린치를 은정이는 받아본 적이 없다. 이 조건 차이가 집중력과 효율성을 바탕으로 하는 공부 동력의 진짜 차이가 된다. 혹자는 '그럴수록 이를 악물어야 한다'고 한다. 하지만 아침에 출근하다가 개똥만 한 번 밟아도 하루 종일 신경이 쓰이는 게 사람이다. 점심 먹다가 김칫국물이 옷깃에 약간 묻었다고 오후 내내 거울 앞에서 얼쩡거리는 게 사람이다. 규민이는 매일 개똥을 밟아야 했고 매끼 김칫국물을 피할 수 없었다. 그러니 '이를 악물' 의지가 사라진다.

능력주의를 우리가 받아들이는 경우는 개인에 대한 차등적 보상이 결국에는 '전체를' 이롭게 할 때만이다. 그래서 능력주의는 '위'를 향한 별도 우대 정도가 가능하다는 것이지 '아래'를 공공연하게 혐오할 자유가 개인에게 있음을 의미하진 않는다.

한국은 '자본주의는 어쩔 수 없다'고 말하면서 이 상식을 지키지 않는다. 그리고 그런 결과를 '옳은 것'이라 한다. 만약 정말로 자본주의라는 경제체제를 채택한 '모든' 나라가 이를 '어쩔 수 없는 것'으로 받아들인다면 나 역시 '한국을' 우리 후손의 미래를 책임질 후보국에서 탈락시키지 않았을 것이다. 그런데 '같은' 자본주의지만 '다른' 풍경을 만들어내는 나라들이 여기저기에 있다. 그러니 왜 한국을 선택하겠는가?

지금의 지옥만
아니면 된다는 사람들

현실이 원래부터 파국적인

폐허였다는 사실을 똑바로 바라보아야 한다.

_ 손이상[22]

월 150만 원으로 살기 싫다

1호. 그는 35세 남자이며 부산 사람이다. 그는 부산 근교의 4년제 대학을 졸업했고, 규민이의 사촌형이다. 내가 1호를 만났을 때 그는 8년간의 직장생활을 그만두고 노량진에 입성한 지 3개월 정도 되었을 때였다. 1호가 9급 경찰공무원이 되길 희망한 것은 4년 전이었다. 직장을 다니면서 인터넷 강의로 시험을 준비했는데 번번이 실패하자 노량진으로 완전 이주를 결심했다. 지난 2년간은 1년의 완벽한 수험생활을 위해 돈을 악착같이 모았다. 부산의 중소기업에서 연봉 1,960만 원을 받았던 그는 매달 80만 원을 납입하는 적금을 2년간 들어 2천여만 원을 마련했다. 이 중 500만 원을 원룸 보증금으로 납부하고 나머지 1,500만 원으로 1년을 살기로 했다.

120만 원 정도로 한 달을 사는 셈인데 3개월 정도 생활을 해보니 결코 풍족하게 살 금액이 아니다. 월세, 학원비, 책값, 식사비용만으로도 빠듯하다. 독서실은 부담이 되어서 학원 자습실을 이용한다. 그리고 아직 이 사실을 모르는 부모님 용돈으로도 매달 20만 원을 꼬박꼬박 입금하고 있다. 왜 그러느냐고 물으니 자신이 일을 그만두었다고 하면 분명히 부모님이 폐지를 주우러 거리로 나가실 것인데 그렇게 할 순 없고, 더 걱정스러운 것은 시험에서 떨어질 수도 있는데 직장까지 관두고 1년을 노력해서 9급 공무원도 되지 못한다는 실망감을 부모님께 드릴 수는 없지 않으냐면서 알리지 않은 게 나름의 최선책이라 한다.

그는 중소기업의 비정규직으로 8년간 총 여섯 군데의 회사를 다녔다. 이직을 다섯 번 하면서 세 번은 계약 종료에 따른 자연스런 퇴사였고 한 번은 회식자리에서 "비정규직도 노동조합을 만들 수 있나요?"라고 말했다는 이유로 정규직도 노조가 없는 회사에서 하루아침에 잘렸다. 동료들은 중소기업 노동조합 조직률 2퍼센트의 현실[23], 그리고 정규직에 비해 6분의 1 수준인 비정규직의 노동조합 가입 현실[24]을 전혀 이해하지 못한 순진한 행동이었다고 1호를 (나가는 순간까지) 나무랐다. 이 바닥의 수준이 바로 바닥이었다. 회사는 퇴직금을 안 주려고 1년 계약을 360일 단위로 끊는다. 그때 별 문제 제기를 안 하면 6일 후 재입사시켜준다. 물론 다시 360일만 일한다는 조건으로. 사람들은 그거라도 어디냐면서 굴욕을 감수한다.

1호가 순수한 의미에서 '다니던 회사에 오늘 사표 쓰고 내일부터 다른 곳으로 가는' 이직은 딱 한 번에 불과했다. 이것도 인터넷으로 공무원 시험 관련 강의를 듣겠다고 저녁시간이 보장되는 직업을 구하기 위해 급여를 대폭 낮췄기에 가능했다. 150만 원 받던 사람이 120만 원 급여의 일자리를 구하는 건 어렵지 않았다. 그 외에는 이직 사이에 공백이 있어서 마음고생은 물론 경제적으로 무척 힘들었다. 4개월 정도 백수 상태로 구직활동을 한 적이 있었는데 연봉이 평균적으로 1,800만 원이었으니 그 해는 1,200만 원으로 살아야만 했다. 그의 삶 자체가 휘청거렸고, 이에 스트레스를 받는 자신을 측은하게 바라보던 부모님의 모습이 선명하게 남아 있다. 이때부터 1호는 공무원에 관심을 가졌다.

한 달 150만 원. 이는 생존비용일 뿐이지 2016년을 살아가는 '인간으로서' 누릴 권리가 보장되는 수준이 아니다. 저 금액이 노동의 보상이라면 인간은 밥만 먹고 사는 존재일 뿐이다. 부양가족이 늘어난다면 그 밥조차 제대로 먹을 수 없다. 절약하면 살 수 있을 것 같지만 "오히려 가난하기 때문에 추가로 드는 비용이 수두룩하다."[25] 악착같이 살면 죽진 않겠지만 인생은 '달인열전'이 아니다. 견딘다고 나아질 리도 없다. 물가는 오르는 데 5년, 10년이 지나도 같은 월급을 받는 건 정말로 짜증나는 일일 뿐이다.[26]

문제는 불평등의 수준을 감당할 수 없는 수준의 급여를 받는 노동자들이 부지기수라는 현실이다. 대학생들 중에는 자신들의 미래도 모르고 신문에 나오는 연봉 4천만 원의 대기업 초봉을 졸업하면 당연히 받을 거라고 생각하는데, 그렇지 못한 사람들이 훨씬 많다. 한국 임금노동자의 평균소득은 264만 원이다. 신입 초봉이 아니라 1

억 원, 10억 원 받는 사람도 다 포함된 평균이 이 정도다. 즉, 연봉 3천만 원이 전체 노동자의 평균이다. 그런데 이 소득을 받지 못하는 경우가 전체 노동자 절반이 넘는다. 왜냐하면 월 264만 원은 전체 소득금액의 평균이기 때문이다. 그럼 임금노동자를 소득순위별로 줄을 세웠을 때 딱 가운데에 있는 사람은 얼마를 벌까? 189만 원이다.[27] 그럼 월 150만 원을 받는 1호는 중간은 아니지만 중간 약간 아래에 위치에 있는 '평범한' 사람이란 계산이 나온다.

1호가 공무원이 되길 희망한 것은 이 지옥에서 천국까지는 기대도 안 하고 단지 '지옥 바로 위'까지라도 가고 싶어서다. 그는 일단 한국사회에서 중소기업에 일하면서 '미래'를 기대할 수 없다는 것을 뼈저리게 느꼈다. 대기업하고 같은 대우를 해달라는 것이 아니라 그래도 '격차가 줄어드는' 느낌이 피부에 와닿아야지 희망을 가질 게 아닌가. 하지만 상황은 악화일로다. 1980년대에는 중소기업 노동자들도 대기업 노동자 임금대비 97퍼센트 수준의 소득을 보장받았다. 이것이 1994년에는 77퍼센트로 떨어졌고 2014년에는 60퍼센트까지 급락했다. 그리고 현재 전체 노동자의 81퍼센트가 중소기업에서 일하고 있다.[28]

단지 임금만 차별받는 게 아니다. 대기업의 경우 국민연금 가입률이 95퍼센트가 넘지만 중소기업은 64.1퍼센트에 불과하다. 중소기업 노동자들은 현재는 물론 노후까지 불안한 셈이다. 유급휴가 역시 대기업은 93.4퍼센트가 혜택을 보았지만 중소기업은 44.4퍼센트만이 당연한 권리를 행사한다.[29] 휴가를 쓰는 만큼 월급이 깎이니 제대로 쉴 수도 없다. 게다가 1호는 '임금이 낮은' 중소기업에서 일하는 '임금이 낮은' 비정규직이다.

사회마다 여러 이유가 중첩되어 정규직과 비정규직이 구분되었을 것이다. 그래서 '임금의 차이'가 존재할 수 있다. 하지만 '한국의 비정규직'은 쉽사리 인정할 만한 수치가 아니다. 이들의 월평균 임금 149만 7천 원은[30] 정규직 대비 55.8퍼센트에 불과하다. 이 수치도 정부통계이고 노동자 통계에 따르면 2014년부터 비정규직은 정규직과 대비해 절반도 되지 않는 49.9퍼센트의 급여를 받고 있다. 대기업 정규직과 비교하면 40퍼센트밖에 되지 않는다.[31] 그 차이가 지속적으로 확대되고 있다는 것도 문제다. 2002년도에는 정규직이 100만 원을 받을 때 비정규직은 67만 1천 원을 받았다. 더는 나빠질 것도 없는 상황이라고 다들 그랬는데, 지금은 그때보다 '더' 나빠졌다.

비정규직의 미래는 어둡다. 한국은 비정규직 노동자가 정규직으로 전환되는 비율이 매우 낮다. 경제협력개발기구OECD 16개 국가를 조사한 결과에 따르면 한국은 비정규직으로 채용되어 3년 뒤 정규직으로 전환된 비율이 22.4퍼센트에 불과해, 평균 53.8퍼센트의 절반에도 미치지 못했다. 오히려 정규직으로 전환은커녕 해고되기 일쑤다. 한국에서는 비정규직으로 채용된 후 3년 내 해고될 확률이 26.7퍼센트인데 이는 평균 16.9퍼센트에 비해 월등히 높은 수치다.[32]

비록 비정규직이라도 '나중에' 정규직이 될 가능성이 크고, 해고될 가능성은 낮은 곳과 그 반대인 곳은 '삶의 불안감'이 결코 같을 리가 없다. 이 불안감은 지속적으로 늘어날 전망이다. 국가가 '공기업'을 어떻게 관리하는지를 보면 쉽게 이해할 수 있다. 2010년 이후 4년간, 한국의 30대 공기업에서 정규직은 1.2퍼센트, 비정규직은

12.4퍼센트 증가했다.[33] 이는 국가가 앞장서서 고용의 풍토를 '비정규직화'하겠다는 의지가 아니고 무엇이겠는가. 이러니 일반기업이 "더 이상 해고할 정규직이 없는 상황"[34]인 건 놀라운 일도 아니다.

1호는 '동일 노동'을 해도 정규직은 맞선 자리가 가끔 들어오지만 비정규직에게는 기회조차 없다고 하는 이유를 충분히 이해하겠다고 했다. 1차적으로는 '돈'의 문제가 있고, 2차적으로는 '해결의 실마리'가 없다는 더 큰 문제가 비정규직의 숨통을 조인다. 그래서 1호는 '경찰직'을 희망한다. 경찰을 떠올리면 연관되는 치안, 공권력 등은 안중에도 없다. 같은 9급직렬에서 경찰직 공무원의 급여가 비교적 높다는 사실 하나만 바라보고 1호는 노량진으로 왔다. 경찰직 공무원은 직업상 수당이 많이 붙을 수밖에 없고 현장근무를 3교대로 할 경우 월 250만 원으로 시작이 가능하다. 1호의 입장에서는 '수입의 공백기'가 발생하지 않는 것은 물론, 과거에 비해 월 소득이 100만 원 이상 늘고 노후연금까지 보장되니 이런 금상첨화인 직업이 어디 있겠는가. 충분히 1호가 모든 것을 걸고 노량진으로 갈 만한 이유다.

1호와 같은 결심을 할 사람은 앞으로도 많아질 것이 분명하다. 그가 승부수를 띄웠다고 해서 낙관할 수만은 없다. 1호와 인터뷰를 한 지 어느덧 1년이 지나 그의 근황이 궁금했지만 나는 그에게 연락하지는 않았다. 혹시 그가 공무원 시험에 붙었다면 건너건너 소식이 들릴 만한 사이인데, 아직은 무소식이다. 곧 희소식이 들리길 바랄 뿐이다.

부조리한 현실을 탈출하는 유일한 방법

2호. 그는 지방의 전문대학을 졸업하자마자 대기업 자동차 회사에 부품을 납품하는 중소기업에서 생산직 노동자로 4년간 일했다. 그다음은 역시 대기업 건설사가 짓고 있는 아파트 건설현장의 안전관리를 맡는 중소기업에서 현장직 노동자로 6개월, 마지막으로 역시 대기업 통신사의 애프터서비스A/S 업무를 담당하는 파견직 노동자로 3개월 일했다. 그리고 서른두 살이 된 지금은 집이 있는 안양에서 매일 아침 6시 11분에 1호선 전철에 몸을 싣고 노량진으로 출근(?)한다. 22시 34분에 다시 하행선 전철을 탈 때까지 그는 하루 16시간을 공부한다.

2호는 자신이 노량진으로 온 이유를 '정'으로서의 삶을 청산하고 싶었기 때문이라 했다. 회사에 너무 정情들어도 이런 결정을 하는구나 생각했는데, 그가 말한 '정'은 '갑을병정'의 정丁이었다. 2호는 4년간 일했던 부품회사 공장에서 해고당하면서 공무원에 도전하기로 결심했다. 이후 일한 건설현장 안전관리직과 통신사 서비스직은 수험기간 중 생활비를 마련하기 위한 임시직이었다.

2호는 자신이 왜 '정'이었는지 부연 설명했다. 갑은 대기업, 을은 1차 하청업체, 병은 2차 하청업체 사장이다. 1차 하청업체의 신입사원은 2차 하청업체의 사장보다 위다. 그리고 자신은 병에게 고용된 '정'이다. 하청에 하청으로 이어지는 구조 속에서 상식적인 시장논리를 파괴하는 갑질, 을질, 병질 등의 만행蠻行이 만연蔓延한 대한민국의 기업 시스템에서 2호는 가장 낮은 곳에서 온갖 수모를 당하며 4년을 버텼다. '병' 사장은 '을'에게 당한 만큼 '정'을 괴롭혔다. 아마 '을'은 '갑'에게 당한 만큼 '병'을 괴롭힌 것 아니겠는가. 노량진 입성 비용을 마련하기 위해 일한 다른 회사에서도 갑 다음 을까지인지, 병까지인지 아니면 정도 아닌 무_戊까지인지의 차이가 있었을 뿐, 근본적으로 굴욕을 견디며 살아야 한다는 건 변치 않았다.

2호는 자신이 직접 겪은 황당무계한 일들을 말해주면서 만약에 공무원 시험에 떨어지면 일본에 있는 '프리터'족처럼 살면 살지 다시는 한국의 기업에서 일하지 않을 것이라고 했다. 그는 '급여가 낮다'는 것보다 '낮은 급여만큼' 인간으로서의 가치도 '낮게 대우' 받는 현실에 분노했다. "목숨 값이 똥값." 2호는 인터뷰 내내 이 말을 가장 많이 했다. 아파서 병원을 가야 하는데 '눈치가 보여' 그러지 못했고 정말로 병원을 가도 '눈치가 보여' 병가를 낼 수 없었다는 식으로 회자되는 직장인들의 일반적인 서러움은 2호에겐 약과였다.

공장에서 일할 때 그는 옆자리 동료가 손가락이 기계에 끼어 절단되는 순간을 직접 목격했다. 이 자체도 충격이지만 더 화가 난 것은 그 동료가 산재처리를 받기 위해 지난한 시간을 보내다 결국 푼돈 얼마에 합의하고 퇴사한 것이었다. 회사는 사고가 났을 때 119 앰뷸런스를 부르지 못하게 했다. 그러고는 손가락 잘린 사람을 회사 스타렉스에 태워 회사지정병원으로 이송했다. 동료는 당연히 산재처리를 해달라고 했지만 회사는 매뉴얼을 지키지 않아서 생긴 개인의 실수라는 주장을 한순간도 굽히지 않았다. 그러면서 "옆에 있는 근로자는 전혀 문제가 없었다"면서 2호를 난감하게 만들었다.

2호는 순식간에 일어난 사고라 그 동료가 졸았는지, 한눈을 팔았는지 알 턱이 없다. 말이 '옆 사람'이지 얼굴을 한순간도 정면 이외의 곳으로 돌릴 수 없을 정도로 기계는 빠르게 돌아간다. 찰리 채플린Charles Chaplin의 영화 〈모던 타임즈Modern Times〉의 오프닝으로 나오는 그런 공장의 모습을 생각하면 된다.

2호는 기계의 속도가 너무 빠르다는 생각을 늘 했었다. 휴식이 거의 없으니 오후 시간으로 갈수록 느끼는 체감속도는 더 빨라졌다. 사고 역시, 야근이 한창이던 저녁 7시 50분에 발생했다. 아침 9시부터 점심, 저녁식사 시간 각 40분을 제외하곤 동일한 장소에서 동일한 행동을 하는 도중에 발생한 명백한 사고를 회사는 '업무와 무관한 개인 실수'라고 했다.

'병' 사장은 '을' 기업이 일방적으로 제시하는 부품 단가에 맞춰 납품하면서 이윤을 내기 위해서는 공장을 엄청난 속도로, 그리고 적은 인원으로 돌려야 했다. '병' 사장은 산재처리가 되면 회사 신용이 떨어져서 대기업 납품은 꿈도 못 꾼다고 한다. 그간 '갑'과 '을'에게 접대한 비용과 갖다 바친 양주가 얼마인줄 아느냐고 오히려 큰소리다. 누군가의 손가락이 위스키 '조니워커 블루라벨Johnnie Walker Blue Label'보다 못했다.

사장은 나이 오십이 넘어 새파란 놈들 앞에서(갑을 회사의 신입사원을 말한다) 90도로 인사하고 노래방에서 재롱떠는 수치심을 이해해 달라면서 눈물을 보인다. 그러면서 당사자에게는 두둑이 합의금을 챙겨줄테니 인터넷에 글 올리면 명예 훼손으로 고발하겠다는 협박도 잊지 않았다. "전에 그 김 씨도 돈 더 받으려다 쪽박 찬 거 알고 있지? 손가락 하나 잘려 목돈 생겼으니 긍정적으로 생각해"라는 말과 함께. 사장은 이 위기를 우리 모두가 대동단결해 이겨내자고 했다. 그 방식은 이 사고를 '덮자'였다. 그리고 노고가 많다면서 다음 날 삼겹살 회식을 했고 직원들에게 '비누 세트'를 하나씩 돌렸다. 명절에 '봉지 김' 세트를 주는 회사치곤 파격적이었다. 이전에도 늘 그 랬듯 모든 일은 잘 덮어졌다.

직원들은 자기들끼리는 불만을 삐쭉삐쭉 말했지만 결론은 늘 "먹고 살려면 별수 없지"였다. 직원들은 과감히 사표를 던졌을 때 '갑'은 기대도 안 하고 '을' 정도 크기의 기업으로 채용될 수만 있다면 당장 내일이라도 그만두겠지만 현실이 그렇지 않음을 냉정하게 인정하자고 했다. '병'이 '무'로 내려가긴 쉬워도 '을' 이상으로 올라가는 건 쉽지 않다. 가끔 들려오는 '계층 상승' 사례는 십중팔구 인맥이 영향을 미친 경우다. 그래서 '내려가는 게' 두려워 현실의 부조리를 다 덮는다.

한국에서 생산직을 기준으로 했을 때 1차 하청업체는 원청의 60퍼센트 급여를, 2차 하청업체는 1차 하청의 60퍼센트 수준을 받는다. 원청이 100만 원을 받으면 1차는 60만 원, 2차는 36만 원의 월급을 받는 셈이다. '블루칼라'로 비슷한 일을 하면서도 연봉은 4,000만 원-2,400만 원-1,440만 원 순으로 견고히 구조화되어 있다.

2호는 그래도 1,440만 원 이상을 벌었다. 평일 잔업을 매일 4시간씩 하고 토요일 특근 8시간을 더해 주 68시간씩 1년간 일했을 때 받은 연봉이 1,800만 원이었다. 기본급이 워낙 낮아서 잔업과 특근은 자연스레 '원래 일하는 시간'이 되었다. 2호에게 자기생활이란 없다. 사람답게 살겠다고 주간 근무만 하면 사장에게 찍히는 것도 문제지만 형편없는 월급 때문에 정말로 '사람답게' 못 사는 게 진짜 문제였다. 오래 일할 수밖에 없는 공장 시스템 안에서 '기계를 만지는' 노동자들은 역설적이게도 '기계처럼' 길들여졌다. 자신의 상황을 고민할 틈도 주지 않으니 '이 정도 돈 받고 일할 수 없다'가 아니라, '이정도라도 받는 게 어디야'라면서 자신의 몸값을 합리화했다.

길들여진 직원들 앞에서 사장은 기고만장하다. 사장은 "제 날짜에 월급 꼬박꼬박 주는 걸 감사히 여겨! 이만큼 주는 데 있는 줄 아냐!"라는 말을 자주 했다. 사장이라면 당연히 지켜야 할 것을 '이조차도 지키지 않는 악덕 사장'의 사례를 들먹이며 강조했다. 그러면 직원들조차 "월급 꼬박꼬박 나오는 게 어디야"라는 말들을 소주에 홍건히 취한 상태에서도 했다.

순한 양들 앞에서 사장은 여러 기행들을 일삼았다. 유일한 쉬는 날인 일요일에 단체 산행을 가는 것은 물론이고 자신이 다니는 교회에 강제로 데려가기도 한다. 평일에는 더 심했다. 사장은 거래처 사람을 만난 그다음 날에는 검은 비닐봉지에 소주 두 병을 담아 오후 늦게 출근하는 경우가 많았다. 그날은 너도나도 '깨지는' 날이다. 달랑 세 명 있는 사무실 직원들은 "너 대학 나온 거 맞아? 펜 좀 돌린다고 건방 떨지 말라"는 소리를 수시로 듣는다. 그러다 결재서류 파일에 맞기도 한다. 공장 현장에서는 더하다. 공구 정리가 제대로 안되었다면서 사람들을 다 모아놓고, "그러니까 너희들이 평생 기름만 만지고 사는 거야. 내가 이런 놈들 월급 주려고 어제 그렇게 굽실거렸다니……"라면서 하청업체 사장의 서러움을 쏟아낸다.

2호가 충격을 받은 것은 '이런 회사의 모습'을 동종업계 사람들을 만나 말하면 다들 '더하면 더했지, 결코 부족하지 않은' 자기 사장의 기행을 말하는 것이었다. 여긴 먹고 살려고 진짜로 '별 짓'을 다 경험하는 곳이었다. 사장은 위에서 받은 서러움을 직원들에게 풀고, 도피할 곳 없는 노동자들은 '비누 세트' 하나에 감사하는 그런 시스템은 2호만의 특별한 경험이 아니었다. 그러니 '때려치우고 다른 곳을 갈' 이유가 없었다. 어디라도 같으니. 그래서 2호는 열심히 일했지만 '그래서' 회사는 2호를 막 대했다.

회사는 2호에게 해고통보를 문자로 알렸다. 경영악화로 인한 인원 감축이 원인이었다. 물론 이것은 사측의 입장이지만 따지는 사람은 없었다. 회사는 문자에 '가내화평家內和平'을 기원한다는 초현실적 메시지를 덧붙이는 건 또 잊지 않는다. 2호는 평화롭게 살기 위해서 방법은 노량진뿐이라는 결심을 하게 된다.

그런데 2호가 공무원을 떠올리게 된 계기가 묘하다. 그는 "진짜 재미난 건 무엇인지 아세요?"라면서 한 일화를 소개한다. 어느 날, 사장이 자신이 맘에 안 든다고 괴롭히면서 이렇게 비아냥거렸다고 한다.

"여기 일할 사람 너 말고도 많으니 아니꼬우면 공무원 시험이라도 치든지! 요즘 힘든 거 싫어하는 젊은 녀석들 죄다 공무원 한다고 난리라며? 그런데 그것도 너처럼 의지가 약한 놈이 할 수 있겠어?"

이때, 2호는 수치심보다 '탈출의 실마리'를 발견해서 기뻤다고 했다. 2호는 틈만 나면 인터넷을 뒤졌다. 인터넷에 올라오는 공무원 시험 합격 수기를 읽으니 불가능해 보이지 않았다. 합격 수기에는 '불합격'이 등장하지 않으니, 자신도 합격할 수 있다는 희망을 가졌다. 자신처럼 공돌이 출신도 많았고 4년제 대학을 나왔지만 토익의 'ㅌ'도 모르는 중1 수준의 영어 실력에서 출발해 올 한 해 9급 공무원 시험을 세 군데나 붙었다면서 합격증 인증 사진을 올린 경우도 있었다. 이들은 하나같이 '고독을 친구삼아 버티면 누구나 가능하다'고 했다.

2호는 '버티는 건' 자신 있었다. 주 64시간을 한 동작만 하면서도 살았는데 무엇이 두렵냐면서 스스로에게 희망을 끊임없이 주입했다. 그래서 2호는 나름의 의미심장한 분석도 내놓는다. 그는 공무원 시험이 현장의 부조리를 덮는 기능을 하고 있음이 놀랍지 않느냐고 했다. 내가 이 책의 프롤로그에서 한국에서 공무원 시험이 없었다면 진작 혁명이라도 나지 않았겠느냐고 말한 이유도 이 때문이었다.

많은 이들이 그러하듯 2014년 1월 2일부터 2호는 노량진으로 향했다. 그리고 2015년의 여름이 끝나갈 무렵 2호는 9급 공무원에 최종 합격했다. 그는 하루 16시간의 '버티기'를 1년 6개월간 버텼다. 연수를 마치고 근무 발령이 나기 전에 2호는 내게 "책 나왔어요?"라면서 전화를 걸어왔다. 자신의 이야기가 어떻게 담길지 궁금하다고 했지만 그건 인사치레였고, 비밀을 지켜달라고 신신당부하는 게 목적이었다.

"예민한 내용을 말할 땐 제 신상 유출이 안 되게 조심해주세요. 꼭. 그때는 제가 멋도 모르고 너무 많은 이야기를 했네요. 어휴, 여기 장난 아니에요. 전에 다닌 직장의 불합리함을 말한 경력이 있다는 건 여기선 자랑이 아니고 나중에 내부고발자 색출할 때 일순위로 찍힐 확률만 높이는 꼴이에요. 하여튼 알려져서 좋을 거 하나도 없어요."

2호는 '연수만 받고도' 이미 공무원이 다 되어 있었다. 자신의 과거사는 공무원에 관한 내용이 아님에도 예민했다. 2호의 입장이 충분히 이해된다. 어떻게 합격한 새로운 일자리인가. 그걸 사소한 정의감과 바꿀 순 없다. '혹시라도' 트집 잡힐 건 검열, 또 검열하는 게 상책이다. 묘한 '덮고 덮음'이다.

2호는 전 직장 '안'에서 폭력에 맞서는 것을 피했다. 반대로 노량진에서 탈출을 꿈꿨고 그 꿈을 이뤄냈다. 이 과정이 아까워서라도 그는 새로운 직장 '안'에서 폭력에 맞서는 것을 또 피할 것이다.

"선배들 보니 갑질, 을질당하면서 사는 건 공무원도 별로 다르지 않아 보여요. 지옥에서 탈출했다고 생각했는데, 요즘은 공무원 생활도 지옥인 것 같아요."

이 말을 하면서 다행히 2호는 웃었다. 앞으로의 생활이 힘들 것 같지만 그래도 버틸 수 있는 무엇이 있다는 뜻일 게다. 그래서일까? 그는 자신과 함께 '악덕' 사장 밑에서 '주 64시간' 일했던 친구에게 문자를 보낸다. '마음 굳게 먹고 2년 정도 공부하면 거기 탈출할 수 있어. 도전해봐. 나도 붙었잖아!' 2호의 응원에 친구는 노량진으로 향할 결심을 한다. 당연히 대한민국 생산직 노동자의 '열악한' 현실은 결코 좋아지지 않을 것이며, 마찬가지로 공무원들의 '자기 감시'

수위는 더 높아질 것이다. 그렇게 한국은 나빠져 간다. 지금보다 더.

"그런다고 사회가 변하냐"고 할수록 사회는 나쁘게 변한다

이로써 내가 준비한 세 번의 발표가 끝났다. 이전과 다르게 레드팀은 침묵했다. 회의실의 숙연함은 모종의 결론이 이미 났음을 암시했다. 모두 더는 한국을 이주 후보국으로 생각할 필요가 없다는 눈빛이었다. 원로들은 선택지가 하나 줄어들어 걱정이 앞섰지만 나는 안도의 한숨을 내쉬었다. 혹시나 밑도 끝도 없이 '하늘에 조각구름 떠있고 뚜렷한 사계절이 있는' 한국에 가야 한다고 버티는 경우가 있지는 않을까 걱정해서다. 아니면 보릿고개를 극복한 저력, 유례를 찾아볼 수 없는 산업화, 메이저 스포츠 대회를 다 유치한 나라 아니냐면서 관광안내소 홍보책에나 있을 문구를 읊을 누군가가 있다면 그자를 설득할 자신이 없어서이기도 했다(아, 내가 한국에 오래 살긴 살았나보다). 하지만 한국의 상황을 '밖'에서 보면 그런 쓸데없는 소리를 할 리 없다.

'공익을 제일 중요시 여기는' 우리 행성에 살면 "누구나 저 위치에서 고통받을 수 있기 때문에"라는 이유로 불평등을 줄여야 한다고 귀에 딱지가 앉도록 듣는다. 한국에서처럼 "너는 열심히 해서 저렇게 살지 말라"고 하지 않는다. 비정규직의 문제에 대해 "정규직하면 되잖아"라고 말하는 부모는 자신이 '개념 없는' 어른임을 증명할 뿐이다. 중소기업에서 일하는 것이 힘들다고 할 때 "대기업 가지 그랬어?"라고 하는 교사는 직장을 잃을 각오로 말해야 한다.

그렇기 때문에 내가 말한 한국의 현실에서 행성의 관계자들이 느낀 것은 '누구나 중소기업에서 일할 수 있고, 누구나 비정규직이 될 수 있는데, 저러면 안 되지 않느냐?'가 분명하다. "특수고용직, 용역, 일당직 아르바이트, 도급, 파견직, 일용직, 단시간 계약직, 기간제, 무기계약직, 초빙교수 등 다양한 이름"[35]을 가진 비정규직 노동자들의 수는 정부와 노동계 통계에 따라 차이가 있는데 600만 명에서 900만 명 사이를 왔다 갔다 한다. 머리 달고 태어나 고민하는 존재라면 이 상황에서 어떤 질문을 던져야 하는지는 명백한 것 아닌가.

　한국에서 내가 시도를 안 해본 것은 아니다. 하지만 한국인들은 그때마다 "그런 질문을 던진다고 사회가 변하냐! 어차피 인생은 혼자 사는 거다"라는 무안을 주기 일쑤다. 확실한 건, '사회가 변하냐!'고 말하는 사람이 많을수록 그 사회는 나쁘게 변한다는 명백한 진리다. 얼마나 '나쁘게' 한국사회가 변했냐면 한국에서 노동자의 지위는 단순히 임금 차이의 문제만이 아니라 인간의 존엄성을 결정하기에 이르렀다. 제이티비씨JTBC 〈뉴스룸〉의 진행자 손석희 앵커는 이렇게 말한다.

　　"사회의 맨얼굴. 즉 화장이 벗겨진 민낯은 위기상황에서 더욱 적나라하게 드러납니다. 그리고 그 사회가 처한 '위기상황'은 약자에게 더욱 냉정하게 작용하는 것 같습니다. (중략) '명단에 없는 사람들', 즉 이름은 있으되 불리지도 관리되지도 않았던 이른바 '투명인간'들의 존재가 속속 드러나고 있는 겁니다.

　　대전 대청병원에서 근무한 전산업체 직원. 메르스에 감염됐지만 '파견직'이란 이유로 관리대상에서 빠졌습니다. (중략) 삼성서울병원의 협력업체 직원인 응급실 이송요원 역시 제대로 관리되지 못했습니다. 열이 났지만 당장의 생계가 걱정됐던 탓인지 아흐레 동안 일을 계속했고, 그 사이 그는 400명 넘는 이들과 접촉했습니다. 역시 간접 고용 형태인 대형병원 안전요원과 청원경찰 등도 메르스에 감염됐고, 이번 사태 초기 인천공항 비정규직 근무자에겐 보호 장구조차 지급되지 않았다는 사실도 이미 알려졌습니다. (중략)

대부분이 파견직, 혹은 계약직이라는 이유로 사회가 '명단' 취급하지 않아온 사람들, '우리'라고 부르지 않았던 사람들, 즉 이름을 부르지 않는 이른바 투명인간들이 아니었을까요. 바이러스는 정규직과 비정규직을 차별하지 않는데, 사회적 차별로 틈새가 벌어졌고 그 사이로 신종 질병은 가차 없이 파고든 셈입니다."[36]

이처럼 한국에서 비정규직은 질병에도 '더' 잘 걸리는 '하등인간'의 운명인 셈이다. 한국예술종합대학교 강사 이광일의 말을 빌리자면 "동물권에 대한 논의가 주목받고 있는 이 시기에 역설적이게도 그들은 '개만도 못한 인생'으로 취급받고 있는 것이다."[37] 이 비정규직 문제를 브리핑하자마자 행성의 의견이 '한국 NO!'로 만장일치가 된 것은 이것으로 한국사회의 '경쟁'이 불공정하다는 것이 명명백백하게 밝혀졌기 때문이다.

앞서 소개된 은정이의 사례는 '기회의 불평등'을, 규민이의 사례는 '과정의 불평등'을 제대로 대변했다. 그리고 1호와 2호는 결과의 평등이 한국사회에서 '엉망'임을 잘 보여주고 있다. 우리가 '사각의

링'에서 누군가와 경쟁한다고 할 때, 동일한 훈련 기회가 주어진 상태에서 비슷한 체급과 레벨의 상대와 시합을 하는 것이 기회의 평등이고 공정한 판정을 해주는 심판이 존재하는 것이 과정의 평등이다. 결과의 평등은 성과에 상관없이 '동일한 보상'을 하라는 것이 아니라 어떤 성과라도 '한 사회의 구성원으로서 존엄을 지키고 살 권리'가 침해되어서는 안 됨을 뜻한다. 그래서 승패 결과에 상관없이 약속된, 현실성 있는 개런티를 지급해주는 것이 필요하다. 그리고 그 시합에서(경쟁에서) 다쳤다면 제대로 된 치료를 누구나 받아야 한다. 만약 크게 다쳤다면 '그런 시합을 한' 주최에게(사회에게) 책임을 물어야 한다. 한국사회에서는 무엇 하나 충족되는 것이 없다.

수직 화살 두 개를 하나는 짧게, 하나는 길게 그려보자. 화살의 위와 아래를 가진 자와 못 가진 자의 간격이라고 하고 이 차이로 A사회와 B사회를 구분해보자. A사회와 B사회는 크게 두 가지로 나뉜다. 일단 간격의 정도다. A사회는 B사회보다 그 간격이 훨씬 짧다. 양극화가 존재하지만 심각한 수준은 아니라는 뜻이다. 다음은 화살의 맨 아래가 '어디에' 위치해 있느냐 하는 것이다. 경쟁을 통해 사람들은 특정한 사회적 위치에 배치된다. 누구는 전문직이 되어 돈을 많이 벌 것이고 누구는 (흔히 말하는 식으로 설명하자면) 공부를 야무지게 못해서 비정규직 환경미화원으로 살아갈 수 있다. 그런데 어떤 사회나 이 '아래쪽에 해당되는 사람'들이 막장 구렁텅이의 삶을 사는 것은 아니다.

A사회는 어떤 일을 하든지 '인간의 가치'가 훼손되어서는 안 되는 구조다. 경쟁에서 져서 화살의 아래에 배치되더라도 그 하한선이 인

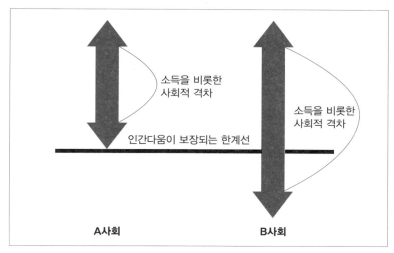

소득을 비롯한
사회적 격차

소득을 비롯한
사회적 격차

인간다움이 보장되는 한계선

A사회   B사회

상식적으로 이 두 사회 중 어떤 사회를 지향해야 하는 것일까? 현재의 한국사회가 B사회라면 지구상에
'명백히 존재하는' A사회를 꿈꾸는 것은 지극히 당연한 생각 아닐까?

간의 존엄성이 보장되는 기준 위에 있다. 이를 위해서는 여러 조건
들이 필요하다. 최저임금도 적절하게 고려되어야 할 것이고 또 기본
적으로 지출하는 비용을—이를테면 교육비, 주거비 등—사회적으로
제어해주어야 한다. 당연히 한국은 아니다.

　당신이 A사회에 살게 된다면 B사회보다 '다양한 선택'을 할 수 있
는 기회가 열려 있다. A사회와 B사회의 차이를 쉽게 표현하면, A사
회는 어떤 일을 해도 삶이 무너지지는 않지만 B사회는 경쟁에서 꼴
찌가 아니라 중간 정도에만 들지 못해도 '부모의 도움이 없다면' 무
조건 삶이 피폐해진다. 일반적으로 예술계통과 관련된 직업에 종사
하는 사람들은 일부를 제외하면 소득이 매우 낮다. 그런데 A사회는
마찬가지의 상황이라 하더라도 삶이 무너질 정도는 아니다. 그래서

예술영역 등에 '도전할' 가능성, 그리고 '포기하지 않을' 가능성이 높아질 수밖에 없다.

개인이 다양한 일을 선택할 수 있는 A사회는 문화적 스펙트럼이 넓을 수밖에 없다. 이는 궁극적으로 개인의 시야에 영향을 미치게 된다. 다양한 것들이 많기에, 사회적으로 '다양성을 존중'하는 분위기가 만들어지는 긍정적 순환이 이루어진다. 이는 A사회를 살아가는 구성원들의 '사회적 관심'을 촉진시킨다. 왜냐하면 국가가 '어떤' 사회를 지향하는지에 따라 자신의 생각이 존중받을 수 있는지 없는지가 결정된다는 것을 스스로 알기 때문이다. 그래서 공익적인 가치를 무시하지 않고 공분公憤에 참여하는 것을 시민의 자격이라 여긴다. 일상에서의 '개인성'을 인정받기 위해, 사회적 목소리를 '집단적으로' 표출하는[38] A사회는 그 골격이 쉽사리 흐트러지지 않는다.

하지만 빈부의 차이가 '크고', 하위권의 위치가 한도 없이 아래로, 아래로 내려가버린 B사회, 그러니까 한국 이야기를 해보자. 위와 아래의 차이가 긴만큼 허리는 날씬하다. 사람이라면 좋은 일이지만 한 사회의 허리, 즉 중산층이 허약하다는 것은 큰일날 소리다. 중산층이 되는 것도 힘든 한국은 허리에 군살 하나 없을 지경이다. 1990년만 하더라도 전체의 75퍼센트가 중산층이었다. 생각해보라, 중산층 인구분포가 가운데에 두툼한 뱃살처럼 모여 있는 그 환상적인 모양을. 중산층이 많다는 것은 진입 장벽이 도전 불가한 수준이 아님을 의미한다. 당시 중산층 가구의 가장은 '고졸, 기혼, 평균가구원 4명, 홑벌이'가 평균치였고, 평균연령이 38.2세였다. 다시 말해, 고등학교를 졸업하고 일하는 한 사람이 결혼 후 나머지 가족 세 명을 다 부양해도 30대 중반에는 '중산층'이 된다는 말이다.

하지만 2013년도에는 중산층 비중이 전체의 67.1퍼센트로 과거에 비해 줄었다. 이것도 소득범위를 너무 넓게 잡아서 그런 것이지 실제 자신이 중산층에 속한다고 느끼는 '체감 중산층'의 비율은 46.4퍼센트에 불과하다.[39] 과거에 비해 '상대적 박탈감'이 커졌기 때문이다. 1990년대 이전만 하더라도 자동차는 '있으면 부자'지만 '없다고 가난함을 뜻하는 건' 아니었다. 하지만 지금은 '자동차가 있으니 중산층이다'라고 생각하지 않는다. 중산층이 되기 위해서는 더 많은 자본의 축적이 필요한 세상이 되었음을 뜻한다.

중산층의 자격도 달라졌다. 대학 졸업은 기본이며 중산층 평균 가구원 수도 3.4명으로 줄었다. 자녀를 두 명 이상 양육하면 평범하게 살기조차 힘들어졌다는 말이다. '맞벌이'가 기본이고 평균연령은 48세다. 이는 대학을 나와 맞벌이로 자녀 한 명 키우면서 살면 40대 후반쯤 되어야 중산층이 된다는 말이다. 반대로 나이 오십 줄이 다 될 때까지 중산층이 되지 못한 가구가 과거보다 늘었음을 의미한다.

중산층의 자격이 '상향 조정'되었으니 한 사회의 빈곤 탈출이 그만큼 힘들어졌음은 당연하다. 한국사회에서 빈곤층이 중산층 이상이 되는 경우는 22.5퍼센트에 불과하다(2014년 기준). 빈곤한 사람 4명 중 1명도 계층상승이 이루어지지 않는다는 뜻이다. 조사가 시작된 2006년에는 32.4퍼센트였는데 급락했다.[40] 그래프 위와 아래의 간격이 좀처럼 좁혀질 수 없다는 말이다. 위로 올라가지 못하니 아래에 있는 사람이 정체되는 건 당연하다. 한국은 전체 노동자 중 저임금 종사자 비율은 25.1퍼센트이고 이는 OECD 평균 16.31퍼센트보다 훨씬 높은 전체 2위에 해당된다. 이는 2009년 21퍼센트에서 '더' 악화된 수치다.

여기서도 사람들은 '어떻게든' 살아간다. 우리 행성의 후손들도 일단 한국에 오게 된다면 어떻게든 살아갈 것이다. 정말 우려되는 지점은 여기에 있다. 경쟁에서 뒤처지면 '뒤처진 것' 그 이상의 대가를 혹독하게 치르는 곳에서 '어떻게든 살아가기'는 참으로 비인간적이자 비사회적인 형태로 등장할 수밖에 없다.

한국인들은 이미 인간이면서 '인간이 되기 위한' 경쟁을 한다. 누구나 실패하면 인간답지 못한 삶을 살 수도 있다는 강박이 만연할 수밖에 없다. 그래서 '어떤 일을' 선택하느냐가 무척이나 중요하니 사회 전반적으로 '안정적이고 검증된 직업군'(그래서 공무원!)에 대한 맹목적 선호가 매우 높아질 수밖에 없다. 한국은 "행복은 성적순이 아니라고 아무리 외쳐도, 직업에는 귀천이 없다고 말해도, 실은 모두 기만"[41]이다.

이런 사회에서 자라나는 아이들의 '여러 꿈'들은 비현실적이라는 이유로 무자비하게 짓밟힌다. 화가가 되겠다고 해도, 작곡가가 되겠다고 해도, 작가가 되겠다고 해도 부모의 답은 한결같다. "그거 하면 거지가 되는 거야. 남들보다 월등한 실력 아닌 이상 하지 마!" 그래서 한국사회에서는 '잘하지 않으면' 의미 없는 것들이 너무나 많다. 부모들은 "늙어서도 안정적으로 할 수 있는 일을 택하라"고 밥 먹듯 말한다. 그리고 자녀가 장래희망을 쓰는 칸에 '교사'나 '공무원'을 적으면 안심한다. 그래서 '임용고시', '공무원 시험'이 한국에서는 특수가 된다.

위와 아래의 격차가 무시하지 못할 수준이 되면 개인들은 성공에 대한 과도한 집념을 보이게 되는데 이는 주로 '과잉 교육'으로 그 결과가 드러난다. 과잉 교육에는 다양한 것들이 포함되어 있다. 사교육에 의지하고, 선행학습이 당연한 것이 되고, 시험에 나오는 것만 공부하는 게 '모범적'인 풍토가 되는 것 등이 여기에 해당된다. 위장전입을 마다하지 않고 부모(혹은 교사)의 마음이라면서 체벌을 당연하다고 여기고 심지어 '사랑의 매'라는 형용모순 어휘가 버젓이 사용되는 것도 마찬가지다.

교육의 목적이 '높은 곳'을 가기 위한 것이 되어버리니, 공부는 늘 줄을 세워서 사람들을 '걸러내는' 기능을 수행하게 된다. 이런 곳은 주로 사지선다형 객관식으로 지식을 테스트할 수밖에 없다. "생각과 논리를 요구해서는 일등부터 꼴찌까지 정확히 줄을 세울 수 없기 때문이다."[42] 이런 교육을 받고서 '사회구조에 대한 문제'를 제기한다는 건 어불성설이다. 교육현장에서는 기가 막힌 일들도 발생한다.

> "아이 학급에서 회장 선거가 있었는데 공부를 못하는 친구가 회장이
> 됐다. 알고 보니 반 아이들이 일부러 그 친구를 뽑았더라. 학급 임원
> 을 하면 대학 입시에서 가산점을 받게 되는데, 아이들끼리 단합해 가
> 산점을 받아도 아무 소용없는 아이를 회장으로 만든 거였다. 라이벌
> 에게 가산점이 가면 안 되기 때문이다."[43]

일그러진 경쟁 그 자체다. 문제 제기를 해도 소용없다. 교사란 사람들이 현실이 어쩔 수 없으니 별수 있냐는 식으로 교육의 가치를

무시해버리는 곳이 한국이다. 누차 말했지만 대학도 마찬가지다. 과거에도 'SKY대학'이라는 '위'를 향한 동경은 있었다. 하지만 '지잡대'란 말은 없었다. '아래'를 향한 멸시와 조롱이 존재는 했겠지만 이토록 공개적이지 않았다. 혹자는 대학이 많아지면서 나타나는 실제 '학업평균의 하향화' 때문이라고 하지만 그런 상황이 혐오를 필연적으로 등장시키지는 않는다. 그럼에도 하지 말아야 할 짓을 굳이 하는 이유는 단 하나다. 'SKY'도 불안하기 때문이다.

대학생들은 자신이 선택되지 않는 상황에서 대기집단의 크기를 줄여나가는 전략을 취한다. 그래서 지역균등 및 기회균등으로 입학한 수시전형 합격생들을 '지균충蟲', '기균충'으로 비하한다. 자신보다 '수능성적이 명백히 낮은' 이가 자신과 '동일한 급'이 되는 현상이 '불만'이기 때문이다. 일부의 이야기를 일반화하는 것 아니냐고 하지만 예전에는 없었던 일부가 수면 위로 등장한 것이라 충분히 의미심장하다.

실제 일부의 이야기도 아니다. 나는 《우리는 차별에 찬성합니다》를 집필할 때 이 지점의 일반화 가능성을 살펴보았는데 '농어촌 특별전형' 같은 경우를 일종의 '역차별'로 받아들이는 대학생 '다수'를 만날 수 있었다. 멀리서 찾을 필요도 없이, 일부 대학에서 '정원 외'로 약간 명만 선발한 '단원고 특별전형'을 두고 대학생들은 '공정하지 못한 경쟁의 대표적인 사례'로 이해한다.

이런 한국사회를 살아가는 사람들의 목표는 단순하다. 어떻게든 위로 올라가거나, 아니면 아래로 떨어지지 않을 걱정뿐이다. 사회적으로 해결하면 실마리가 풀리겠지만 그런 분위기를 창출할 여유가 없다. '연대와 협력'은 사치스러운 개념이다. 그러니 자신이 겪는 삶의 힘듦이 정치로 확장되지 못한다. 사회에 대한 불신만 커질 수밖에 없다. 삶은 엉망인데 '사회'가 이를 해결해준다는 어떤 근거도 발견할 수 없기 때문이다. 사회를 믿고 그저 성실히 사는 건 아무런 의미를 지니지 못하니, 모두가 '불로소득'을 마련하는 걸 바람직하다고 여기게 된다. 심지어 학생들의 입에서 '임대소득'을 꿈꾼다는 말이 거침없이 등장한다.

그 예로 JTBC 뉴스[44]에서는 초등학교 3학년 학생을 인터뷰했는데 장래 직업으로 빌딩 주인이 왜 되고 싶냐는 질문에 "돈도 잘 벌 수 있고, 뭐 나중에 살기도 편하고"라고 말하고, 고등학생을 상대로 한 조사에서는 선망 직업 1위가 '예상대로' 공무원(22.6퍼센트), 2위는 '예상은 못했지만 충분히 고개를 끄덕거릴 수 있는' 건물주와 임대사업자(16.1퍼센트)였다. 이유야 당연히 '안정적이어서'(37.5퍼센트), '높은 소득이 보장되기 때문'(28.5퍼센트)이다. 여기서 중요한 것은 안정적이고 높은 소득이 보장되는 직업을 좇는 게 지극히 당연한 인간의 심리라고 해서 이 직업들이 모든 나라의 사람들에게서 희망 직업으로 언급되지는 않는다는 것이다. 그만큼 한국에서 '평범'은 '불안'을 뜻할 뿐이다. 너도나도 공무원을 준비하는 현실을 걱정한 어느 사회학자는 이렇게 말한다. "불안은 청년들의 정신을 갉아먹고 온 사회를 갉아먹고 국가의 미래를 갉아먹는다."[45]

사회의 문제를 아무도 건드리지 않으니 가진 자와 그렇지 않은 자의 간격은 더 벌어진다. 이를 '마태효과Matthew effect'라 한다. 마태효과는 미국의 사회학자 로버트 머튼Robert Merton이 한 번 벌어진 격차가 시간이 지나면서 더 벌어지는 현상을 《신약성서》의 〈마태복음〉 중 "누구든지 있는 사람이 더 받아 넉넉해지고 없는 사람은 있는 것마저 빼앗길 것이다(13장 12절)"[46]를 인용해 설명한 개념이다. "눈덩이가 언덕을 내려갈수록 커진다는 속담처럼, 자산 역시 시간이 지날수록 더 많은 자산을 끌어당겨 쌓아올리고 그렇게 축적된 자산은 또한 더 많은 자산을 불러"[47] 모으기 때문이다. 그래서 '격차'가 등장하지 않을 수 없는 자본주의 사회에서는 여러 장치들을 통해 어떻게든 마태효과를 예방해야 하는 의무가 있다. 그렇기 때문에 사회안전망을 강화하거나 강력한 민주주의 법질서를 바탕으로 부자가 자산을 늘리는 속도와 넓히는 범위를 제어해야 함이 마땅하다.

문제는 이렇게 격차가 '감당할 수 있는' 수준을 넘어가서, 일단 먹고 사는 문제부터 해결해야 한다는 사람이 많아지면 불평등을 줄여나갈 제도를 요구할 '정치적 시민'이 등장하기가 어려워 상황이 악화된다는 것이다. 그래서 지그문트 바우만Zygmunt Bauman은 "불평등의 일차적 피해자는 민주주의가 될 것이다"[48]라고 일갈했다.

불평등은 자본주의 사회에서 필연적이다. 하지만 그 무게를 체감하는 정도는 나라마다 다르다. 흔히들 자본주의 사회를 '정글'로 비유한다. 그러나 탈출구가 보이는 곳과 도무지 빠져나올 구멍조차 찾기 힘든 곳은 '같은' 정글이 아니다. 그리고 한국의 현실보다 나은 곳은 바다 밑에 가라앉은 '아틀란티스'가 아니다. 세계 곳곳에 존재한다. 이는 신의 은총이 있고 없고의 차이가 아니라 어떤 제도적 시스템을 구축한 차이에 불과하다. 객관적으로 존재하는 곳을 지향하는 것은 결코 헛된 망상이 아니다. 그러니 우리가 갈 곳은 그곳이지

한국이 아니다. 한국이 FPG행성의 이주 후보국에서 제외됨은 마땅
하다. 이미 설득은 끝났다. 미션 완료!

2부

지옥을 떠나
더 나쁜 지옥으로

내 오늘은 패배자로 이런 글을 남기지만,
내 내일은 승리자로 합격수기 남기리라.
_ 노랑진별곡[1]

그곳은 섬은 아니되
도시 속 섬처럼 떠 있는 곳입니다[2]

환대받음에 의해 우리는 사회의 구성원이 되고,

권리들에 대한 권리를 갖게 된다.

_ 김현경[3]

속세와 통하는 다리

지방 국립대 영어교육과를 졸업한 이현진 씨는 임용고시에 두 번 떨어졌다. 현진 씨는 안정적인 공립학교 교사가 될 때까지 마냥 시간을 축낼 수 없어서 학교 설립자의 아들이 이사장인 사립학교에서 2년간 기간제 교사 생활을 했다. 예상은 했지만 기간제라는 이유로 겪어야 하는 수모는 놀라웠다. 온갖 심부름을 시키는 정규직 교사의 차별은 물론 학생들마저 '비정규직 여선생'이라면서 비아냥댔다.

　어릴 때 막연히 생각했던 '교직'이라는 일이 이토록 스스로를 괴롭히는 것인가 하는 회의감에 현진 씨는 7급 공무원에 도전했지만 떨어졌다. 교직에서 등을 돌릴 때, 죽어도 9급만은 시험 치지 않겠다고 생각했지만 9급도 떨어졌다. 그땐 죽고 싶은 마음이 들었다고 한다. 나이도 어느덧 만으로 스물아홉이니 올해는 끝장을 봐야만 한다. 그런데 작년에도, 그 전에도, 임용고시를 준비할 때도, 현진 씨의 책상에는 '끝장승부'라고 적힌 포스트잇이 붙어 있었다. 그의 부모님은 안쓰러움을 감추지 못하신 채 이제 그만할 때도 되지 않았냐면서 평범한 직장에 들어가서 열심히 살면 문제될 것 없다고 말한다. 현진 씨는 세상물정을 너무 모르는 부모님이 야속하다. 공무원 공부 '그만하면' 정말로 할 게 없다. 이 공부, 궤도 수정이 좀처럼 쉽지 않다.[4] 그리고 또 하나, 현진 씨는 지금 '평범'하고자 몇 년째 이 고생이다.

2015년 3월의 어느 날. 현진 씨의 휴대폰 알람은 지난 몇 달 동안 늘 4시 45분에 울린다. 지하철 첫차를 타기 위해서다. 노량진에 원룸을 얻고 살았던 작년에는 6시에 일어나서 움직였는데, 지금은 경제적 문제 때문에 이모 집에 얹혀산다. 현진 씨는 유학 간 사촌동생 방을 대신 사용한다. 민폐 끼치기가 싫어서 일요일을 제외하고는 새벽에 나가고 밤늦게 들어온다. 일어나면 반드시 3분 명상을 하면서 잠을 쫓는다. 1분은 어제의 일을 떠올려보며 부족했던 점을 생각한다. 바둑기사처럼 자신이 작년과 재작년에 무슨 실수를 했는지 복기를 한다. 1분은 오늘 시간표를 쭉 그려본다. 1분은 '다시 공부한대도 이보단 많이 할 수 없을 정도로 하자!'면서 다짐과 다짐을 반복한다. 그리고 '주님의 기도'를 낭송한다. 초등학교 이후 성당을 나간 적 없지만 간절함 앞에서 무엇이 대수겠는가. 기도는 '이번에 합격하면 정말 열심히 성당을 다니겠습니다'는 일종의 협박으로 마무리된다.

그러고는 물수건으로 눈곱만 떼고 무엇보다 중요한 모자를 깊게 눌러쓰고 지하철로 향한다. 어젯밤에 씻고 가방 정리는 물론 오늘 입을 옷을 입고 양말까지 신고 잠들었다. 그래서 일어나면 외투만 걸치고 곧장 나가면 된다. 걸어가는 길 10분 동안은 어젯밤 자기 전에 녹음해놓은 사자성어 뜻풀이를 듣는다.

5시 6분, 현진 씨는 의정부역에서 출발하는 첫 차를 탄다. 워낙 이른 시간이라 좌석 여유는 많다. 노량진역까지 걸리는 시간은 1시간 1분, 현진 씨는 정리해놓은 영어단어집을 꺼낸다. 40분 걸리는 동대문역까지는 외우고 그 이후부터는 외운 걸 테스트한다. 단어 목록은 2일 간격으로 교체한다. 전철 내에는 드문드문 100퍼센트 노량진역에서 내릴 것이 확실해 보이는 사람들이 눈에 띈다. 이들은 비슷한 옷차림을 하고 제각기의 방식으로 지하철 안에서의 시간을 결연하게 활용하고 있다. 그러다가 강변북로를 거쳐 한강으로 전철이 진입하면서 창문 밖 시야가 확 밝아지면 현진 씨는 영어단어집을 가방에 집어넣는다. 전철 창밖으로 63빌딩이 보이면 '외딴 섬' 노량진에서의 하루가 또 시작된다. 현진 씨는 내년에는 이 풍경을 절대 안 보겠다고 다짐하지만 그러지 못할 것 같아서 두렵다. 여긴 '기약 없다'는 표현이 가장 어울리는 곳이다. 발버둥을 쳐도 마치 블랙홀에 갇힌 듯 빠져나오기가 쉽지 않다.[5] 서러움에 현진 씨는 잠시 눈을 감는다. 어쩌다가 이런 인생을 살게 되었는지가 주마등처럼 머리를 스쳐간다. 신기하리만큼 63빌딩만 보면 매번 그런다.

현진 씨의 아버지는 아이엠에프IMF 외환 위기 직후 은행 통폐합이 절정일 때 정리해고를 당했다. 그 이후 계속 일을 하긴 했는데, 그때 수준을 결코 회복하지 못했다. 상황이 안 좋으니 질 나쁜 유혹에도 넘어가 얼마 되지도 않던 목돈도 날렸다. 현진 씨가 1986년에 태어났으니 초등학교 6학년 때 집안이 기울었고, 그 후 기울기의 각도는 한 번의 반전 없이 더 커져갔다. 이런 아버지를 어떻게 살려보겠다고 있는 재산 다 털어서 사업비용을 마련해준 할아버지는 지금 파지를 주우면서 사신다. 위로 두 대가 쫄딱 망했으니, 현진 씨는 어릴 때부터 '내일의' 막막함 속에 살았다. 지방 국립대의 사범계열을 선택한 건 많은 이들이 그러하듯 등록금과 미래에 대한 걱정 때문이었다.

현진 씨는 나름 죽어라 공부했지만 임용고시 합격은 어려웠다. 무시무시한 경쟁률에 주눅이 들어 실력을 제대로 발휘하지 못했다고 한다. 그녀는 이렇게라도 결론지어야지 그나마 위안이 된다고 했다. 그러다가 7급, 9급 공무원 시험에 이르렀다. 하지만 7급도 9급도 '통과가' 어려웠다. 문제 하나만 따로 떼어서 보면 못 풀 문제는 하나도 없지만 직급별 패턴이 다르니 몸을 최적화시키는 것이 늘 문제다. 그리고 문제를 보자마자 답이 떠올라야 할 정도로 공부하는 방식이 도무지 현진 씨에게는 맞지 않다. 그럼에도 포기하지 못하는 자신이 안쓰럽다.

가족들을 제외하곤 교사를 하던 자신이 9급 공무원을 준비하는지 아무도 모른다. 외부에 알리지 않은 건 현진 씨의 마지막 자존심 때문이었다. 나중에 합격하면 "사립학교가 더러워서 때려치우고 이번에 마지못해 9급 공무원 시험을 쳤는데, 그렇게 경쟁률이 엄청남에도 그걸 단번에 합격한 거 아니겠니. 머리가 나쁜 게 아니라니까. 운이 좋았으면 교사가 충분히 될 수 있었을 터인데 아쉽다"라고 부모님이 주변에 말할 기회를 한 번이라도 드리고 싶었다. 처음에는 충분히 그럴 수 있을 거라고 생각했다. 이렇게 오랫동안 저 63빌딩을 바라보면서 새벽을 맞이할 거라곤 상상도 못 했다. 눈물이라도 나려는 찰나 전철은 노량진역에 도착하고 현진 씨는 다시 정신을 다잡는다.

노량진鷺梁津. 백로가 날던 나루터라고 해서 노들나루라고 불렸다고 한다. 전라도 지역에서 올라오는 어물이 위로 올라가기 위해, 개성과 인천 쪽 산물이 아래로 내려가기 위해 집결하는 장소로서 조선 시대에는 꽤 비중 있는 요충지였다. '거쳐 가는 관문'으로서의 중요성 때문에 백년도 전인 1900년에 경인선 정거장이 이곳에 생겼고, 1974년부터는 지하철 1호선의 한 역으로서 위상을 뽐낸 곳이다. '거쳐 가는' 이들은 지금도 많다. 회를 먹으러 오는 직장인들, 그리고 월급날 떳떳하게 회 한 번이라도 먹어보기 위해서라도 공무원이 되겠다는 수험생들, 이들은 모두 여기를 지나갈 사람들이다. 선거철만 되면 청춘의 현주소를 탐방하겠다는 정치인들이 줄지어 찾지만 이들이 노량진에 머무르는 시간은 고작 한두 시간이다. 현진 씨는 그런 정치인들을 충분히 이해한다. 여기는 '머물 곳'이 못 된다. 그래서 그녀의 목표는 단 하나다. 떳떳하게 이곳을 벗어나는 것.

역을 나오면 1980년에 완공되어 35년간 수험생들의 '교통신호 기다리는 시간까지 아껴준' 육교를 건너야 한다. 서울은 물론 현진 씨처럼 경기 북부, 인천지역을 비롯한 안양, 안산, 수원 등지에서 노량진으로 온 사람들이 이 육교를 건너 "섬은 아니되 도시 속 섬처럼 떠 있는 곳"으로 진입한다. 사람들은 이 육교를 '속세와 통하는 다리'라 부른다. 긴 수험생활을 끝내고 마침내 합격한 자들이 노량진에서의

시험이 끝나고 나서 이 육교가 '속세와 통하는 다리'가 되는 사람은 아주 일부다. 사진은 육교가 철거되기 전날에 찍었다.

생활을 정리하고 큰 가방을 끌고 이 육교를 마지막으로 건너지 않았겠는가.

아침마다 이곳을 건너는 현진 씨에게는 속세와 멀어지는 다리다. 평균적으로 시간당 2,800명이 이 다리를 오간다는 소리가 있다. 때맞춰 바람까지 부니 쓸쓸하다. 걸어 다니면서 '오늘 이동 시간에 반드시 암기할' 내용이 담긴 프린트를 볼 수 없을 정도니 자연이 야속하다. 공무원 시험은 한 번이라도 노력이 지체되면 그 틈에 수만 명이 순식간에 끼어드는 구조다. 다시 그걸 제치기 위해서는 1년을 더 투자해야 하니 바람이 야속하지 않겠는가. 비슷한 처지의 사람이 여기저기 보여서 육교 위는 스산하기까지 하다. 바람에 바로 옆 수산

시장의 바다 냄새마저 느껴지니 정말 입도入島다.

육교는 너무 오래되어 올해 말에는 철거 예정이다(2015년 10월 18일에 철거되었다). 현진 씨는 합격만 한다면 애증의 콘크리트가 없어지는 걸 추억 삼아 볼 수도 있겠다 생각한다. 지금 현재로서는 '애愛'가 있을 리 없으니, 별다른 성과 없이 '속세와 통하는 횡단보도'를 건넌다면 기분이 정말로 더러울 것 같다. 확률적으로 그럴 가능성은 농후하다. 노량진을 합격해서 떠나는 사람보다 합격하지 못해 남는 사람이 수십 배 아니겠는가. 그리고 섬 사람이 되고자 새롭게 유입하는 이주민들은 또 얼마나 많겠는가.

꿈이 같은 사람들

육교를 내려오면 이른 시간이지만 많은 사람들이 비슷한 동선으로 움직인다. 요즘 말로 N포 세대들이다. 하지만 포기할 것들의 개수를 조금이라도 줄여보기 위해 안간힘을 쓰는 사람들이다. 이들의 꿈은 하나다. 고등학교에서도 모두가 대학 진학만을 꿈꾸지 않는다. 대학에서도 모두가 취업만을 희망하진 않는다. 하지만 여기에서 '공무원 시험 합격'이 꿈이 아닌 사람은 없다. 현진 씨는 나와 '꿈이 다르지 않은' 사람을 만나는 일이 별것 아닌 것 같지만, 이마저 자신이 꿈을 이룰 가능성이 희박하다는 것을 의미하니 몰려오는 공포감에서 자유로울 수 없다.

꿈이 같으니 이곳에 이르는 여정은 누구나 비슷하다. 대부분이 그러하듯이 '공무원 시험'을 검색창에 입력하는 것부터 수험생활을 시작한다. 직렬 선택부터가 고민이다. 공무원 자체를 처음 고민하는 이들에게 세무, 관세, 교정, 통계, 공업, 기술, 전산 등은 낯설다. 그래서 '행정'을 택하면 그 안에서도 골라야 하는데 일반적인 '사무실 분위기'가 듬뿍 풍기는 일반행정, 교육행정이 제일 만만하다. 그래서 '해볼까?' 하지만 수백 대 일이 기본인 경쟁률을 보면 입이 떡 벌어진다. 현진 씨가 떨어진 2014년 9급 공무원 교육행정 국가직의 경우 16명 선발에 8,575명이 지원했다. 무려 경쟁률이 535 대 1이다. 2015년의 경우에는 10명 선발에 7,343명이 지원했다.

그렇다고 다른 직렬이 현저히 경쟁률이 낮지도 않다. 괜히 '인구론(인문학 전공자 구할이 논다)', '문송(문과라서 죄송합니다)'이란 말이 등장했겠는가. 전체 취업준비생 3분의 1이 공무원 시험을 준비한다는 통계가 있는데, 이는 경영학이나 이공계열이 아닌 전공에서는 둘 중에 한 명은 공무원 시험에 도전한다는 말이기도 하다. 이들 중에는 현진 씨처럼 '교육행정'이 적성에 맞아 선택한 사람에게 피해를 주는 이들이 많다. 다른 직장에 다녀도 될 듯 보이는 명문대 출신들의 노량진 입성 역시 현진 씨에게는 달갑지 않다. 영어 기초가 탄탄하고 한국형 교육에 최적화된 그들과 '100분에 100문제 풀어야 하는' 공무원 시험 경쟁을 한다는 것은 쉬운 일이 아니다.

그렇다고 되돌아갈 곳도 없는 상황, 그래도 부딪혀보겠다면서 '어떻게 공부해야 하는지'를 고민하기 시작하면 이 시장의 광활함에 입이 떡 벌어진다. 그 고민은 어떤 과목이 있는지, 시험은 어떤 식인지 등의 생소한 사실을 알고자 하는 것이지만 금방 난관에 부딪힌다. 사람들의 처음 생각은 순진하다. '공무원? 그거 책 몇 권 들고 도서관에

굳은 의지로 공무원 시험을 준비하기로 결심했지만, 노량진에서 만나는 엄청난 정보들 앞에서 주눅이 드는 사람이 많다.

서 하루 종일 공부 열심히 하면 합격하는 엉덩이 싸움 아니었던가?'

그런데 도서관에 도무지 어떤 책을 들고 가야 하나 정하는 것조차 어렵다. 일타, 이타 등으로 불리는 유명 강사들은 자신의 이름을 그대로 활용해 《선재국어》, 《재정국어》 등의 교재를 만드는데, 처음인 사람은 이 '선재'가 사람 이름 '선재'인지 아닌지 알 턱이 없다. 독특한 교재명도 적응 불가다. 예를 들면 이렇다. '영어는 어떤 걸 봐야 하나요?'라는 질문에 "독단기 완강하고 시험 직전에는 공기밥으로 준비했어요"라는 답이 달렸는데 도무지 이해 불가다. 알고 보니 '독해시간 **단축**의 **기술**', '**공무원**, **기출문제**가 **밥** 먹여준다'는 뜻의 인기 영어 교재다. 게다가 과목마다 이러니 혼란스럽다. 물론 익숙해지는 데 그리 긴 시간이 걸리진 않는다.

그래서 학원의 도움을 받기로 결심하는데 이것도 산 넘어 산이다.

공단기, 윌비스, 아모르이그잼, 윈플스, 웅진패스원, 남부 등 수많은 학원들 중 어딜 선택해야 하는지 알아보는 것부터 난관이다. 학원마다 프로그램은 얼마나 다양한가. 1년 코스부터 단기속성까지 무엇을 어떻게 하는지에 따라 수강료 할인혜택은 다르다. 잘못 선택하면 호구될 상황. 이럴 때 네이버 지식인의 도움을 택하지만 워낙 경험자들이 많으니 준비 지침도 각양각색이다. 학원 올인파, 인터넷 강의 신뢰파, (점수를 유지해야 하는) 전략과목과 (점수를 끌어올려야 하는) 방어과목을 수립해 적절히 배분하라는 파까지 모두가 '나는 이렇게 해서 합격했다'는 근거로 자신의 방식을 신격화했다. 이중에는 '일부 대형학원은 자본의 힘을 이용해 검색창 상위 노출을 점령하고 있지만 실제 내실은 엉망이다'라는 신선한 주장도 있지만 댓글에는 '학원 알바죠?'라고 물으면서 진정성에 의문을 제기하는 내용들이 많다.

공부 방법도 너무 많아 혼란스럽다. 한 과목씩 마스터할지, 매일 여러 과목을 조금씩 정복해나갈지 다 제각기다. 인터넷 강의를 듣는 것도 배속 듣기를 어떻게 활용해야 시간을 아낄 수 있는지 등 비법이 난무한다. 이게 다 이 바닥에 사람이 워낙 많아서 벌어지는 일이다. 여기까지 검색에 시간을 보내다보면 누구나 '9꿈사(9급 공무원을 꿈꾸는 사람들)', '공드림(공무원 합격 Dream)' 등의 인터넷 카페에 가입하는데 그날은 종일 합격수기만 주구장창 본다. 수기는 약속이라도 한 듯이 똑같은 패턴으로 작성되어 있다.

△ 나는 왜 공무원을 준비하게 되었는가
△ 학원 및 강사 선택

△ 과목별 공부 방법

△ 하루 일과

△ 덕담 한마디

읽다 보면 누구나 '이렇게 하면' 합격하는 줄로 착각한다. 상당수가 '이렇게 하고도' 불합격하는 줄은 그때는 모른다. 이들이 말하는 투혼의 삶이 어찌 22만 명 지원자 중 합격자 4천 명에게만 해당되겠는가. 별 의지도 없이 어중이떠중이처럼 시험 한 번 쳐보는 사람을 과감히 10만 명이라고 해도 나머지 10만 명이 '불굴의 의지'를 지니고도 떨어지는 게 바로 공무원 시험이다.

하여튼 순진한 현진 씨도 노량진 투어를 통해 이곳에 발을 내딛는다. 이미 노량진으로 오는 건 결정되었고 후보군으로 올려놓은 몇 개 학원의 분위기를 보기 위해서다. 학원 상담은 친절하다. 입금만 하면 합격의 팔부능선을 넘을 듯하다. 청강도 가능하다. 한 강사의 말에 수백 명이 귀를 쫑긋거리면서 듣는 풍경을 보면 처음에는 '저 강사는 얼마나 벌까? 수강료는 어떻게 배분될까? 교재까지 자기 이름으로 펴내니 부가수입은 얼마나 짭짤할까?' 그런 순진한 생각이 들 뿐이다.

현진 씨는 학원을 결정하고 그 유명하다던 컵밥도 일부러 찾아가서 맛있게 먹었다. 처음 먹는 컵밥은 정말 맛있다. 공부도 초기에는 꽤 재미있다. 새로운 내용도 그렇지만 정복하기 어려운 난이도가 아니다. 문제는 모두가 그런 기분이라는 사실. 그래서 무미건조한 하루하루가 오늘까지 이르렀다.

현진 씨가 학원에 도착하는 시간은 6시 20분이다. 앞에서 세 번째 줄, 위치는 가운데에서 약간 창가 쪽이다. 강사들이 칠판을 왼쪽에서 오른쪽으로 사용하니 강사를 등져 앉으면 시야가 불편하기 때문이다. 그런 자리에 앉을 마지노선이 6시 30분이다. 7시쯤에 이미 '직접 강사의 얼굴을 볼 수 있는' 강의실은 다 찬다. 그 시간이 넘어서 오는 수험생들은 '비싼 돈' 내고 와서 강사 얼굴을 스크린 화면으로만 봐야 한다. 그런 강의실만 세 곳인데 매일 꽉 찬다. 인원이 이렇게 많다보니 홀로 어디 조용한 곳에서 인터넷 강의를 듣는 게 더 괜찮지 않을까라는 생각을 현진 씨도 하게 된다.

그래도 학원에 '와서' 직접 듣는 걸 선호하는 사람들은 학원이라는 공간에서만 느낄 수 있는 긴장감을 매우 중요하게 여긴다. 정해진 시간대에 스스로를 구속시키고 꿈이 같은 경쟁자 수백 명과 부대낄 때만 느낄 수 있는 위기의식의 일상화를 위해서다. 잠시 강의 중 딴 생각이 들더라도 고개만 한 번 돌려보면 동일한 내용을 듣는 4~500명이 한 곳에 있다는 것을 확인하는 것만으로도 말 그대로 '정신이 번쩍' 든다. 합격증이란 결과를 얻지 못해 '경력 없음', 즉 세월 낭비로 현재의 치열했던 순간들이 규정될 사람이 수백 명이고 그 안에 자신이 포함될 수 있다는 두려움을 느끼기에 학원이라는 현장은 꽤 적합하다.

사람이 워낙 많으니 쉬는 시간에 개별 질문을 하기도 어려운 곳이지만 노량진에 있으면 '내가 지금 무엇을 해야 하는지'를 끊임없이 물을 수 있다. 그 때문에 많은 이들이 이곳으로 온다. 현실을 도피해 또 다른 현실에 순응하면서 전혀 다른 현실을 기대하는 곳이 바로 노량진이다. 현진 씨는 처음에는 다른 이들과 자신을 구분했다. 자신이 왜 '이런 9급 준비생'들과 함께 있어야 하는지 비교하는 오만함 같은 거였다. 하지만 함께 임용고시를 준비했던 수많은 이들을 학원에서 만나니 생각은 달라졌다. 여기 있는 사람들, '인생이 9급'이라서 여기 오는 게 절대 아니었다.

현진 씨는 자리 세팅을 완료하고 스마트폰으로 성서를 1분간 읽는다. 하루 중 유일하게 이동 통신 데이터를 사용하는 시간이다. 오늘 배우는 것은 죄다 시험문제로 나오게 해달라는 기도를 하고 스마트폰의 전원 버튼을 누른다. 오랜 시간이 걸려도 결국엔 뜻을 이루어 낸다는 뜻의 '우공이산愚公移山'이라는 사자성어가 적힌 스마트폰의 바탕화면이 종료되면 가방에 집어넣고 점심식사 때까지는 일절 꺼내지 않는다. '우공이산'은 재작년의 '절치부심切齒腐心', 작년의 '권토중래捲土重來'에 이은 올해의 현진 씨 다짐이다. 뜻이 달라서가 아니라 같은 사자성어를 계속 보는 것이 짜증나서 바꾼 것이다.

이제 휴게실로 가서 아침식사를 한다. 배가 참을 수 없을 정도로 고플 땐 아침식사를 제공해주는 근처 교회를 찾아 간단하게 요기한다. 처음엔 어색했지만 어떤 말도 묻지 않는 좋은 곳이다. 오는 사람들은 적당한 거리를 띄우고 다들 한쪽 방향을 보고 먹는다. 현진 씨는 작년에는 이 교회를 종종 이용했는데 올해는 시간이 아까워서 휴게실에서 커피 한 잔과 빵 하나로 아침을 해결한다. 공부시간이 부족하지만 그래도 급하게 먹지는 않는다. 예전에는 빨리 먹는 것이 시간 절약인줄 알았는데 위장이 미치도록 꼬이는 걸 몇 번 경험하고 나서는 태도를 고쳤다. 하지만 식사시간이 늘어났으니 먹으면서도 공부에 집중한다. 이때는 주로 역사 연도를 암기한다.

다시 강의실로 오면 강의가 시작되기 전까지 공부한다. 모두가 비슷한 자세다. 가방은 의자 뒤 혹은 책상 옆에 건다. 책들은 왼쪽에 쌓아놓고 텀블러 하나를 오른쪽에 둔 채 무섭게들 공부한다. 자그마한 스톱워치 단말기를 켜놓은 이들도 많다. '하루 12시간 공부'를 목표로 정하고 순수 공부시간을 체크해 매일 블로그나 카카오톡 스터디방 등에 올리기 위해서다. 요즘에는 고시원 책상 위에 카메라를 설치하고 '네티즌들이 보고 있다는 생각에 공부를 소홀히 할 수 없는' 방식을 택한 이도 있다지 아니한가.

강의는 8시에 영어 단어 테스트 수업으로 시작된다. 학원에서는 매주 '단어왕'을 선발해 상품권 등을 준다. 9시가 되면 본 강의가 시작된다. 참고로 노량진에선 강사들을 '교수님'이라 불러야 한다. 현진 씨는 처음에 이 사실을 알고 정말 황당했다고 한다. 왜냐하면 대학 다닐 때도 교수라는 호칭을 별로 불러본 적이 없어서였다. 현진 씨가 다닌 대학에서는 교수란 호칭이 강사와 구분된다면서 자연스레 '선생님'이라는 말을 사용하자는 분위기가 있었다. 하지만 여기선 강의 첫 날 조교의 신신당부가 '호칭 주의'다. 저걸 주의점이라고 말한다는 건 '강사'라고 불렀다고 기분 나빠한 강사들이 꽤 있었다는 말이기도 했다. 학원강사를 학원강사라고 못 부르는 이상한 아우라가 노량진에는 있다.

교수라 불리길 희망하는 강사는 대한민국의 모든 학원이 그러하듯 시험 패턴을 알려주기 바쁘다. 여긴 정답을 찍는 기술을, 그것도 '지름길로' 알려주는 곳이지만 아무도 그런 '교수법'을 '교육학적' 개념에서 비판하지 않는다. 합격 말고는 그 어떤 것도 위로가 되지 않는 곳에서 '답 너머의 진리'를 찾는다는 둥, '원리를 이해해 큰 그림을 그린다'는 둥의 발상은 어울리지 않는다. 노량진에서 사색과 추론은 금기어이자 금지된 행동이다. '이것도 답인 것 같은데 왜 저것이 답이지?' 그런 생각에 사로잡히면 망하는 게 바로 공무원 시험이다. 이를 정확히 아는 강사, 아니 교수들은 이렇게 말하며 임무를 수행한다.

> "요령이라고 헐뜯어도 상관없다! 무조건 많이 맞추기만 해라! 여긴 학문이 아니라 수험에 집중하는 곳이다! '이것까지 외워야 하나'라는 생각이 들 때, 그것까지 외우는 게 합격의 지름길이다!"

"태산이 높다한들 합격 점수에 비교"[6]될 바 아니라 했던가? 12시 50분까지 과목별 '찍기' 강의는 계속된다. 이렇게 오전을 보내면 현진 씨는 밥을 먹으러 나온다. 거리는 인산인해다. 비슷한 복장으로 무장한 이들의 기운 덕택에 노량진의 공기는 우중충하다. 몇 분만 걸어도 손에는 학원 전단지가 가득해졌다. 할아버지 한 분은 횡단보도 옆에서 학원 특강 소식을 알리는 팻말을 들고 서 있다. '저분의 시급은 얼마일까? 공무원 연금을 받는다면 나는 저렇게 살지 않을 수 있을까?' 현진 씨는 잠시나마 공부 외의 것을 생각하면서 식당으로 발걸음을 옮긴다.

오늘은 든든하게 먹고자 뷔페형 고시식당을 가기로 정했다. 고시식당은 말 그대로 고시생들이 주로 이용하는 곳인데, '엄청나게 먹을 수 있는' 천혜의 조건을 갖춘 곳이다. 열 가지가 넘는 반찬, 빵은 기본에 라면까지 무제한으로 끓여먹을 수 있는 그런 식당이 노량진에 여럿 있다. 다들 비슷하지만 약간은 다르다. 라면 종류가 얼마나 다양한지, 라면에 넣을 계란도 주는지, 식빵 외의 제과점 빵도 제공되는지, 탄산음료가 있는지 등등. 1식에 4,500원으로는 상상도 할 수 없는 호사다. 식권 10장을 구입하면 3만 7천원이다. 하루 3식을 하면 월 20만 원에 가능하다. 현진 씨는 식권 10장을 구입해서 한 달 정도에 걸쳐 사용하는 편이다.

식당에는 어떻게든 오늘 뽕을 뽑을 각오로 먹겠다면서 전투를 치르는 이들로 북적인다. 하지만 동선은 과학적이다. 출입을 하면 지문 인식기에 확인을 하고 흰쌀밥이냐 잡곡밥이냐에 따라 줄은 분산되며 고개 한 번 들지 않고 밥을 먹으니 누구 앞에 앉는다고 어색할 리 만무하다. 현진 씨는 오늘 약간의 밥과 반찬을 담았다. 라면이 생각났기 때문이다. 한쪽 코너에 있는 라면 조리대를 처음 보았을 때는 이상한 긴장감이 들었다고 한다. 1인용 냄비에 물을 담고 화구가 여러 개인 가스레인지를 켜서 끓이면 되지만 '직접 해야 하니' 어색했다.

처음에는 '한가하게도' 밥도 먹고 라면도 먹는 사람으로 보일까를 두려워하기도 했다. 하지만 마치 제집처럼 이용하는 다른 사람의 자연스러움을 보고 현진 씨는 용기를 냈고 이제는 노련해졌다. 가끔 맛집 탐방하러 오는 사람이 "이거, 공짜로 먹어도 되는 거예요?"라고 물을 때 친절히 설명도 해준다. 노량진에 오지 않았으면 경험하지 못할 순간이다.

1시 30분쯤 밥을 다 먹으면 정해진 루틴에 따라 현진 씨는 움직인다. 저녁에 먹을 500원짜리 빵 두 개를 사고 1,000원짜리 아메리카노를 테이크아웃한 다음 길 건너 사육신 공원으로 향한다. 공원에 오르면 63빌딩, 원효대교, 한강이 한 프레임에 보인다. 해넘이 할 때 보면 장관이다. 강을 바다라 생각하면 영락없이 섬에서 바라보는 바깥 풍경이다. 우울해지지만 그래야만 탈도脫島의 욕망이 유지된다.

현진 씨는 심호흡을 몇 번 한 후 곧장 독서실로 향한다. 작년에는 오후까지 학원 강의를 들었지만 올해는 진작 '회독수 싸움'으로 전략을 짰다. 회독, 말 그대로 보았던 내용을 반복, 또 반복한다는 말이다. 무슨 내용이 어느 페이지에 있는지를 아는 수준이 오면 합격이 서서히 가까워지는 징조라 하는데, 솔직히 이미 전자의 수준에는 다다른 것 같은데 무수한 실패 경험 탓에 후자가 느껴지진 않는다.

독서실은 월 14만 원이다. 합격을 하면 수강료 일부를 환불해준다는 배짱 좋은 곳이다. 물론 원체 합격하지 못할 인원이 든든하게 존재하기 때문에 가능한 발상 아니겠는가. 듀오백 의자, 참숯 음이온 삼파장 조명, 아날로그 백색소음기, 공기정화 피톤치드 시스템으로 인해 산소가 365일 24시간 내내 뽀송뽀송한 게 장점이라고 광고하는 독서실이다. 하지만 현진 씨가 여길 선택한 이유는 합격자의 기운이 감도는 곳으로 소문났기 때문이다. 독서실 통로와 계단 벽면에는 합격자 수기가 빼곡하게 붙어 있다.

애인보다 더 사랑했다는 자신의 자리를 잊지 않겠다는 '떠난 자'들의 기운이 솔직히 작년까지는 현진 씨에게 중요한 고려 요소가 아니었다. 하지만 '작년에 떨어진' 올해는 다르다. 현진 씨는 이곳을 매일 통과할 때마다 '애니미즘' 신도가 된다. 새벽엔 가톨릭 신자였지만 합격이라면 무엇이든 하겠다는 현진 씨에게 종교 윤리 따져봤자 소용없다.

그녀가 사용하는 자리는 '가장 쾌적한 자리'는 아니다. 하지만 책상 위 사물함에 붙어 있는 '이 자리에서 합격한' 수많은 사람들의 행적에 두고 볼 것도 없이 계약했다. 2007년 국가직 9급, 2009년 임용고시, 2010년 경찰직 9급, 2012년 지방직 7급, 2014년 법무직 9급. 현진 씨가 앉은 자리의 경력은 나름 화려하다. 그래서 그는 저들에게 기도한다. 합격의 기운을 달라고. 보란 듯이 합격해서 다음 칸에 자신의 행적을 반드시 기록하고 떠나게 해달라고.

독서실에서 저녁 6시 30분까지 쉬지 않고 공부한 후 현진 씨는 옥상 휴게실로 가서 점심 때 산 500원짜리 빵 두 개로 식사를 한다. 작년에는 길거리에서 컵밥을 종종 먹었는데 너무 짜기도 하지만 무엇보다도 이상하리만큼 '내가 왜 이런 걸 먹고 있어야 하나'라는 자괴감이 들어서 올해는 먹은 적이 없다. 그만큼 컵밥은 집밥과 글자 한 자 차이지만 그 간격은 어마어마하다. '돈과 시간 아끼려고' 컵밥을 먹는 게 일상화가 되면 이 음식은 '한 번쯤 먹을 만한' 수준에 불과해진다. 맛이 없어서가 아니라 자신이 계속 컵밥 거리를 걸어야만 하는 게 싫어서다.

특히, 컵밥이 유명세를 치르면서 '이거 먹으러' 노량진에 와 본다는 사람과 함께 서서 먹을 때면 자신이 '컵밥의 사회적 의미'를 그 사람에게 증명해주는 사람 같아서 비참해지기도 했다. 그러다가 '예전의 추억'이라면서 오는 공무원들을 만나기라도 하면 속에 열불이 나서 하루 공부를 다 망칠 정도였다. 그래서 노량진 사람들 중 컵밥을 장기적·정기적으로 먹는 사람은 드물다. 그래도 식사시간대에 포장마차 앞은 늘 사람이 많다. 수험 '초기'이기에 아직은 '낭만'을 생각하며 먹을 수 있는 사람들이 많으니 당연하다. 현진 씨는 심리적 안정(?)을 위해 빵이나 삼각김밥을 먹는다.

대충 식사가 끝나면 현진 씨는 하루 중 유일한 일탈을 하러 잠시 고시원 밖 유흥가 쪽으로 발길을 재촉한다. 수험생이 많은 노량진은 놀 것도 천지다. 술 한 잔 할 시간조차 아껴야 하는 이들은 역설적으로 늘 술 한 잔 하고픈 상황에 놓인 이들 아니겠는가. '오늘만 한 잔 하고 내일부터 열심히 공부할' 이들만으로도 노량진의 밤은 화려하다. 업계에서는 인근 대방역과 장승배기역까지 포함한 역삼각형 모양의 노량진 상권 유동인구를 하루 44만 5천 명으로 추정한다. 이는 지난 20년 동안 2.5배 증가한 엄청난 수치다. 노량진 1, 2동의 인구수가 5만 2천 명 정도니 이곳의 9배에 달하는 사람들이 여길 걷는다. 참고로 44만 명은 강원도 동해·속초·삼척·홍천·철원·태백·횡성의 인구를 합한 수와 맞먹는다.

고시생뿐 아니라 수많은 '청춘'이 이곳으로 놀러온다. 사람이 있는 곳에서는 온갖 것이 판매되지만 그래서 상가임대료는 비싸고 '젠트리피케이션'은 이미 진행형이다. 노량진 대로변 상가의 시세는 보증금 1억 원에 월세 1천만 원, 권리금이 2억 원 정도다. 그러니 대기업 프랜차이즈 직영점들이 상가를 차지했다. 골목 안쪽의 좁은 가게들은 그나마 저렴하다지만 보증금 5천만 원, 월세 4백만 원, 권리금이 1억 5천만 원이다.[7] 그러니 솔직히 말해 '노량진만의 특색'이란 컵밥거리, 고시식당 등을 제외하면 존재하지 않는다. 그냥 전국의 유명하다던 브랜드가 집약되어 있을 뿐이다. 다만 이 길을 걷는 사람들의 표정과 명동, 강남에서는 볼 수 없는 옷차림이 매우 특색 있을 뿐이다.

이곳만의 특징도 있다. 바로 현진 씨가 가는 '코인 노래방'이다. 노량진을 제외하곤 자취를 거의 감추었고, 있더라도 과거에 비해 확연히 줄어든 대형 오락실 안에 한 두 개의 룸이 설치되어 있는 정도다. 하지만 여긴 아니다. 자그마한 오락실도 많고 그 안에 코인 노래방 룸이 다닥다닥 붙어 있다. 게다가 500원에 무려 세 곡을 부를 수 있을 정도로 저렴하다. 현진 씨 역시 하루의, 한 주의, 지금까지의 스트레스를 노래를 부르며 푼다. 그런 사람들이 꽤 많다. 방마다 가사 그 이상의 의미를 담아 노래를 부르는 사람들이 넘쳐난다. 한 언론사는 이 광경을 한 줄로 묘사했다. "이것은 분명 '분출'을 위한 노래다."[8] 현진 씨도 십여 분간 세 곡을 분출했다. 하루 중 유일하게 '입으로 말하는' 시간이기도 하다.

독서실로 돌아오면 현진 씨는 침묵을 벗 삼아 복습, 또 복습을 하다가 밤 10시 30분이 되면 속세를 향하는 다리를 건너 전철역으로 향한다. 작년 가을, 이곳에서 우연히 구경한 여의도 불꽃축제가 기억난다. 올해는 무슨 일이 있어도 '여의도에 가서' 보리라고 수없이 다짐했던 그날처럼 오늘도 결연한 의지를 늦추지 않는다. 이 정신무장이 있어야만 '잠이 쏟아져 오는' 1시간여의 지하철 안에서의 시간을 알차게 쓸 수 있다.

돌아가는 전철에서는 '이디엄 영어'에 집중한다. 생활영어인데, 예를 들어 'The grass is always greener on the other side'라는 문장을 '남

1991년에 한 곡당 300원이었던 코인 노래방. 2016년 노량진에서는 한 곡당 200원에 사용할 수 있다.

의 떡이 더 커 보인다'라고 이해하는 식이다. 평균적으로 매해 딱 한 문제 정도만 출제되는 유형이다. 비중이 낮지만 "작년에 한 문제 차이로 떨어졌어"라고 말하는 사람을 수험생활 기간 중 만나는 건 어렵지 않다. 그러니 무조건 맞혀야 한다. 현진 씨는 외우고 또 외운다.

늦은 밤, 1호선에는 '술 냄새'가 가득하다. 수산시장에서 회식을 한 넥타이 부대 한 무리들은 직장 상사 욕을 하고 있다. 그 옆에는 '직장에 다녀' 상사 욕 한 번 해보고픈 이들이 있다.

현진 씨는 12시가 다 되어서야 집에 도착한다. 이렇게 늦게 와야지만 이모 가족들에게 방해를 덜 끼친다. 그는 주말을 제외하곤 자신의 얼굴을 이 집의 다른 사람에게 비추지 않는 것이 목표다. 민폐 끼치지 않으려는 것도 있지만 그만큼 공부하겠다는 의지이기도 하다. 내일 새벽에 들을 사자성어를 녹음하면 어느덧 1시가 가까워진다. 그러면 잠자리에 든다. 오늘도 현진 씨는 노래 부를 때 10분을 제외하곤 입 밖으로 말 한 마디 안 내뱉고 열심히 살았다.

주말이라고 달라지는 건 없다. 노량진은 주말 특별반도 많다. 연소득 10억은 가뿐히 넘는다는 일타 강사들은 개설만 하면 몰려드는 어항에서 낚시하기 바쁘다. 죽음의 캠프, 스파르타 위크엔드, 지옥 영어, 킬링 테스트 등 이름만으로도 살벌한 프로그램이 여기저기서 현진 씨처럼 절실한 사람들의 호주머니를 노린다. 현진 씨는 난이도와 문제유형을 실제 시험과 가장 잘 맞춰준다고 광고하는 학원에서 실시하는 '토요일 실전풀이반'을 신청했다. 이 수업에서는 100분 100문제를 세 번 연달아 테스트한다. 8시, 11시, 13시에 실시하며 정답만 알려주고 별도 풀이는 없다. 일종의 모의고사를 치르는 셈인데 이걸 일주일마다 하는 이유는 자신의 실력을 정확히 알아야만 맞춤형 주간 계획을 수립할 수 있기 때문이다. 일정 수준에 오른 과목은 '유지'만 하면 되니 스케줄에 약간 여유를 주는 식이다. 또 과목마다 자꾸 틀리는 유형을 파악하면 무엇에 더 집중해야 하는지 선명하게 보인다.

그리고 오후에는 '암기방'에 가서 2시간 테스트를 한다. 암기방? 말 그대로 암기만 하는 학원이다. 현진 씨도 처음에는 말 그대로 '별의별 학원이 다 있네'라면서 지나쳤던 곳이다. 학생들의 불안을 이용하는, 지나치게 상업적인 행위 아닌가 하는 비판 의식도 있었다. 그러나 시간이 지날수록 현진 씨는 인터넷에 '암기방 효과'를 검색어로 입력하는 경우가 늘어났고 결국엔 등록했다. 암기방의 목표는 당연히 암기다. 그것도 그냥 통째 암기다. 방식은 기상천외하다. 3분 20초 분량의 노래 안에 한국사의 모든 내용을 압축시켜놓는데 이런 식이다.

> 이를테면 '무려 22담양벽'이란 소절이 있는데 '무려 22개 담이 있고 양쪽이 벽이다'라고 기억해놓는다. 이는 백제 '무령왕'의 업적인 '22 담로' '양과 수교' '벽돌무덤'을 나타낸다. 또 '소림 불태워'란 구절은 고구려 소수림왕의 업적이 불교 수용, 태학 설립, 율령 반포란 것을 말한다.[9]

현진 씨는 이렇게 배수의 진을 쳤음에도 또 불합격해서 작년에 경험한 슬럼프가 다시 온다면 이번에는 극복할 수 없을 것 같다는 생각이 들었다. 작년에 현진 씨는 정말 죽을 정도의 우울함을 경험했다. 누구 못지않게 고독을 친구 삼아 시간을 투자했는데 정말로 한 문제 차이로 떨어졌다. 현진 씨 역시 공부를 방해하는 모든 것을 철저히 차단했는데 딱 한 문제를 더 맞히지 못했다.

이 바닥이 원래 그런 것이라고 이해하려고 해도 공부 시작하고 몇 개월 만에 합격했다는 기인들이 등장하면 자신의 미약함을 이겨내기 힘들다. 그러면서 주변을 두려워하는 자신을 발견한다. 〈공무원 시험 장수생들의 사회적 연계단절에 관한 연구〉라는 제목의 논문에는 대학교 졸업 후 6년차 공시생의 삶을 사는 사람들의 애환이 나오는데, 그게 바로 현진 씨의 모습이었다.

"저는 무미건조녀가 되었습니다. 해가 갈수록 자신감도 사라지고 사람 만나는 게 무서워요. "너 뭐해"라는 말이 언제 나올까 두려워서 친구들에게 전화도 안 하고, 명절 때 집에 안 간 지 벌써 2년째예요. 지방직 시험 때 잠깐 들르는데 엄마가 그때마다 빨리 합격해서 시집 가라고 해요. 합격 안 하고 싶어서 못 한 게 아닌데 말이죠. 그래서 전화도 잘 안 하구요. 하루 종일 고시방에서 독백하고 있어요. 이 시험이 사람을 이렇게 만드네요."[10]

작년에 현진 씨의 '자격지심'은 대단했다. 몇 명 없는 친구가 "너 2년째 9급 준비 중이지?"라고 물으면 "무슨 소리냐! 나 1년 8개월 이야!"라고 노발대발한다. 친구는 "그게 그거 아니야?"라고 하지만 현진 씨는 "어떻게 그게 같냐? 작년엔 7급에서 내려올 때 방황해서 1년 딱 채워서 공부 못 했어. 진도도 다 안 나가고 시험 쳤다니까"라 면서 어떻게든 '지금까지 실력 발휘를 하지 못했음'을 강조, 또 강조 한다. 이렇게 큰소리치고 '매년 그랬듯이' 또 불합격하면 '매년 그랬 듯이' 또 인간관계는 단절되어 간다. 이 패턴이 누적되다 보면 현진 씨는 "어디에도 자신 있게 끼어들지 못하는 '사회적 배제' 대상"[11]이 된다. 다행인 건 주변에 유사한 사람이 있다는 것을 주로 미디어를 통해 곧잘 확인하면서 쓸쓸한 위안을 삼을 수 있다는 것이다. 3년차 수험생은 이렇게 말한다.

"꿈이란 걸 생각해본 지는 굉장히 오래된 것 같다. 이제는 꿈을 위해 살 것이라고 얘기하는 제 후배들을 보면 아직 어리구나 하는 생각이 먼저 든다. 꿈을 이룰 수 있는 이는 극히 드물다."[12]

현진 씨는 올해가 마지노선이다. 올해도 실패하면 감당할 수 없는 우울이 밀려오지 않겠는가. 이를 이겨내지 못하고 평생을 패배자로 살아갈지도 모른다. 그러니 그 어떤 때보다도 집중력을 잃지 않으려고 노력 중이다. 현진 씨가 일주일 중 유일하게 한 템포 쉬어가는 일요일 오전에는 정신 무장의 시간이다. 작년까지는 이 시간에 주로 평소 좋아했던 책들을 읽었다. 하지만 그것도 독이었다.

대학 때부터 논픽션 사회과학 에세이를 좋아하는 현진 씨는 이런 수험 생활 와중에도 사회비평 관련 책들을 읽었다. 그 순간만큼은 머리가 '정상화'되는 기쁨이 있었다고 한다. 하지만 그런 독서는 평소의 흐름을 깨는 부작용이 엄청났다. 공부를 하다가도 '내가 잘못된 사회의 희생양이 되어야 하는가?'라는 진중한, 하지만 쓸모없는 고민을 한 것이 수차례였다. 사회 구조 어쩌고, 내 부모의 배경 어쩌고 따지는 건 공무원 시험에서 1퍼센트도 도움이 되지 않는다. 심지어 면접에서도 '지양해야 할' 답변 스타일이다. 그러니 자신에게 벌어진 모든 '잘못된 것'들의 원인을 스스로에게 돌리는 습관이 필요하다.

공시생들이 너도나도 책상 앞에 붙여놓고 한 번씩 읽는다는 구절이 있다. 공무원 커뮤니티에 가면 이 문장을 읽고 자극받았다는 이야기가 하루건너 한 번씩 등장한다. 이문열의 《젊은날의 초상》에 나오는 문장이라는데, 출처가 현진 씨에게 중요하지는 않다. 그저 일요일 오전에 이를 크게 소리 내 읽는다.

이미 이 시험은 유희가 아니다…… 진작도 나는 그렇게 말해 왔지

만, 이제야말로 이 시험은 내가 이 삶을 이어가려면 반드시 풀어야
할 과제이며, 뛰어넘어야 할 운명의 장벽이다. (중략)

그러므로…… 나는 이렇게 변하지 않으면 안 된다. 일체의 잡념은
버릴 것이다. 상상력의 과도한 발동은 억제할 일이다. 음과 색에 대
한 지나친 민감을 경계할 것이다. (중략)

너는 말이다. 한번쯤 그 긴 혀를 뽑힐 날이 있을 것이다. 언제나 번지
르르하게 늘어놓고 그 실천은 엉망이다. 오늘도 너는 열여섯 시간분
의 계획을 세워놓고 겨우 열 시간분을 채우는 데 그쳤다. (중략)

이제 너를 위해 주문을 건다. 남은 날 중에서 단 하루라도 그 계획량
을 채우지 않거든 너는 이 시험에서 떨어져라. 하늘이 있다면 그 하
늘이 도와 반드시 떨어져라. 그리하여 주정뱅이 떠돌이로 낯선 길바
닥에서 죽든 일찌감치 독약을 마시든 하라.[13]

마지막 문단은 한 번 더 읽는다. 그리고 마지막 줄은 두 번 더 읽는
다. 그리고 '콩 심은 데 콩 나고 팥 심은 데 팥 날 뿐'임을 명심한다.
현진 씨는 여세를 몰아 노량진에 오기 전에는 한 번도 읽지 않았다는
자기계발서도 읽는다. 공시생들의 베스트셀러라는 《전효진의 독하
게 합격하는 방법》의 줄친 구절을 다시 보는 것도 빼먹지 않는다.

△ 만약 부모님 생신까지 외면했다면 다른 이유로는 더 이상 움직여
서는 안 된다. 하루 공부를 덜했다고 합격이 하루 밀리는 것이 아니
기 때문이다. 길면 1~2년, 짧으면 3~6개월이 밀리기 때문이다.

△ 나는 매달 3~4일 정도 생리로 인해 정말 아팠는데, 그런 날 아침

이면 바로 바나나 등을 먹은 뒤 진통제를 먹었다. 아프고 나서 먹으면 이미 늦는다. 생리통 때문에 매달 3~4일을 날리게 된다면 너무 타격이 크다. 미리 막아야 한다.

△ 사소한 것 하나하나가 모여, 작은 노력 하나하나가 모여 합격과 불합격을 가르는 것이지, 단순히 운이나 요행으로 그런 결과가 생기는 것은 아니라고 생각했다.

△ 시험에 합격하고 나니 모든 것이 바뀌었다. 가만히만 있어도 살이 빠졌다. 또, 출근을 해야 하니까 자연스럽게 예쁜 옷, 예쁜 가방이 생겼다.

△ 정말 열심히 하면 끝나는 것이다.

△ 시험이라는 놈은 시험에 대한 예의가 있는 사람부터 합격시키는 것 같다.[14]

이런 각오를 바탕으로 현진 씨는 '8-4-2-1' 작전을 실천한다. 8일에 한 과목을 마스터한다. 모두 다섯 과목이니 40일이 걸린다. 그리고 20일에 걸쳐 4일 작전, 10일에 걸쳐 2일 작전, 5일에 걸쳐 1일 작전을 펼친다. 여기까지가 75일이다. 그러면 정확히 시험 보름 전이다. 이때부터는 8일 동안 전 과목을 회독하고 4일, 2일, 1일 간격으로 좁혀간다. 이렇게 시험 전 90일을 한 치의 오차 없이 보내니, 실수만 없으면 반드시 합격할 것이라는 믿음이 생겼다. 시험 전날에는 편안하게 잠이나 자면서 컨디션 관리하라고? 공무원 시험은 그런 게 아니다.

시험, 합격, 그리고 승자의 여유

드디어 시험일이다. 아침 식사는 며칠 전부터 먹고 있는 죽이다. 속을 편안하게 하기 위해서라기보다 반찬을 따로 집어먹을 시간도 아까워서다. 수험장으론 가급적 일찍 간다. 책상과 의자가 몸에 딱 맞아야 하기 때문이다. 책상에는 이름표가 있으니 어렵지만 의자는 슬쩍 교체가 가능하다. 귀마개 준비도 필수다. 100분간 100문제 풀어야 하는 시험엔 작은 소음도 변수가 된다. 시험관의 구두소리, 다리 떠는 앞사람, 기침하는 뒷사람, 소리 내면서 문제지 넘기는 옆사람 등등. 그걸 따질 시간조차 없다. 귀를 틀어막고 무조건 집중해야 한다.

종소리와 함께 시험은 시작된다. 처음부터 끝까지 단 한 번의 호흡으로 문제를 풀어야 한다. 그러기 위해 얼마나 많은 예행연습을 했던가. 틀리든 맞든 일단 처음부터 끝까지 한 번에 가야 한다. 문제당 40초 이상 걸리지 않는 게 핵심이다. 그래야만 헷갈리는 문제 다시 보고 마킹까지 할 시간이 확보된다. 확실히 아는 건 단번에 답을 체크하고 미련을 버린다. 모르는 것은 후보 2개 정도로 좁힌 상태에서 표시만 해놓고 넘어간다. 애매한 문제를 만났을 때, 지체 없이 넘어가는 것이 실제로 쉽지 않다. 약간만 고민해도 2~3분이 흐른다.

그런데 공무원 시험은 '모르면' 절대로 모를 수밖에 없는 시험이다. 결국 쓸데없는 시간이 낭비되니 '풀 수 있는' 다른 문제에 집중하는 시간이 줄어든다. 그러니 연습한 대로 한다. 1차 풀이가 끝나면 마킹할 시간까지 남은 시간과 풀지 못한 문항수를 순식간에 계산해서 다시 확인한다. 이때도 답이 안 나오면 그냥 비운다. 어차피 찍을 문제이기 때문이다.

마킹을 할 때는 문제가 '옳은 것/옳지 못한 것' 중 무엇을 묻는지를 0.2초 내로 재차 확인한다. 문제를 오해한 것이 있으면 일단 남겨두고 다른 것부터 체크한다. 마른 수건 준비도 필수다. 손에 난 땀 때문에 컴퓨터용 사인펜이 미끄러져 답안지를 교체하는 경우가 있기 때문이다. 그럴 시간이 허용될 만한 시험이 아니다. 풀지 못한 문제 몇 개를 확인하면 이제 2분이 남는다. 비어 있는 칸은 정답을 찍는다. 어떻게? 배운 대로 한다.

어떤 방식으로 찍는 것이 가장 맞힐 확률이 높을까? 한 과목이 20문제라고 해서 1번이 4개, 2번이 4개, 3번이 4개 이런 식으로 보기번호가 균등하게 할당되는 것은 아니다. 특정번호에 편중되는 경우를 필자는 실제로 여러 번 목격했다. 그러나 과목별로 가장 적게 체크된 보기번호에 몰아서 마킹하는 것이 확률이 높다는 것만은 틀림없는 사실이다. 물론 이 경우 다른 문제가 대부분 정답이었을 경우에나 확률을 높일 것이다. 이런 점에서 고수의 경우 초보에 비해 찍을 때의 적중률도 올라간다. 바로 이런 점에서 '고수는 찍는 것도 잘 맞히는 더러운 세상'이라는 말이 나오는 것이다.[15]

시험 종료. 일단 현진 씨의 느낌이 나쁘지 않다. 집에 와서 가채점을 하고 학원 홈페이지에 점수를 입력하니 곧 합격선이 예측된다. 충분해보인다. 감격스럽다. 하지만 40일 후 발표가 날 때까지 설레발치지 않기로 한다. 임용고시 때도, 7급 때도, 작년에도 "이번엔 턱걸이 할 수도 있겠어"라고 말하고 다녔다가 떨어져서 얼마나 민망했던

가. 약간은 불안의 나날을 보낸 끝에 현진 씨는 드디어 9급 시험에 합격했다.

지난 몇 년간 합격자는 최종 인원의 1.2~1.3배수다. 필기 합격자의 20~30퍼센트는 두 달 후 면접에서 탈락한다. 그러니 면접 준비도 중요하다. 또 학원을 갈 수밖에 없다. 현진 씨는 이제야 엄마에게 전화를 걸어 합격 소식을 알리고 '진짜 막바지'임을 강조하면서 조심스레 입금을 부탁한다. 엄마는 '돈은 어떻게든 마련할 터이니 걱정 말고 끝까지 최선을 다하라' 하신다. 가슴이 뭉클해지지만 현진 씨는 자신이 이번에 합격하는 것이 엄마의 고통이 그나마 줄어드는 유일한 길이라 생각하고 감성에 젖어드는 걸 자제한다. 주중에는 기본면접 대비반을, 주말에는 5분 스피치, 자기소개서 작성, 이미지 메이킹 등의 특강을 듣는다.

'교수라고 불리는' 강사는 자신은 진정성을 가르치지 절대로 면접 기술을 주입하지 않는다면서 하루 종일 '기술 연마'를 반복 또 반복한다. 공무원 시험 면접은 '직장인이 아닌 공직자로서의 자질'을 보는 걸 유의하라면서 "자기 소신 같은 건 생각하지 마세요"라고 말한다. 공무원 면접 준비는 방향이 명확하다. 일반 기업의 면접은 '어떻게든 면접관의 마음을 움직이기 위해' 최선을, 그러니까 별짓을 다 해야 하지만 공무원 면접은 최대한 두루뭉술한 입장을 보여줘야 한다. 60명을 뽑는 직렬이라면 72명이 면접을 본다. 그렇기에 이 면접의 준비는 60여 명이 '할 만한' 말을 하는 게 우선이다. 개성을 보이는 순간 죽음이다. 튀면 눈 밖에 난다. 하루 종일 면접하느라 지쳐 있는 면접관이 볼 때 다른 사람하고 아주 비슷해보여야 한다. 평범해야만 딱히 떨어질 이유가 없는 사람이 된다. 강사는 신신당부한다.

"여러분! '상사의 비리를 발견하면 어떻게 하겠는가?'라는 질문이 나오면 어떻게 대답해야 하죠? 하나만 생각하세요. 결코 '당장 신고 해야 합니다'라고 말을 해서는 안 됩니다. 그리고 '내부적으로'이란 말을 꼭 기억하세요. 이 질문의 핵심은 면접자가 내부고발자 가능성 이 있는지 확인하는 겁니다. 그러니 '내부의 다른 상사와 상의하여 문제를 해결하겠다'고 말해야 합니다. '부당한 일을 시키면 어떻게 하겠습니까?'라고 물으면 어떻게 대답해야 하죠? 절대 '하지 않겠습 니다!'라고 말하면 안 됩니다. 일단 지시에 응하고 부당함이 정말로 있다면 회식 자리나 이메일 등을 이용하여 겸손하게 의사를 밝히겠 다고 대답해야 합니다."

'위험한 발언을 하지 않을 연습'을 며칠 동안 하는 것이 곤욕일 수 있지만 지난 시간에 '들인' 고충과 결부하면 개의치 않게 된다. 현진 씨 는 그냥 학원에서 시키는 대로 '무념무상'의 자세로 외운다. "모든 일 에 국가와 국민을 먼저 생각하는 것이 목민관의 바른 자세라 했던 다 산 정약용의 가르침처럼……" 이렇게 서두를 시작하면 가장 '평범할 수' 있다기에 그렇게 외운다. 2015년의 경우 영화 〈연평해전〉이 면접 시기에 개봉했는데 강사는 '이 영화가 흥행에 성공한 이유'를 물을 수 있다면서 꼭 보길 권장했다. 그래서 현진 씨는 3년 4개월 만에 극장에 갔다. 자신 취향의 영화가 아니지만 그렇다고 기분이 나쁘지도 않았다. 오히려 등장할 만한 질문 하나에 대한 나름의 답을 확보해서 기뻤다.

물어볼 질문이 무엇인지는 예측 가능하고 '학원에서 준비할' 모두가 비슷하게 답을 할 것이니 당락은 이외의 지점에서 발생한다. 이를 대비하는 것이 면접 준비의 핵심이다. 앉을 때 주먹을 어느 정도의 압력으로 쥘지, 손의 위치는 어느 곳으로 해야 하는지, 넥타이 색깔은 무엇이 적합한지, 발음은 어떠해야 하는지 등을 학원에서, 조를 꾸려 스터디모임을 만들어, 또 외부 모임과 합동해 실전처럼 연습한다. 그렇게 해서 현진 씨는 최종 합격했다. 예상치 못한 '애국가 4절까지 부르기'가 나왔지만 역시 배운 대로 당황한 기색을 들키지 않았다. 현진 씨는 엄마에게 제일 먼저 전화를 했고 하염없이 펑펑 울었다.

　합격하니 현진 씨는 '합격 후 예상했던 자신의 모습'과 다름을 느낀다. 지옥에서 탈출하면 세상 곳곳에 '지옥이 얼마나 잘못되었는지'를 말할 것 같았는데 그러지 않는다. 이걸 위해 이렇게까지 시간을 투자했어야 하나라고 생각할 줄 알았지만 그러지 않는다. 자신보다 더 오래 준비하고도 붙지 못하는 사람들이 있으니 이 정도에서 마칠 수 있음을 감사한다. 고로 세상 탓하는 건 부질없다고 현진 씨는 생각한다. 자신이 이렇게 늦게 열매를 맺게 된 것은 다른 이유가 없다. 더 빨리 준비하지 못했기 때문이고 노량진에 빨리 오지 않았기 때문이다. 학원 강사들이 이런 말을 할 때는 처음에는 증오했고 그다음부터는 귀를 막았는데 이제 자신이 그렇게 말한다. 이래서 "서는 데가 달라지면 보는 풍경이 달라진다"[16]고 했던가.

　이제 현진 씨는 합격자 신분의 마지막 의례를 치러야 한다. 먼저 할 일은 '9꿈사' 카페에 합격 수기 남기기다. 최종 합격자가 발표된 이후 카페는 그 시기만의 특징들을 담은 글들이 오간다. '이 집에서 공부해서 합격했다'면서 어떻게든 집을 정리하려는 사람들의 광고가 등장하고 패자들은 '손가락 하나 자르고 장애인 전형으로 치를까요?'라고 묻는 (자학'적'을 넘어선) 자학 예고의 글들을 남긴다. 답답한 사람의 심정도 모르고 댓글에는 '하나 자른다고 장애인 등록 안 됩니다. 참고하세요'라는 (이미 같은 고민을 했던 사람의) 직언이 쏟아진다.

합격자 현진 씨는 여유 있게 글들을 살펴본다. 별의별 내용이 눈에 들어온다. 지금껏 학원 및 시험 정보만 확인하고 살았는데 오래된 수험 생활에 지친 글들이 이렇게 많은 줄 몰랐다. 그중 이런 글을 발견한다. "여기 노량진은 전체적으로 수험생에게 막 대하는 분위기가 있다. 동네 슈퍼라든가 식당에서 나이가 좀 있으신 주인들은 무작정 반말부터 하는 경우가 많다. 기분이 나쁘다." 그러자 댓글에는 자신들도 그런 경험 있다면서 "우리끼리는 수험생이지만 밖에서 보면 매일 후줄근한 체육복만 입은 예비 백수, 등골 브레이커 아니겠어요?"라는 수긍의 글들이 달린다.

현진 씨는 생애 처음으로 댓글을 단다. "억울하면 출세하라는 말이 있듯이, 합격하면 다 해결됩니다." 그러고는 장문의 합격 수기를 남긴다. 긴 내용이지만 핵심은 '땀은 배반하지 않는다' 외에 어떤 철학도 없다. 특색이 있다면 자신은 어떤 펜을 사용했고, 주황색 형광펜이 생각보다 눈의 피로도가 높아지니 장기간으로 볼 때는 효과적이지 않을 수 있다는 정보도 전달한다. 유치한 글이지만 부러워하는 댓글이 순식간에 수십 개가 달린다. 속세에서는 아무런 값어치가 없는 글일지 모르지만 노량진 섬 안의 누군가에게 합격 수기는 '성서'다.

이제 현진 씨가 노량진을 마지막으로 갈 날이다. 학원에서 합격자들을 초대해 수험생들과 1 대 1로 상담하는 자리를 마련해주었기 때문이다. 시험이 끝나면 학원들은 일제히 1년 코스의 일정을 다시 오픈하는데 첫 설명회 자리에서 '학원 출신 합격자'들이 등장하는 것만으로도 누군가의 학원 결정에 도움을 준다. 현진 씨는 앉아서 팔짱을 끼고 줄서서 질문하는 사람들에게 건성건성 매우 귀찮듯이 답했다. 하지만 속으로는 엄청난 쾌감을 느낀다. 학원에서 주는 소정의 위로금을 받고 현진 씨는 독서실로 향했다. 거기서도 자화자찬 합격 수기를 작성한 후 지금까지의 비용 일부를 환불 받았다.

그리고 합격하면 꼭 하고 싶었던 일을 현진 씨는 마지막으로 실행에 옮긴다. 수험생들 사이에 슬쩍 섞여 컵밥 먹기다. 아주 오래전부터 생각해왔던 말, "아, 이 밥도 오늘이 마지막이네"라는 말을 주변 사람 다 듣도록 크게 말하는 것도 잊지 않는다. 민망함보다 짜릿함이 더 크다. 현진 씨가 무슨 말을 하고 싶은지 눈치 챈 주인은 밥을 건네면서 "합격하셨나보네요?"라고 묻는다. 그녀는 "네, 오늘 합격자 간담회 하러 마지막으로 왔다가 생각나서 들렀어요"라고 말하면서 주변을 흘깃 본다. 자신의 옆에는 체육복 차림에 모자를 눌러 쓴 공시족들이 허겁지겁 밥을 먹고 있다.

이들은 다시 섬의 안쪽으로 가지만 현진 씨는 속세와 통하는 다리를 건너 집으로 왔다. 합격했으니 육교는 '애'증의 추억이 되었다. 그리고 육교를 철거하는 날 다시 올 이유가 생겼다. 노량진에서 '지루한 장마'를 보내고 있을 사람에게는 육교 철거가 무슨 의미가 있겠냐만, 현진 씨에게는 이 다리 위에서 고뇌했던 순간들이 인생 전체로 볼 때 '한 차례의 소나기'에 불과하니 충분히 추억이 되지 않겠는가.[17] 아, 현진 씨는 합격 후 성당을 간 적은 없다.

3부

아니꼬우면
공무원 하라는 사회

모든 동물은 평등하다.
그러나 어떤 동물은 다른 동물들보다 더 평등하다.

_조지 오웰, 〈동물농장〉 중에서

|

우울한 이야기를 듣기 싫어하는 이들이 있으니 재차 짚고 넘어가야 겠다. 지금까지 등장한 사연들처럼 지금부터 등장하는 사람들의 이 야기들 역시 한국사회의 수준을 적나라하게 증명한다. 다른 나라에 서도 있을 수 있는 사례겠으나 한국처럼 이 정도, 이렇게나 많이는 아니다. 결정적인 차이는 이를 대하는 태도에 있다. 여러 나라에서 '사람의 고통'을 인지하면 그다음은 이를 '줄이기 위해' 노력한다. 하지만 한국은 그러지 않는다. 다들 '어쩔 수 없다'면서 애초에 문 제가 더 포악스러워지는 걸 방관한다. 그 결과 한국사회를 살아가는 사람들은 삶 자체가 '대안을 모색'하는 것이 되어버렸다. 장강명의 〈한국이 싫어서〉라는 소설처럼, 외국으로 떠나버리면 좋겠으나 현 실적으로는 공무원에 도전하는 것이 최고의 선택이다.

그래서 공시족들 중에는 별의별 사람들이 많다. 이들이 공무원 되 겠다는 이유가 바로 '별의별 한국사회'다. 이를 하나하나 나열할까 한다. 끝까지 따라가다 보면 한국이라는 나라가 대외적으로 그렇게 강조하는 '기적을 이룬 나라'라는 말이 얼마나 허황된 것인지 알게 된다. 소개되는 사례들은 기적만 좇던 한국에서 무슨 일이 벌어지고 있는지를 적나라하게 보여준다. 야근이 일상이 된 회사, 군대식 상명하복을 강조하는 조직문화, 여성들에게 경력 단절되기 싫으면 '직장의 꽃'이 되라는 사회 분위기, 나이 오십도 되기 전에 퇴직해야 하는 상황, 고등학생이라는 이유로 정당한 보상조차 보장하지 않는 현실, 집에만 있어야 하는 장애인의 불평등한 삶에 관한 이야기를 듣고 화내지 않을 사람은 없을 것이다.

흥분한 이들은 대안을 물을 것이다. 이 지점이 중요한데, 문제를 '들으면' 문제를 '해결하는' 방식이 아닌 자꾸만 대안을 찾으려는 한국인들의 속성과 너도나도 공무원을 희망하는 사회와는 밀접한 연관이 있다. 이런 대안 중독증은 자꾸만 우회적인 경로만을 고집하기 때문에, 필연적으로 '현실이 이런데 별수 있나?'라는 푸념의 크기를 키운다. 별다른 제재를 받지 않는 사회가 더 나빠지는 건 당연하다. 지금보다 '더' 나빠질 한국사회가 과연 상상이 되겠냐만 매년 그렇게 되고 있지 않은가? 대안은 새로운 매뉴얼이 아니다. 많은 이들이 '노량진으로 오게 된 이유'를 없애기 위해 노력하는 것이 대안이다.

저녁이 없는
회사를 떠나며

'한국 문화는 원래 이렇고, 서구 문화는 원래 저렇고······'라는 식의
이야기를 들으면 '문화'를 '인종'처럼 고정불변한 것으로 생각했던
1백 년 전의 서국 제국주의자들이 떠오른다.

_ **박노자**[1]

365일 중 330일을 출근하다

공무원이 각광을 받기 시작하면서 뉴스에는 다니던 회사를 그만두고 시험을 준비하는 사람들의 이야기가 곧잘 등장한다. 앞에서 만나본 비정규직 노동자로서의 삶에 환멸을 느낀 사람들이 이를 증명했다. 이들은 경제적인 불안정성을 탈출하고자 이를 악물고 노량진행을 선택했다. 그런데 공무원이 되고자 하는 사람들 중에는 '안정된 정규직', '나쁘지 않은 급여' 이 두 가지 조건을 포기하는 경우도 있다. 내가 만난 김유철 씨도 공무원이 된다면 현재의 연봉이 반토막이 나지만 개의치 않고 준비 중이었다. 말 그대로 '돈이 인생의 전부가 아님'을 보여주는 그에게는 어떤 사연이 있었던 것일까?

서울의 한 대학에서 석사학위까지 받은 김유철 씨는 3개월 전까지 테헤란벨리에 있는 아이티IT 회사의 유능한 사원이었다. 7년차인 그의 작년 연봉은 '인센티브 실적이 우수해서' 5,000만 원이다. 연봉이 많고 적고를 따지는 것은 유철 씨에게 무의미하다. 그는 통장의 돈을 확인할 시간조차 없을 만큼 일한다. 작년에는 365일 중 330일을 일했다. 한 달에 쉬는 날이 세 번에도 미치지 못하니 명절 때도 당일만 제외하고는 일을 했다. 그렇게 7년을 보냈다.

하루 업무 시간도 엄청나다. 자신이 어느 정도로 일하나 싶어서 밤 10시 전에 퇴근한 날을 달력에 표시한 적 있는데, 동그라미가 쳐진 경우가 2015년 한 해 동안 11번이었다. 그러니까 밤 10시 이전에 퇴근하는 것이 한 달에 한 번도 어려웠다. IT업계는 하루 8시간을 일을 하면 365일 내내 출근해야 한다는 말이 나올 정도로 업무량이 많다. 그래서 화가 났지만 김유철 씨가 이를 공식적으로 회사에 문제 제기한 적은 없다. 그동안 회사는 야금야금 연봉 인상으로 그의 맘을 달래줬고 심야 할증 붙은 택시 이용만 가능한 법인카드를 지급했다. 그러니 '뭐가 문제냐'는 식이었고 김유철 씨 역시 꾸역꾸역 살인적인 일정을 버텨왔다.

너무 바빠서 '삶'이 존재하지 않는다는 것조차 느낄 수 없었던 지난 7년 동안 유철 씨는 역설적이게도 이런 상황을 비판할 여유도 동시에 잃어버렸다. 그러니 어떻게든 살아갈 순 있었다. 가끔 뉴스에 등장하는 빈곤층 사람들을 보면 '나는 이런 불경기에도 적지 않은 돈을 받으면서 회사를 다닐 수 있어서 다행이야'라고 생각했다. 상황을 긍정할수록 자신의 삶이 계속 파괴되고 있는 줄도 모른 채.

2016년 1월 1일에도 김유철 씨는 출근했다. 그래야지만 시무식을 하는 날 전에 이틀간의 휴무가 가능하기 때문이다. 식당들도 문을 닫은 새해 첫 날, 유철씨와 동료들은 편의점 삼각김밥과 라면을 사와 점심을 먹는다. 유철 씨는 라면 국물을 마시다가 작년 달력을 넘겨보는데 순간 '이러다가 죽으면 무슨 소용이야?'라는 생각이 들었다. 전부터 하던 생각이었지만 그날만큼은 더 강렬했다. 오후 내내 김유철 씨는 7년의 삶을 되돌아봤다. 여기에서 벗어날 자유도(freedom from), 무언가를 할 자유도(freedom to) 없이 살았다.[2] '삶과 일의 균형? 픗. 나는 일이 곧 삶 아니었던가. 짤막하게 주어지는 '진짜 삶'에서 스스로 할 수 있는 건 자는 것 말고 무엇이 있었던가?'

이대로는 '과로사'가 남의 일이 아니라는 생각이 들자, 유철 씨는 4시쯤 회사를 무작정 나와 지하철을 탄다. 인천으로 가서 바다라도 볼까 했다. 역삼역을 출발한 2호선이 신도림에 도착하자 그는 환승을 하기 위해 내려 걷는다. 하지만 이내 가던 길을 멈추고 벽 앞에 멈춰 선다. 김유철 씨는 대형 광고판의 글귀를 한없이 바라본다. '1년만 준비하면 저녁이 있는 삶을 누릴 수 있습니다. 9급 공무원은 ○○○에서!' 김유철 씨는 방향을 바꿔 1호선 상행선으로 이동해 전철을 탄 후 네 코스가 지나서 노량진역에 내린다. 그리고 무작정 걷다 깜짝 놀란다. '드문드문'이지만 동년배로 느껴지는 사람들을 볼 수 있었기 때문이다.

놀랍게도 1월 1일에도 상담이 가능한 학원이 있었다. 규모가 좀 작은 곳이었는데, 원장이 직접 상담을 하고 있었다. 원장은 1월 1일에 노량진을 찾아오는 사람들이 의외로 많아서 작년부터 '연중무휴'

로 일한다고 했다. 그는 노련했다. 김유철 씨가 대충 자신의 이야기를 꺼내자 원장은 회사원, 과중한 업무, 지친 심신이라는 키워드를 잘 버무려 그 반대편에 공무원의 삶이 존재하고 있음을 강조했다. 김유철 씨는 이때까지만 해도 무슨 결정을 하고자 노량진에 온 것은 아니었다. 그저 자신 같은 사람도 있는지가 궁금해서였다. 하지만 원장은 김유철 씨의 스펙을 대충 듣더니 희망의 언어를 뱉어낸다.

> "저희 학원 종합반에서 공부하시면 7급은 1년이면 가능하실 듯하고, 9급은 8개월이면 충분한데, 영어 실력이 받쳐주신다면 주말 특강만 잘 활용하셔도 올 4월의 시험에서 한 번 노려볼 만해요. 직장 다니시다가 오신 분들은 간만에 공부하는 게 재미있다면서 꽤 적응을 잘 하세요. 한 번 도전해보세요."

유철 씨는 오늘이 '인생의 터닝포인트'가 아닐까 생각했다. 그때부터 그는 3일 내내 공무원 관련 정보를 검색했다. 38년의 인생에서 처음으로 공무원에 관심을 가진 날이었다. 김유철 씨는 급여, 연금 등에는 별 관심이 없다. 하지만 최소한 '지금'보다는 저녁이 보장된다는 느낌에 그는 생애 처음으로 '아름다운 꿈'을 그려보기 시작했고, 이는 지난 7년간 밤에 꾸는 꿈에서조차 생각하지 못한 일이었다.

시무식 하는 날, 김유철 씨는 자연스레 눈을 뜨고 출근을 한다. 컴퓨터를 켜서 이메일을 확인하니 공교롭게도 연말에 협상한 올해 연봉계약서가 발송되어 있다. 작년 대비 10퍼센트 가량 인상인데, 인센티브 실적이 포함되어 있다지만 나름 파격적인 인상이었다. 작년처럼 쉬지 않고 일하면 내년 연봉도 일정 부분 오를 것이다. 명세서에는 아파트 관리비 고지서처럼 지난 달 급여, 1년 전 급여까지 친절하게 알려준다. 급여 인상 그래프는 7년간 한 번의 부침도 없이 꾸준히 상승한 흔적이 명료하다.

김유철 씨는 IT업계 바닥에서 나름 자리 잡은 축에 든다. 그리고 최소한 6~7년은 회사가 망하지 않는 이상 지금의 추세를 유지할 수 있다. 지금도 스카우트 제의가 가끔 들어오니 솔직히 이 회사가 망하더라도 별 걱정은 없다. 어제 검색한 9급 공무원의 월급, 그리고 받을 수 있는 모든 수당들을 다 합치고 천지가 개벽해 노후연금이 굉장히 오른다고 가정해도 김유철 씨는 '경제적으로' 지금보다 안정적일 수 없다. 그래서 유철 씨는 새해 첫 날의 일탈을 허파에 바람 든 것으로 생각하고 넘긴다.

야근은 시무식을 하는 날부터 시작된다. 그나마 새해 첫 업무날이라 지하철 타고 집에 갈 수 있는 밤 11시에 퇴근한다. 차가운 바람에 옷깃을 추켜올리며 '그래, 무슨 공무원이야. 그 돈 받고 내가 살 수 있을 것 같아? 그냥 이대로 살자!'라고 유철 씨는 생각한다. 2년 전 2억을 대출 받아 마련한 18평 아파트의 이자와 원리금을 갚아야 할 상황이 아직 멀고도 멀었다. 그러면서 고개를 드는데 순간 유철 씨는 당황한다. 그가 지금껏 익숙하게 보아왔던 풍경이 아니다. 빌딩숲 모든 창문에서 뿜어져 나오는 불빛light은 오늘따라 정말 '불fire'처럼 느껴진다. 빌딩은 불타고 있었다. 7년 전에 봤던 느낌이 아니다. 그때는 저 불빛들을 보면서 가끔씩 아름답다는 생각도 들었다. "바쁜 게 좋은 거야, 벌 수 있을 때 바짝 벌자"고 위안하면서 "야근은 축복이다"라는 신념을 가졌던 때다.³ 이 높은 빌딩과 형광등 빛 아래에서 일한다는 것을 '아무나 누릴 수 없는 특권'처럼 생각했다. 강남 한복판에서 고주망태된 직장인들과 다른 모습으로 택시를 잡는 자신을 대견하다고 느꼈다. '불살라' 일하는 건 낙원樂園으로 가기 위해선 필요한 여정이라 생각했다. 하지만 7년간 김유철 씨의 삶의 질은 낙하落下했다. 돈은 보상이 아니라 희생을 수긍해야 하는 사슬이었다. "월급은 시스템 안에서 마구잡이로 주어지는 일에 대한 스트레스를 버틴 값"⁴에 불과했다. 이와 비례해 그는 각종 질환을 앓았다.

입사 2년차부터 유철 씨의 눈은 웹툰 〈미생〉의 오상식 과장처럼 뻘겋게 충혈된 상태를 늘 유지했다. 원인을 '분명하게 알 수 있는' 두통과 근육통은 물론이고 피곤할 때마다 헤르페스 입술포진이 났다. 그런데 매일 피곤했으니 바르는 연고로는 도무지 치료가 안 되어 먹는 아씨클로버 약을 대량으로 처방받아 늘 들고 다녔다. 얼굴 신경이 마비되는 '구안괘사'도 경험했다. 병원에서는 고용량 스테로이드 약을 하루 최대치로 주는데 1주일 만에 10킬로나 살이 찌기도 했다. 얼굴이 마비되어 밥을 먹으며 음식물을 질질 흘릴 때도, 약을 먹어 얼굴이 풍선처럼 부풀었을 때도 유철 씨는 출근했고, 일했고, 늦게 퇴근했다. 죽을 지경이었지만 대상포진에 걸려 입원한 동료에 비하면 그나마 체력이 좋다면서 긍정했다. 유철 씨만이 아니라 이 땅의 직장인들은 누구나 그렇게 '어쩔 수 없으니 버티는 것'에만 관심을 가졌다. 체력이 한계에 다다르면 점심시간을 쪼개어 헬스장에서 운동을 했다. 늦은 퇴근의 허망함을 술로 달래는 악순환은 우루

사나 비타민제를 챙겨먹으면서 계속 유지했다. 그래서 저 빌딩 숲은 주야를 가리지 않는 불멸의 '과로' 공간이 되었다.

> "그는 자신의 시간을 온전히 회사에 바쳤다. 아침 7시 30분에 맞춰 출근하고 밤 9시 넘어 퇴근하는 것이 일상이었다. 어느 날은 오전 7시 30분에 맞춰 출근하고 있는데 부장에게서 전화가 왔다. '7시에는 자리에 앉아 있어야지?' 동기들은 아침을 포기하더라도 저녁만 보장되면 월급 100~150만 원을 줄여도 상관없다고 말하지만, 자기 저녁을 보장 받겠다는 사람을 기업에서 뽑겠나?"[5]

과로가 문화인 곳에서 이 회사에서 저 회사로 옮기는 건 소용없다. 완전히 떠나야 한다. 제때 퇴근시키는 곳을 찾아서도 아니다. 최소한 어쩌다가는 정시퇴근이 가능한 곳이면 감개무량이다. 일주일에 한 번만 저녁이 보장되어도 충분하다. 그곳을 가려면 무엇을 해야 하나? 공교롭게도 고민은 전날까지 충분히 했다. 김유철 씨는 다음 날 회사에 사표를 제출한다.

과로하는 사회, 버티는 사람들

김유철 씨가 재수없게 이상한 회사를 다니게 되어서 독특한 경험을 한 것일까? 《우리는 왜 이런 시간을 견디고 있는가》(코난북스, 2015)에 수록된 사회학자 김보성의 〈장시간 노동사회에서 가족들의 생존기〉란 글을 보자.

장시간 노동 체제는 압축적 근대라는 한국의 구체적인 역사적 사회적 맥락 속에서 탄생해 시간을 거치며 점점 딱딱해지고 뿌리가 깊어진 종양 덩어리와 같다. 그것은 폐허에서 맨손으로 시작해 두 주먹 쥐고 여기까지 달려온 한국의 음침한 뒷모습을 보여준다. 우리는 그러한 체제가 만들어지는 과정 속에서 강제로 동원되었고, 반신반의하면서 헌신했고, 설득되었고, 습관처럼 살아왔다. 그리고 그 안에서 고통스럽지만 그로부터 벗어나지 못해, 또다시 자신도 모르는 새 그 종양 덩어리에 양분을 공급하는 삶을 살아간다. 그런 과정에서 우리는 우리의 시간을 잃었고 가족을 잃었고 삶을 잃었고 자기 자신을 잃었다. 우리의 가족은 살아남기 위한 도구가 되었고, 장시간 노동 체제를 지탱하기 위한 연료로 하얗게 태워졌다. (중략) 이웃과 동료에 연대하기보다는 사회적 약자들의 고통에 눈감고 오로지 나와 가족의 생존과 안위만을 추구하는 '이기적인' 심성을 갖게 되었다. 좀더 좋은 사회를 만들기 위해 머리를 맞대고 변화를 시도하기보다는 내가 살아남으면 된다는 '보수적인' 심성 또한 갖게 되었다. (중략) 분배의 불평등에 문제를 제기하고 투쟁하는 대신 타협을 하고 안주했다.[6]

김유철 씨가 지난 7년간 경험한 과로의 일상화는 지극히도 한국적이다. 독재의 근거를 마련하기 위해 압축하지 말아야 할 것을 압축한 역사는 짚고 넘어가야 할 당연한 것들을 외면했다. 개인의 삶을 포기하면서 노동한다는 것은 결코 권장할 수 없지만 한국은 역사가 이를 주도했으니 사람들은 그저 '사는 대로' 생각했다. 그래서 한국인들은 '자본주의 사회는 원래 그런 것'이라면서 '같은' 자본주의를 살아가는 다른 나라 사람들보다 더 많이 일하는 모순에 빠져 있다.

자본주의 사회가 이른 아침에 출근하고 저녁 늦게 퇴근하는 노동자들의 땀으로 돌아가는 것은 어떤 사회나 마찬가지겠지만 '땀을 흘리는 시간'이 동일하지는 않다. 한국에서 임금노동자는 연평균 2,057시간을 일한다. OECD 평균 1,706시간과 비교하면 351시간 더 일하는 셈이고 가장 짧게 일하는 독일의 1,302시간과 비교하면 무려 755시간을 더 일한다. 자영업자를 포함한 전체 경제활동인구의 연간 노동시간은 2,124시간이다.[7] 한국은 통계치를 낸 2000년부터 2007년까지 부동의 1위를 지키다가 2008년부터는 꾸준히 멕시코에 이어 2위를 기록하고 있다. 우리에 비해 미국은 1,788시간, 일본은 1,735시간, 벨기에는 1,430시간, 프랑스는 1,387시간, 독일은 1,388시간'만' 일한다.[8] 당연히 한국의 노동자가 '더' 피곤할 수밖에 없다.

한국 노동자들은 피곤한데, 잠까지 부족하다. 평균 수면시간이 OECD 회원국 중 꼴찌 수준이다.[9] 다른 나라들은 평균 8시간 22분은 잔다는데 한국에선 어림없다. 새벽 6시 20분에는 일어나야 하는 유철 씨가 이 정도 수면 시간을 지키려면 전날 밤 10시에 침대에 누워야 한다는 말인데 당치도 않다. 그땐 회사에서 야식집에 전화하는 시간이다. 산다는 건 피곤한 일이라지만 한국인들은 더 그러하다. 한국인들은 7시간만 자도 자신이 게으르다고 야단법석이지만, 프랑스에선 노동자들이 평균 8시간 50분을 자는데도 나라가 망하지 않는다. 한국인들은 자는 시간도 부족한데 수면의 질도 좋지 않다. 오죽했으면, '일에 대한 걱정' 때문에 수면이 방해받는 경우마저 한국인들은 43퍼센트로 가장 높다(브라질 33퍼센트, 중국 32퍼센트, 영국 24퍼센트, 일본 23퍼센트).[10] 사회의 문제가 개인의 순수한 의지의 영역이라 할 수 있는 '잠'마저 뒤척거리게 만들고 있는 지경이다.

한국은 다른 사회보다 일을 '더' 많이 하고 잠은 '덜' 자야 하는 곳이다. 그러니 이곳에서 살아야 하는 사람들은 만성적으로 피곤할 수밖에 없다. 김유철 씨는 그 수백만 명의 노동자들 중 한 명일 뿐이다. 그는 직장을 떠났고 그가 삶 전체를 바쳤던 공간의 다른 사람들은 '그래도 공무원을 어떻게 해'라고 생각하며 여전히 '잠시 집에 다녀오는' 생활을 하고 있을 게다. 과로하는 한국인들은 일반적이지만 이를 과감히 때려치울 수 있는 자는 많지 않다. 어차피 떠나지 못하는 자들이, 주어진 삶이 자신의 것인지 아닌지를 따지는 건 별 이득이 없다. 어떻게든 버텨야 한다. 생각 없이 그냥 자신의 몸을 조직의 이치에 맞추면서 말이다.

다음 이야기에서는 이런 사람들이 만들어 놓은 '직장문화'에 발을 들였다가 자신의 건사를 위해 일찌감치 노량진으로 향했던 사람과 진로를 수정한 선배들을 반면교사 삼아 애당초 '그런 직장을 가지 않을 것'이라고 선언한 이들이 등장한다.

사회는 군대보다
더 힘들다

한국인처럼 '목숨 걸고'나 '목숨 바쳐'를
입에 달고 다니는 사람도 없을 게다.
_ **강준만**[11]

"회사생활 별것 없어, 군대랑 똑같아"

어느 기업의 신입사원 연수의 한 장면. 20대 중후반의 앳된 젊은이들이 똑같은 옷을 입고 팔을 벌리고 곧게 서서 부동자세를 취하고 있다. 그들 사이로 나이 든 교관이 손에는 기다란 각목 하나를 들고 지나다닌다. 누군가가 재채기를 하자 교관은 몽둥이로 사정없이 패면서 말한다. "전봇대가 재채기를 하느냐!" 신입사원들은 전봇대를 표현 중이었다. 전봇대에 무슨 의미가 있겠는가. '시키면 무엇이든지 하는' 사람이 되는 게 중요할 뿐이다. 기업은 이를 목표로 신입사원을 제조한다. 전봇대였던 신입사원들은 교관의 지시에 따라 거북이가 되고 마이클 잭슨Michael Jackson이 된다. 교관은 이렇게까지 하는 이유를 설파한다.

> "알겠나? 사회에 나가면 부조리한 것 투성이야. 훌륭한 사회인이 되기 위해서는 이것만은 기억해라. 무슨 일이 있어도 남을 탓하지 마라. 나를 탓해라!"

이는 일본 드라마 〈프리터, 집을 사다〉의 한 장면이다. 영화나 드라마는 현실의 모순을 드러내려고 상황을 극대화하는 경우가 많은데 실제 한국의 현실은 이보다 더하다. 신입사원 연수에 야간 산행, 행군 등은 애교 수준이다. 기마 자세로 몇 시간 이상을 버티기도 한다. 태릉선수촌 훈련 장면이 아니라 한국의 한 은행에서 벌어진 신입사원 연수 풍경이다. 허벅지 근육과 은행 업무가 무슨 상관이 있을 리 만무하지만 '비상식적인 것을 굳이 따지지 않는' 심성을 파악하기에는 제격이다. 북한의 아리랑 공연에 버금가는 카드섹션을 위해 몇 주간 하루 종일 땡볕에 있기도 한다. 오죽했으면 취업한 선배가 대학 후배들을 만나 "야, 회사생활 별것 없어. 군대랑 똑같다"며 안심(?)시켜준다고 하지 않는가.

애사심을 키운다는 명목으로 이루어지는 기업들의 신입사원 연수는 사실상 '길들이기'의 시간이다. 즉, '역량을 키워줌'을 가장한 일종의 복종 훈련이다. 저따위 비상식적인 것들이 '군대도 아닌 곳'에서의 직무 역량과 관계될 리 없지만 퇴근시간에 일을 던져주며 "내일 아침 출근하기 전까지 할 수 있죠?"라고 말하는 (군대 상사보다 더한) 상사에게 앞으로 적응하기 위해서 필요한 모양이다. 바늘 같은 구멍을 뚫고 아직 월급 한 번 못 받은 이들이 이런 연수의 부당함을 말하긴 어려우니 문제가 개선될 리 없다. '여기가 군대야?'라는 생각은 속으로만 할 뿐이다. 오히려 '참으면' 그때서야 '인재'로 등극한다. 그러니 군대에서나 통할 법한 수직적 서열관계는 '원래의' 기업 문화가 되고 '군대정신'은 '사회생활 좀 하려면' 반드시 갖춰야 할 정서가 된다.

아예 입사 면접 때부터 이런 정서의 부재자들은 걸러진다. 기업들은 '하기 싫어한 것을 경험한 적을 말하라'고 한다. 물론 '하기 싫은 것이라 하지 않았다'고 답해선 안 된다. 학생들은 이 질문에 조직과 희생이란 단어를 적절히 사용해 대답한다. 그것이 모범 답안이다. 그래서 자기소개서에서도 '자기'를 소개하는 것이 아니라 스스로가 전쟁을 치를 준비가 된 군인임을 강조한다. 힘들어도 포기하지 않고 힘든 훈련을 버틸 수 있다는 인상을 풍기는 것이 자기소개서가 무사 통과되는, 그리고 면접을 문제없이 치르는 팁이다.

기업이 찾는다는 '열정적이고 도전적인 사람'은 솔직하게 말해 '굴욕과 모욕 앞에서 버틸 수 있는 사람'이 아니라 할 수 없다. 한국에서 '병영 캠프'의 규모가 엄청난 이유도 이 때문이다. 군사주의적 조직 논리가 여전히 유용한 한국에서, '어릴 때'의 병영 체험은 이후 대학 및 취업의 관문을 통과하기 위해 수없이 작성해야 하는 자기소개서에서 '인내심과 협동심'을 어떻게든 강조하기에 꽤 유용한 소재 아니겠는가.[12]

걸러내고 또 걸러내어 모집된 지상 최대의 순응자들로 구성된 기업은 무소불위의 괴물이 될 수밖에 없다. 《중산층은 응답하라》(원제는 'Screwed: The Undeclared War Against the Middle Class'로 직역하자면 '속았어! 중산층에 대한 예고 없는 전쟁'이다)의 저자 톰 하트만Thom Hartmann은 "모든 기업은 본질적으로 반민주적일 수밖에 없다. CEO가 왕이고 이사는 영주이며 노동자는 농노인 봉건 왕국이다"[13]라면서 기업의 속성을 설명한 바 있다. 이 말은 기업이 수평적인 관계를 구축하여 성찰의 일상화를 위해 끊임없이 노력해야 하는 이유를 역으로 증명한다. 원래의 방향을 의도적으로 잡아당기지 않으면 기업은 나쁜 쪽으로 흘러가는 본성을 지녔기 때문이다. 누구는 그래서 기업은 어쩔 수 없다는 식으로 말하지만 사회적 가치에 위배되는 본성은 제어됨이(제거가 아니라!) 마땅하다. 그런데 한국은 문화 자체가 왕과 영주가 순수하게(?) 가고자 하는 곳을 농노들 스스로가 열심히 밀게끔 한다. 그 결과 한국에서의 직장생활은 충성을 경쟁으로 증명하면서 야근과 철야를 밥 먹듯 하는 곳이 되었다.[14] 재미난 것은 '그럼에도' 정년은 요원해졌다는 명백한 사실이다. 더 재미난 것은 '그래서' 더욱 충성 경쟁이 하늘을 찌른다는 명명백백한 사실이다. 앞서 소개된 김유철 씨처럼 다른 선택이라도 할 수 있는 경우가 아닌 자들의 별수 없는 적응이다.

이런 풍토 속에서 '일을 많이 하는 것'까지는 참을 수 있지만 얼토당토않은 일을 해야만 하는 것이 싫어 공무원 준비를 시작한 이가 있다. 대졸 초임으로 연봉 3,600만 원을 주는 건설회사를 3개월 만에 때려친 박무성 씨가 그러하다. 연수기간을 제외하면 부서발령 한 달 만에 무성 씨는 사표를 제출했다. 6주의 신입사원 연수기간 동안 4박 5일 해병대 캠프를 비롯해 한숨도 자지 않고 24시간 동안 도보

하기 등 별의별 극한체험을 한 무성 씨는 그래도 버텼다. 다부진 체격에 턱걸이를 30개나 하는 무성 씨가 '힘들어서' 버텼다는 표현을 한 게 아니다. 그는 회사인으로서 필요한 체력 그 이상의 강함을 사람들이 갖춰갈수록 점점 괴기스러워지는 조직의 모습이 어색했다. 회사의 뜻대로 정신력을 무장한 개인이 모인 집단은 매우 비효율적으로 업무를 수행했다. 마치, 업무가 중요한 것이 아니라 '비효율적인 것을 버티는 정신력'이 직장 생활 그 자체가 된 듯했다.

하지만 정신무장 훈련은 효과가 확실하다. 회사 내에서 이상한 일을 겪을 때마다 사람들은 '이보다 더 심한 것도 참았으니 견뎌내자'라면서 지옥 같았던 연수 때를 떠올린다. 그러니 신입사원 연수는 '발전'을 위한 것이 아니라 '퇴행'을 받아들이기 위해 굉장히 중요했다. 사장의 취미인 '등산'에 모든 직원이 동원되는 이해할 수 없는 일도 연수 때의 경험이 있었기에 적응이 가능했다.

회사에는 여러 동아리가 있었는데 '산악회'는 회장이 가입한 유일한 동아리였다. 그러니 모두가 산악회 행사에 참여한다. 한동안 토요일마다 사실상 전체 직원 등산이 일상화되자 사내 게시판에 불만이 가끔 등장했다. 사장은 '미안하다'면서 그때부터 정기적으로 6개월에 한 번씩 금요일 야간 산행을 실시한다. 이날만큼은 무려 1시간이나 일찍 일을 끝내도 된다.

금요일 5시에 회사 앞에서 전세버스를 타고 출발해 버스 안에서 도시락으로 저녁을 먹고 8시부터 산행을 시작한다. 토요일 새벽쯤 하산해서 해장국으로 식사를 한 후 점심 때쯤 서울에 도착하는 일정이다. 물론 저녁까지 집에 갈 수 없고, 남자들은 밤까지 뒤풀이가 이어진다. 무성 씨처럼 신입사원은 절대 빠져선 안 된다. 밤늦게 집으로 오면 다음 날은 시체처럼 잔다. 토요일 산행에 불만을 제기했다가 금요일과 일요일도 뺏긴 셈이다. 상황은 더 악랄해졌지만 직원들은 사장의 의중을 '이제야 알겠다'면서 그 이후로 누구도 불만을 제기하지 않았다.

이런 것도 잘 견뎌내는 사람들이 모인 곳에서의 회사생활은 당연히 이상했다. 사원들이 충성을 맹세한 만큼 일은 많았고 모두의 퇴근은 늦었다. '늦었다고' 또 술자리는 빈번했다. 첫 출근을 하고 무성 씨는 1주일간 집에 들어가지 못했다. 새벽 1시까지 일을 한 다음 4시까지 술을 마셨고 잠은 회사 앞 사우나에서 해결했다. 모두가 그렇게 했다. 새벽 4시라도 집에 가서 자길 원하자 바로 윗 선배는 "장난해?"라는 말만 했다. 사우나에서도 신입들은 할 일이 있다. 매점에서 '여명 808'을 사서 과장이 옷을 벗기 전에 대령한다. 엄청나게 코를 골면서 잠자는 상사가 뒤척거리면 얼른 냉수를 줘야 하니 그 옆에서 쪽잠을 잔다.

아침에 상사가 일어나면 신입사원의 루틴은 정해져 있다. 먼저 시원한 꿀물 음료를 상사가 보는 데서 뚜껑을 따면서 정중히 건넨다. 다 마실 때까지 기다린 후, 빈병은 치약을 묻힌 칫솔과 교환한다. 욕탕에는 상사가 들어갈 때만 함께 들어가야 하고 상사가 나올 때 적당한 간격으로 따라 나온다. 상사가 몸에 비누칠하고 있는데 신입이 온탕에서 도 닦고 있으면 큰일 난다. 과장이 발가벗은 채로 드라이를 하고 면봉을 귀에 쑤셔 넣으면 신입도 함께 나체로 마무리를 해야 한다. 그리고 '황태콩나물 해장국'을 먹으러 간다. 한 숟갈도 뜨기 싫어 멀뚱히 있는 무성 씨에게 과장은 "사내자식이 음식 앞에서 왜 그러냐. 밥맛 떨어지게"라면서 독설을 마다치 않는다. 살면서 아침을 먹은 적이 손에 꼽을 정도였던 무성 씨는 억지로 숟가락을 든다. 편하지 않은 식사가 절대 든든할 리 없다.

그런데 이 정도는 굉장히 모범적인 '철야'였다. 상사들은 술이 몇 잔 돌면 '대동단결'하자면서 성매매를 틈만 나면 권했다. 기혼자들이자 부모들이었지만 티끌만큼의 머뭇거림도 없었다. 놀라운 것은 사장님이 다들 기분 한 번 내라면서 현금을 친히 주셨다는 것이다. 상사는 "우리 사장님이 센스가 있다니까!"라면서 자신이 이 협상을 이끌어냈음을 수차례 강조한다. 머뭇거리는 무성 씨에게는 카드결제가 아니니까 흔적 하나 남지 않는다면서 '걱정 말라'는 말만 반복한다. 이들에게 성매매는 고단한 일상에 활력을 심어주는 윤활유다. 혹자는 이런 일탈을 저지르는 미안함 때문에 가정에 더 잘하는 것 같다는 궤변을 늘어놓는다. 의견이 대충 모아지면 "지난 번 걔는 괜찮았어요?"라면서 품평회가 이어진다.

무성 씨는 처음에는 단호하게 거절했다. 그다음에는 쭈뼛쭈뼛 거절했다. 의사를 밝히면 강요하지는 않는다. 하지만 '무덤까지 입 다물 일'에 동참하지 않은 이가 다음 날부터 겪는 소외감은 엄청나다. 오전회의의 상당부분을 차지하는 음담패설에 끼지 못하니 꿀 먹은 벙어리처럼 있을 뿐이다. 그 사이 다른 이들은 형님-동생 사이가 되어 더 친밀해지고 무성 씨와의 거리감은 커진다.

일탈을 즐겼던 멤버들끼리는 주말에도 뭉친다. 등산, 낚시 등을 끼리끼리 하고 더 친해지면 골프 모임을 동반한다. 그렇게 회사 내에서 '줄'이 형성된다. 교통정리가 끝나면 권력이 낮은 자는 출장을 다녀오면서 반드시 양주를 '줄'에게 선물하고, 권력이 높은 자는 인사평가에서 반드시 '줄'에게 보은한다. 이 '줄'이 얼마나 대단하냐면 나중에 퇴직을 해서 OB모임을 가질 때도 기존의 상하관계가 고스란히 연장된다. 대단한 의리다.

왕따가 된 무성 씨는 아버지에게 회사의 민낯을 말하고 퇴사하는 편이 어떤지를 여쭤봤다. 1년 정도 죽어라 공부해서 공무원 되는 것이 생애 전체에 받는 '스트레스 총량'을 훨씬 줄일 수 있다는 현실적인 제안도 곁들였다. 하지만 아버지는 노발대발이다. "사내자식이 그런 거 하나 못 견디면서 무슨 회사 생활을 하겠다는 거냐!"면서 황태해장국 좀 안 먹는다고 혀를 쯧쯧 찼던 과장과 비슷한 말을 했다. 결론적으로 아버지의 이 역정 때문에 무성 씨는 공무원이 되기로 결심한다. 텔레비전 뉴스에 등장하는 각종 비리사건을 보면서 허구한 날 "사회에 정의가 바로 서야지!"를 내뱉으면서 실제로는 '힘 있는 자가 정의'임을 부인하지 않는 아버지처럼 되기 싫었기 때문이다.

무성 씨는 자라면서 부당한 일에 맞서는 것이 남자라는 아버지 말을 수천 번 들었다. 아버지는 자신이 '정의롭기에' 늘 피해자였고 그럼에도 '성실했음'을 강조했다. 이는 '밖에서 고생하시는 우리 아버지'라는 사회적 상像에 부합했고 이를 바탕으로 아버지는 가족들에게서 권위를 인정받았다. 무성 씨는 그렇게 살기 싫었다. 아버지의 정의로움은 조직 다수의 생각일 뿐이었다. 그가 말하는 성실함은 권력이 시킨다면 군말 않고 따르는 굴종이다. 단지 일이 많다는 것은 참을 수 있다. 하지만 아닌 것은 아닌 것이다. 다음 날 무성 씨는 사표를 냈다. 회사 내에서는 별로 놀라워하지도 않는 분위기다.

문제는 공무원 사회도 도긴개긴

무성 씨는 6개월 만에 9급 공무원에 합격했다. 나와 다시 만났을 때는 '공무원 생활'을 1년 정도 이미 하고 있을 때였다. 그는 계면쩍은 웃음을 보였다. 왜 그러냐고 물으니, 전에 날 만났을 때는 '강압적'이고 게다가 '비상식적인' 직장 생활에 분노가 치밀어 공무원이 되겠다고 했는데 돌이켜보니 그렇게 길들여진 '자신의 남성스러움' 덕택에 합격도 했고 현재 부서의 신입 공무원 중 자신이 제일 잘 적응하고 있는 중이라 했다. 회사 생활은 군대 생활이랑 똑같았는데 공무원 생활은 그런 회사 생활과 비슷했고, 수위만 약간 낮을 뿐이니 오히려 마음이 편안하다나 뭐라나. 무성 씨는 '그런 회사 생활 덕택에' 지금 자신이 있는 것 같다면서 씁쓸하게 웃었다.

무성 씨가 말해주는 면접 에피소드는 한국식 남성문화가 매우 강한 조직을 경험한 이가 왜 시험에서 유리한지를 대변한다. 면접의 신 ○○○ 교수가 집필했다는 《면접의 기술》이라는 13,000원짜리 교재 149쪽에는 '직원들이 회식 때 노래방에 가서 도우미를 부르려고 하는데 어떻게 할 것인가?'라는 질문에 대한 모범 답안을 이렇게 제시한다.

"우선 저는 그 조직의 막내로서 제가 바로 제지는 할 수 없겠지만 제 위의 바로 선임 선배님에게 조언을 구할 것 같습니다. '이러면 안 되

는 거 아닙니까, 제가 볼 땐 이건 맞지 않는 것 같습니다'라고 말씀을
드리고 그래도 부르는 상황이라면 분위기를 제가 주도하며 선배님들
의 흥을 돋우며 신나는 분위기를 만들어 놓고 최대한 부르지 않게끔
할 것 같습니다."

이 예상문제를 보고 무성 씨는 '아, 그냥 내가 해왔던 것에서 약간
만 고민하는 모습을 보여주면 되겠구나'라고 생각했다. 만약 (그럴
리 거의 없지만) 면접관 중 누군가가 "그러면 안 되는 것이 일반적 상
식임에도 적극적으로 말리지 않는 이유가 무엇인가?"라는 심화(?)
질문을 던진다면 무성 씨는 자신의 변별력을 확실히 보여줄 수 있었
다. 그는 사회생활이 없는 대다수의 면접자들에 비해 훨씬 구체적으
로 '조직'을 잘 이해하는 자였고 이는 공무원이 되는 데 득이면 득이
지 나쁠 것 하나 없는 요소다. 그래서 "식당에서 직원들이 짜장 3,
짬뽕 2가 나왔는데 무조건 통일해서 주문해야 하는 경우라면 리더로
서 어떻게 하겠는가?(《면접의 기술》, 159쪽)"와 같은 또 다른 황당 예
상문제에도 무성 씨는 자신의 경험을 십분 발휘해 예상 답안을 단번
에 이해한다.

"제가 리더라면 다수가 원하는 짜장을 택하겠습니다. 우선, 정말 먹
고픈지, 양보 의사 등을 물어보고 의견이 좁혀지지 않는다면 짜장을
택하겠습니다. 그러나 짬뽕이 서운해하지 않게 다음 번 식사에는 짬
뽕을 택한 자에게 음식 메뉴 우선권을 주도록 할 것입니다."

독자들은 이런 걸 묻는 게 공무원 면접시험이라는 점, 그리고 이 모범 답안을 '말하는 연습'을 무려 돈을 주고 학원을 다니면서 준비하는 세태에 흥분하겠지만 공무원 시험은 원래 이런 걸 물었다. 이렇게 되겠다는 사람이 상상을 초월할 정도로 많아진 게 문제다.

그러고 보니 공무원 조직이 '군대스럽지' 않다는 어떤 보고도 없다. 회사나 공무원이나 도긴개긴이다. 아니, 공무원 사회의 경직된 관료주의는 일반 기업에 비해 희석되는 속도가 훨씬 느리다. 참으면 정년이 보장되는 곳과 참아도 인생이 어떻게 될지 모르는 곳의 '참는 자의 비율'이 다름은 당연한 것 아니겠는가. 조직에 결점이 있다는 신호가 울리지 않으니 '원래대로' 잘(?) 굴러간다. 그나마 나았던 것은 기업처럼 성과에 목숨을 거는 시스템이 아니었기에 선을 넘는 행동을 하는 개인이 적었을 뿐이다. 일찍 퇴근하는 상사 덕택에 '저녁이 있는 삶'을 누리는 개인은 분노 조절도 나름 잘 할 수 있기 때문이다.

하지만 최근에는 공무원 사회도 '기업처럼' 운영되고 있다. 퇴출의 근거를 마련할 수 있는 성과연봉제로 전환하려는 움직임이 (비록 논쟁적이지만) 등장했다는 것만으로도 변화의 물결을 감지할 수 있다. 신입 공무원에게 군부대 입소 병영 체험을 시키는 경우도 늘어났다. 체질개선이라는 허울 아래 이루어지는 여러 일들이 실상은 '더 높은 생산성을 효율적으로 확보하기 위한' (다른 말로 적은 인원으로 많이 일하는 것) 것이다. 이런 압박은 사람과의 관계에서 지켜야 하는 선을 넘는 일탈자를 양산할 수밖에 없다. 그러니 절이 싫어 떠난 중이 찾은 다른 절도 실상은 별반 다르지 않다.

가정이라는 감옥,
회사라는 유리천장

그동안 많은 여자들은 자꾸 여자를 가르치려 드는

남자들과의 싸움에서 짓밟혔다.

_ *리베카 솔닛*[15]

첫 번째 여자 이야기: 경력 단절 10년, 선택지는 하나

학창 시절 공부도 잘하고

특별 활동에도 뛰어나던 그녀

여학교를 졸업하고 대학 입시에도 무난히

합격했는데 지금은 어디로 갔는가

감자국을 끓이고 있을까 (중략)

퇴근한 남편이 그 감자국을 15분 동안 맛있게

먹어치우는 것을 행복하게 바라보고 있을까

설거지를 끝내고 아이들 숙제를 봐주고 있을까 (중략)

다행히 취직해 큰 사무실 한켠에

의자를 두고 친절하게 전화를 받고

가끔 찻잔을 나르겠지 (중략)

그 많던 여학생들은 어디로 갔을까

저 높은 빌딩의 숲, 국회의원도 장관도 의사도

교수도 사업가도 회사원도 되지 못하고

개밥의 도토리처럼 이리저리 밀쳐져서

아직도 생것으로 굴러다닐까

크고 넓은 세상에 끼지 못하고

부엌과 안방에 갇혀 있을까

그 많던 여학생들은 어디로 갔는가

_ 문정희, 〈그 많던 여학생들은 어디로 갔는가〉 중에서[16]

하루 4시간씩 노량진 학원에서 강의를 듣는 이경원 씨가 정확히 이러했다. 이화여대를 우수한 성적으로 졸업하고 7년간 중견기업의 홍보팀에서 일했던 그녀는 '남편이 퇴근 후 먹을 국'을 매일 메뉴가 다르게 끓여야 했기에 일을 그만둬야만 했다. 그리고 이후 7년간 경원 씨의 직업은 전업주부였다. 결혼을 하고 출산 전까지는 그래도 일을 계속했다. 하지만 남편은 '돈을 함께 벌어야 할' 상황은 이해하면서도 그것이 자신이 생각했던 '결혼생활'을 깨는 원인임을 못마땅해했다. 맞벌이를 하니 자신의 어머니가 평생 해주셨던 아침밥도 건너

뛰기 일쑤였고 저녁 반찬에 '국'이 없는 놀라운 일도 경험했다. 누가 밥을 차려주지 않으면 제때 밥도 못 먹는 남편은 아내를 설득했다. 자신이 더 열심히 벌 터이니 '전업주부'가 되어 달라고.

처음에는 씨도 먹히지 않는 소리였지만 경원 씨가 출산을 하게 되자 모든 상황은 급변했다. 일을 그만두지 않을 수가 없었다. 경원 씨가 7년간 열심히 일했던 회사를 그만둔 날, 철부지 남편은 "이제 집에서 국을 먹는구나!"라면서 좋아했다. 시어머니는 '우리 아들'은 같은 국을 연속으로 먹지 못한다고 신신당부했다. 국을 1인분만 끓이는 것도 아닌데, 어떻게 매번 그렇게 하느냐고 따져보았지만 시어머니는 "남은 건 다음 날 아침, 점심 때 네가 먹으면 되잖아? 뭐가 문제야?"라는 말을 조언이랍시고 했다. 경원 씨는 같은 여자가 저런 말을 하니 더 슬펐다.

그렇게 7년이 지났다. 오늘도 경원 씨는 '이럴려고 사는 게 아닌데, 국 끓이려고 그렇게 공부한 게 아닌데'라는 푸념을 가지지만 그런 속도 모르는 남편은 아직도 "자기가 끓이는 국은 정말 최고야. 나는 이거 매일 안 먹으면 못 살아. 내가 밖에서 일하는 원천이야"라는 말을 감사 인사라고 한다. 남편의 말은 하나도 고맙지 않다.

결혼 이후 경원 씨의 삶은 자신이 지금껏 살면서 쌓아온 경력과의 단절이었다. 《빨래하는 페미니즘》(민음사, 2014)의 저자 스테퍼니 스탈Stephanie Staal의 표현을 빌리자면 "과거와의 연결고리들이 하나둘씩 끊어져감에 따라 나 자신도 멀리 사라지는 기분이 들었다."[17]

이렇게 살 수는 없어서 첫째 아이가 어린이집에 갈 만한 나이가 되면서부터 경원 씨는 다시 일을 하고자 했다. 일 자체도 중요했고 빠듯한 살림도 문제였다. 직원이 총 세 명인 출판사를 운영하는 남편의 소득을 알뜰히 모아도 2년마다 천정부지로 오르는 전세금을 충당하기도 어려웠다. 앞으로 들어갈 사교육비는 또 어찌한단 말인가. 남편은 '국을 끓여주는 조건'이라는 괴상한 협상안을 제시했다. 차질 없겠다는 선언을 한 후, 경원 씨는 일자리를 찾기 시작했다.

하지만 선택지는 확연하게 줄어 있었다. 아이를 어린이집에서 데려와야 하는 시간 전에 끝날 직업을 찾는 건 어려웠다. 오후 2시에 마쳐달라는 것도 아니고 이동 시간 감안해서 늦어도 6시 30분에는 일을 마쳐야만 했다. 그래야만 어린이집이 문 닫는 7시 30분까지 도착할 수 있다(네 살짜리를 이렇게 늦게까지 맡기는 경우는 굉장히 드물다). 하지만 일자리는 임시, 파트, 촉탁, 파견직이[18] 대부분이었고 그런 곳일수록 정해진 퇴근 시간은 의미가 없었다.

한국 기업들은 여자들에 대한 통계적 차별에 익숙했다. 통계적 차별이란 여성이 남자에 비해 근속도 짧고 이직 가능성이 높으니 '이를 미리 예상하고' 정규직으로 고용하지 않는 풍토를 말한다.[19] 그렇게 허드렛일만 시키니 실제 근속이 짧을 수밖에 없는 악순환이 이어진다. 다른 사람들은 어떻게 살고 있나 살펴보니 1인 사업자 인생을 선택한 사람들이 꽤 있었다. 이들은 학습지 교사나 보험 영업을 했다. 그래서 경원 씨도 그런 일들을 해봤다. 하지만 어린이집 끝날 시간을 맞추지 못하는 것은 물론이고 남편 국을 끓일 수 없는 것도 당연했다. 일을 하게 되었다고 남편의 배려가 있을 리도 없다.

통계청과 여성가족부가 발표한 '2015 일·가정 양립지표'에 따르면 맞벌이하는 가구의 남자 가사 노동시간은 평균 40분, 여자는 3시간 14분이었다.[20] 한국에서 "취업 여성은 여전히 주부다."[21] 아내가 일을 해도 남편이 집안일을 도와주지 않으니 시어머니 등 집안 어르신의 도움이 필요해진다. 이때부터 배보다 배꼽이 더 커지게 되는 상황이 발생하기에 경원 씨는 괴롭다. 힘들게 번 돈을 어른들 인건비로 지출하는 것만이 아니라 늘 집안 어른의 눈치를 보는 곤욕의 일상화가 문제였다. 일을 잠시 쉬었던 사람이 다시 일을 했을 뿐인데, '주부가 일한다는' 이유로 집안은 시끄러워졌다. 집에서 발생하는 모든 문제의 원인은 경원 씨의 새로운 선택 때문인 것으로 귀결되었다. 따지고 보면 잘못한 건 하나도 없지만, 따져 봤자 소용없는 걸 누구보다 잘 알기에 경원 씨는 다른 일을 찾았다.

경원 씨는 어떤 경우에도 야근이 없다는 일을 발견했다. 쇼핑업체의 텔레마케터였다. 고객 상담을 6시까지만 하기 때문에 5시 59분까지 걸려온 전화만 해결하면 바로 퇴근이 가능했다. 감정노동이야 각오한 것이라 별 문제 아니었지만 문제는 '중소기업에 일하는 여자 비정규직'의 열악한 대우였다. 한국사회에서 비정규직 여성은 정규직 여성의 53.1퍼센트 수준, 정규직 남성의 34.7퍼센트 수준의 급여를 받는다.[22] 첫 달, 경원 씨는 약 139만 원을 받았다. 최저임금 금액보단 높으니 만족해야 하나? 이 금액엔 식비도 포함되어 있다. 미칠 노릇이다. 일을 하긴 해야 하는데 도무지 수지가 맞지 않는다. 시간 투자 대비 소득은 쥐꼬리고 오히려 집안일을 할 시간만 뺏으니 일상에 과부하가 걸릴 수밖에 없다.

여기서 포기하고 '가정에 충실하기로 결심한' 사람은 남편 국이나 끓이면서 만족을 찾을까? 아니다. 경력단절의 분노는 십중팔구 자녀교육에 대한 과잉집착으로 이어진다. 마치 직장인처럼 아이의 교육 스케줄을 관리하면서 일터에서 발휘하지 못한 자신의 역량을 엉뚱한 곳에 쏟는다. 자녀가 가는 대학 이름에 따라 경력 단절의 서러움이 어느 정도 상쇄된다고 믿기 때문일까? 경원 씨는 그렇게 살기 싫었다. 그래서 방법을 찾았다. 자신이 여자이기에 받는 회사 내 경제적 부당함을 줄이고 어쩔 수 없이 해야 하는 '집안일'을 할 시간을 최대한 확보해줄 직업을 고민했다. 시간제 공무원. 이게 유일한 해법이었다.

시간제 공무원은 경원 씨의 일과 삶을 조화롭게 할 유일한 대안이다. 소득은 절반이지만 노동시간에 대한 공정한 보상일 뿐이며 시간제라는 특성상 예기치 않은 배꼽이 등장할 이유가 없다는 것은 최고의 이점이었다. 게다가 신분은 비정규직, 파견직, 계약직 등의 이름으로 설명될 필요도 없다. 명백한 공무원 신분이다. 연금 혜택도 있다. 문제는 원한다고 해서 당장 내일부터 출근할 수는 없다는 사실이다. 경원 씨는 남편을 설득했다. 시험기간까지는 8개월, 그동안만 출근길에 아이를 어린이집에 맡겨 달라고 했다. '어제와 다른' 국도 준비해놓고 나갈 것이니 걱정 말라고 했다. 남편은 "딱 8개월 만이야"라면서 마지못해 수긍한다.

그날 이후 경원 씨는 새벽 4시에 일어난다. 아침밥을 차려놓고 5시에 버스를 타고 노량진으로 향한다. 6시에 학원에 도착해 오전 9시까지 공부하고 낮 1시까지 수업을 들은 후 오후 3시까지 또 공부한다. 식사는 시간을 아끼고자 집에서 들고 온 고구마나 검은콩으로 대체한다. 그리고 어린이집에 들러 아이를 데리고 온다. 집에 오면 남편의 아침식사 그릇을 씻고 저녁식사를 '아침과 다른 반찬과 국'으로 준비한다. 원래 이 정도까지 잘해주진 않지만 그러지 않으면 괜히 트집잡힐 것 같아서 경원 씨는 더 열심히 요리한다. 저녁에 아이와 놀아주는 것도 잊지 않는다. 아침시간 외에는 남편에게 빚지고 있다는 생각이 들어서는 안 된다고 생각하고 가사노동을 더 열심히 한다. 조금만 틈이 보이면 시어머니가 등장할 수 있는데 그럴 경우 공부 리듬이 다 깨질 불상사가 있을 건 불 보듯 눈에 선하다. 그러기 전에 미리 예방해야 한다. 경원 씨는 아이가 잠을 자고 나면 인터넷 강의 위주로 다시 3시간 정도를 공부한다. 일반적 수험생에 비하면 턱없이 부족한 하루 공부량이지만 절실함 덕택에 집중력은 놀라울 정도다. 다음 날 아침, 경원 씨는 남편의 아침식사를 준비한 후 다시 버스에 오른다. 굉장히 힘든 하루의 시작이지만 버스에서 느끼는 새벽 공기가 자유를 향한 향기처럼 느껴진다. 경원 씨는 이상하리만큼 기분이 너무 좋다.

두 번째 여자 이야기: 남자들의 꽃이 되기 싫어서

선미는 은행에 갈 때마다 의아했다. 남자 직원들은 그냥 자기 정장 입고 근무를 하는데 여자 직원들은 알록달록한 유니폼을 입고 있는 것이 신기했고 불편했다. 하루는 창구에서 슬쩍 물었다. "왜 여기선 여자들만 그런 유니폼을 입어요? 그거 차별 아닌가요?" 하지만 여직원의 대답은 충격적이었다. "예? 그게 무슨……. 아! 고객님 말씀 듣고 보니 그렇네요. 여태껏 한 번도 이게 이상하다고 생각해본 적이 없어서요." 선미는 웃으면서 "회사에 한 번 문제 제기해보세요"
라고 하니 직원은 깜짝 놀라며 말을 이었다. "어휴, 그냥 가늘고 길
게 살고 싶어요. 그런 불만 말했다간 당장 잘려요."

선미는 왜 공무원이 되려는지를 묻는 내게 생뚱맞게도 은행에서
의 에피소드를 이야기했다. 장난으로 하는 이야기겠지 했는데 그녀
는 진지하게 되물었다. "무슨 일을 하는 것도 중요하지만 옷 때문에
매일 스트레스를 받을 수 없다고 생각했어요. 이를 충족하면서 한국
에서 그나마 무시 안 당하는 일이 과연 무엇이 있었을까요?" 그게
무슨 공무원이 되는 이유냐고 반문할 사람이 많을 것이다. 하지만
선미의 생각에 공감하는 공시족들이 정말로 많다.

선미는 어릴 때부터 '여자가 왜 옷을 이렇게 입어'라는 말을 너무
많이 들었고, 그 소리가 싫었다. 그러다가 일종의 오기가 발동해 사
람들이 말하는 '여자다운 옷'을 잘 입지 않았다. 은행에서 여자에게
만 (자신의 눈에는) 이상하게 보이는 다소곳한―그러나 남자와 달리
입은 채로 출퇴근이 불가능한―옷을 입히는 것이 싫었던 이유도 이
때문이다. 청바지에 티셔츠 몇 벌로 대학 4년을 보내면서 그녀가 걱
정한 것은 '취업할 수 있을까'가 아니었다. 광화문을 지나다니면서
보게 되는 '여자 회사원'을 보면서 선미는 자신이 저런 옷을 입고 직
장생활을 해야만 한다면 '꿈을 이뤄가는 미래'보단 '악몽을 피하는
현재'를 찾는 것이 나아보였다.

단순히 '유니폼'을 문제 삼는 건 아니었다. 남성, 여성으로 드레스
코드가 구분되기 때문만도 아니었다. 은행에서 남자들도 '정장'이
라는 유니폼을 입지 않는가. 선미가 짜증스러워 한 건 여자들이 남

자에 비해 백만 배는 '섹시하게' 옷을 입어야 하는 불문율에 적응한다는 사실이다. 옷은 잘록한 허리를 과도하게 과시했고 여자들은 옷에 맞추어 허리를 그렇게 잘록하게 만들었다. 연예인이 아니고 회사원이 분명해 보이는 여자들이지만 '평범한 걸음'을 위해서는 배에다 힘을 잔뜩 주어야만 한다. 상의는 가슴 볼륨을 전혀 숨기지 않았고 단추 사이의 간격으로는 속옷과 속살이 은근히 보이게끔 하는 걸 패션이라 했다. 엉덩이의 굴곡을 놓치지 않는 치마와 힙업을 절로 만드는 하이힐은 필수다. 그런 여성이 한 명이라면 개성이겠지만 그렇지 않으니 '섹시한 옷'이 사실상 유니폼이었다. 신기한 것은 이 불편한 옷을 입은 사람들일수록 당당한 표정을 잃지 않았다. 직장인의 당당함이 그런 외모에서 올 리는 없겠으나 이건 이론일 뿐, 현실은 후자가 전자를 보장했다.

선미가 이렇게 까칠한 생각을 갖는 건 많은 이들을 주눅 들게끔 하는 저런 복장을 입은 여성들이 정작 일터에서는 저토록 당당할 수 있을까 하는 의문 때문이었다. 사회학을 전공하고 여성문제에 관심이 많은 선미는 대한민국의 여성들이 어떤 대우를 받으면서 살고 있는지를 잘 안다. 그렇다면 저건 무엇인가? 생존 수단일 뿐이다. 아름다워지고 싶어 하는 개인의 욕망도, 개성도 아닌 단지 남자들로 이루어진 조직 안에서 살아남기 위한 발버둥에 불과하다. 그래서 '남자에게 호감을 주는' 여자가 되어야 한다. 아울러 이 조직에 적응하게 되면 이런 여자가 여자들 사이에서도 롤모델이다. 굴지의 대기업에서도 이런 일은 비일비재다.

사내에는 '건강한' 여자 선배가 없었다. 일을 잘하더라도 승진에서 열외가 되는가 하면, 아첨을 늘어놓는 이들만 살아남았다. 한 부서에 여직원이라는 '꽃'은 하나여야만 했다. 꽃은 꽃끼리 맞교환되는 식이었다. 여직원은 결혼을 안 해야만 환영받았다. "너 5년 내에 결혼할 생각 있니?"따위 질문이 아무렇지 않게 오갔다. 결혼하면 현장으로 가야 한다. 그런데도 여성 최장 근속연수 우수 대기업으로 손꼽히곤 했다.[23]

그 당당한 여성들이 조직 안에서는 이런 존재다. 선미가 길거리에서 본 사람들은 '꽃'이다. 하지만 이는 건강한 꽃이 아니다. 차별에 수긍한 꽃이고 유리천장 아래에서만 자유를 허락받은 꽃이다. 《감정노동》(이매진, 2009)이란 책으로도 유명한 사회학자 앨리 러셀 훅실드Arlie Russell Hochschild는 커리어 우먼처럼 "머리칼을 휘날리는 여자의 이미지에 들어 있는 것은 다른 조건이 별로 바뀌지 않은 상태에서 홀로 변화한 여자의 모습일 뿐"[24]이라 했다. 심하게 말하면 짐승들이 득실거리는 소굴에서 살아남기 위해 짐승이 원하는 대로 살고 있을 뿐이다. 아무리 여자라도 자기가 하기 나름이라고? 억지로 유리천장 뚫은 사람 찾아봤자 소용없다. 여상을 졸업하고 삼성전자 임원인 상무까지 오른 양향자 씨가 '더불어민주당'에 영입되면서 밝힌 정치 출사표를 보자.

"학력·성별·출신의 유리천장을 깨기 위해 모든 것을 다 바쳐 노력했지만 '나처럼 노력하면 된다'고 말하고 싶지 않다. 열심히 살면 정당한 대가와 성공을 보장받을 수 있는 사회를 만들어야 한다. 우리 사회가 직장 여성에게 던지는 메시지는 '독해지거나 하나를 포기하라'는 것뿐이었다. 출산이 출세를 막고, 육아가 경력단절로 이어지는 구조를 바꿀 책임이 정치에 있다."[25]

사회학자 신경아는 "성별직무분리는 흔히 '유리벽', '유리천장'이라고 불려왔지만 많은 한국기업에서는 굳이 '유리'라는 수식어를 붙일 필요가 없을 정도로 명확하다"[26]고 했다. 마초 성격의 남자가 즐비한 곳에서 여자들은 어떻게 적응해야만 할까?《우리 시대 노동의 생애》(앨피, 2012)의 저자 조계완에 따르면 한국사회에서 여성 직장인이 사는 방식은 '사무실의 주부office wife'가 되어 조직 내 정서적·심리적 여성스러움을 도맡아 하든지 아니면 '초강력 울트라 슈퍼우먼'이 되어 남자들처럼 승진하는 길뿐이다.[27] 이를 악문다고 승진이 보장되지도 않는다. 일터에서 여자는 남자와 동일노동을 하면서도 동일임금을 받지 못하기도 하고 남자와 동일임금을 받고도 동일노동을 할 수 없을 때도 있다. 여성학자 이성은은《섹슈얼리티는 정치학이다》(서해문집, 2014)에서 국회의원 보좌관의 삶을 관찰했는데 동일직급에 선발된 사람일지라도 여자는 남자와 다른 일을 하는 경우는 허다했다. 회의를 할 때면 전화 대기하라고 여자는 배제되고, 기껏 전화를 받으면 상대는 남자 직원을 바꾸라고 난리다.

"여자 비서의 업무는 참 제한적이에요. 난 대졸자인데도 커피 타고 전화 받는 허드렛일만 하고, 나랑 똑같이 대학 졸업한 남자 비서들은 정책 만드는 일을 해요."

"우리가 하는 일의 질은 남자 비서들하고는 아주 달라요. 나 역시 대학을 졸업했고 뭐든 할 수 있는데, 난 보고서 쓰는 일엔 얼씬도 할 수 없고, 의원실 운영을 위한 행정 일, 허드렛일만 하라고 해요."[28]

여성 직장인들의 과감한 복장과 당당한 걸음걸이가 무색하게, 아니 정확히는 그런 현상이 암시하듯이 한국사회의 성 불평등은 일상적이다. 남녀의 임금 차이는 크고 국회의원 중 여성의 비율은 20퍼센트도 되지 않으며, 전체 CEO 중 여성은 1퍼센트도 되지 않는다. 그러니 여자가 임원이 되면 그게 뉴스거리가 되고 정치권의 관심을 한 몸에 받는다.

선미가 공무원을 선택한 이면에는 '남녀고용평등법'이 1987년에나 제정된 한국사회의 어두움이 있다. 결혼을 이유로 여성 노동자를 해고해도 (조선시대도 아니고 88 서울 올림픽 직전이었던) 1987년 이전까지는 별 문제도 아니었던 사회라는 건, 현재 이 법의 효용성이 그만큼 낮다는 것을 역설적으로 증명한다. 그 이전까지 수십 년간 '문화'라는 이름으로 둔갑해 존재했던 성별불평등의 당연성은 법 하나 생겼다고 홀연히 사라지지 않는다. 여전히 견고하기에 법에 아랑곳하지 않는 '고용주'를 만들어낸다. 물론 앞으로 좋아지겠지만 그 '완곡한 나아짐'이 선미의 '오늘 희생'을 정당화할 순 없다.

1980년대 초에는 경제활동이 가능한 여성들 중 40퍼센트만이 일을 했는데 지금은 49퍼센트 수준이다. 이는 상황이 나아지긴 했지만, 여전히 결혼과 출산을 이유로 일터에서 자연스레 배제되는 여성이 수두룩하다는 말이다. 특히 과거보다 훨씬 많이 공부했고 그래서 놓치기 싫은 기회를 겨우 얻은 자에겐 이런 차별은 '상식 밖'의 부당함일 뿐이다. 아이의 지혜로운 엄마가 되어, 남편을 내조하는 어진 아내가 되어, 이런 불평등을 상쇄할 시대는 진작 끝났어야 했다.

하지만 한국사회는 '여전히' 불평등하다. 그래서 선미는 취업을 한들 앞으로 경력이 단절될 확률이 높고, 이게 싫으면 사무실의 꽃이라는 이상한 섹시우먼이 되어 외모와 행동거지 하나에도 강박을 가지며 '버티고' 살아야 한다. 제때 승진이라도 하려면 '슈퍼 울트라 여성'이 되는 위험도 감수해야 한다. 사회가 비정상적이고 이것이 전혀 해결되고 있지 않으니 여자들은 별의별 짓들을 해야 한다. 선미에게 9급 공무원은 정말로 정의로운 직업이 아닐 수 없다.

오십 살이 넘어
공무원 시험에 도전하다

인간의 삶은 한 치 앞도 내다볼 수 없게 되었다.

예측 가능하고 지속 가능한 삶이라는 말은 헛소리일 뿐이다.

_ 엄기호[29]

베이비부머 세대, 이들의 굴곡진 삶

만 53세 이종인 씨. 그의 하루는 6시 40분쯤 집을 나서는 것으로 시작된다. 집 근처 도서관 열람실 오픈 시간인 7시까지 가기 위해서다. 그곳에서 그는 9급 공무원 시험을 준비한다. 대학 82학번인 그는 이런 식, 그러니까 책의 내용들을 모조리 암기하는 것 외에는 다른 방도가 없는 공부를 한 적이 최근 30년간 없었다. 지천명의 나이를 넘어서 수험서에 형광펜을 그어가며, 연습장에 반복, 또 반복하며 무엇을 적어가는 자신의 모습이 서글프기도 부끄럽기도 하다. 그러나 고개만 돌려보면 같은 길을 걷는 동년배가 군데군데 보인다. 안심과 긴장이 교차한다. 오전에는 그렇게 외우기를 반복한다.

집에서 챙긴 잼을 바른 식빵으로 가볍게 점심식사를 한 후에는 오전에 일찌감치 예약해둔 디지털자료실 10번 컴퓨터 앞에 앉는다. 구석진 자리라는 이점도 있지만 24개의 컴퓨터 중 상태가 제일 좋아서다. 종인 씨는 디지털 키즈가 아니라서 그런지 컴퓨터의 사소한 문제도 해결하기가 버거워 직원을 부른 적이 한두 번이 아니었다. 그때마다 화면에 띄어진 인터넷 강의 화면을 직원이 보는 것이 왜 그리 민망했는지 모르겠다.

컴퓨터는 2시간 기본 사용에 1회 연장이 가능하여 총 4시간을 쓸수 있다. 종인 씨는 오후 내내 인터넷 강의를 듣는다. 그리고 도서관 매점에서 라면과 삼각김밥으로 요기를 한 후 다시 열람실에 자리를 잡고 밤 10시까지 공부한다. 이렇게 산 지 4개월 정도가 지났다. 처음에는 노량진에 가서 한 달 정도 학원 강의를 듣기도 했지만 본인 표현을 그대로 옮기자면 "젊은이들 모습만 봐도 나까지 우울증 걸릴 듯해서" 인터넷 강의를 듣기 시작했다.

시간을 정확히 4년 전으로 돌려보자. 종인 씨는 중소기업의 임원이었다. 재벌회사는 아니었지만 나름 이름 있는 속옷 브랜드를 보유하고 있는 의류회사였다. 종인 씨는 9천만 원의 연봉을 받았고 회사에서 제공되는 고급 승용차를 몰고 다녔다. 평사원으로 입사한 지 25년 만에 임원이 된 그는 동기들 중 승진도 가장 빨랐다.

하지만 영원할 것 같았던 화려한 임원 생활은 단칼에 끝나버렸다. 오너의 딸이 고작 39세의 나이로 경영권을 물려받더니 회사 직원들이 물갈이되었다. 종인 씨는 고작 오십을 약간 넘긴 나이였고 임원 배지를 단 지도 몇 개월 되지 않았지만 오너에 비해 지나치게 나이가 많은 것을 회사는 문제 삼았다. 회사는 임원 전 받던 수당의 50퍼센트를 받는 임금피크제 형태를 제안하면서 수락하면 고용을 유지해줄 수 있다고 했다. 이는 '스스로 회사를 나가라'는 말이나 다름없었다.

또래 중에서 굉장히 성공한 케이스라 할 수 있는 종인 씨지만 지금껏 모은 돈에 퇴직금을 합치니 3억 원이 채 되지 않았다. 언론에서 말하는 은퇴 이후 '최소' 노후자금이다. 이 3억 원에는 대학생 딸과 고등학생 아들의 학비와 결혼 자금이 전혀 계산되지 않은 상태이고, 무엇보다 여기서의 노후는 65세 이후부터다. 그나마 국민연금을 꼬박꼬박 납부한 건 위안이지만 10년은 지나야 수령이 시작된다. 금융권에 갚아야 할 대출금은 아직 8천만 원이 있다. 매달 75만 원을 10년간 납부해야 원금상환이 된다.

솔직히 직장 다닐 때는 신경도 쓰지 않았던 금액이었지만 지금은 아니다. 통장에서 돈이 빠져나갈 때마다 쌓아놓은 탑의 벽돌이 하나하나 빠지는 느낌이다. 80세가 넘은 노모에게 다달이 보내는 용돈 30만 원과 노모를 모시고 사는 형수님에게 수고비 명목으로 드리는 30만 원이 빠져나가는 건 언젠가부터 치명적이다. 종인 씨는 이리저리 계산을 해보니 최소 월 300만 원은 벌어야 했다. 그래서 그 정도가 보장되는 직장들을 찾았다. 그는 쉽게 일자리를 구할 줄 알았다. 하지만 현실은 생각과 달랐다.

종인 씨는 구직사이트인 '워크넷'을 통해 3개월간 지원서를 100곳 넘게 넣었지만 서류통과조차 못했다. 어떤 회사는 '대단한 경력을 보유하신 귀하를 모시지 못해서 죄송합니다. 저희는 아직 젊은 기업이라 귀하의 능력에 어울리는 보상을 해드리지 못할 것 같습니다'라면서 종인 씨의 구직 실패 이유가 53세라는 나이에 있음을 친절하게도 알려줬다. 면접 보러 오라는 곳도 가끔 있었는데 주어진 정보만으로는 정확히 무슨 일을 하는지 도무지 알 수 없는 회사였다. 긴가민가하면서 가면 열에 열은 다단계 회사다. 종인 씨가 지원하지 않았어도 인력풀에 올라온 프로필을 보고 먼저 전화 오는 곳도 있는데 열에 열은 보험회사다. 자신이 오랫동안 몸담았던 조직에 가서 보험영업 좀 해보라는 것이었다. 비굴하기도 했지만 성과가 없어 월 100만 원도 벌지 못하는 전임자들 소문이 파다해서 이 일은 할 수 없었다.

이런 현실을 깨닫는 데 3개월, 이제 선택의 기로다. 자영업? 치킨이든 카페든 시장은 이미 포화다. 사업? 과거에 영업직으로 근무하지 않았다면 소용없다. 인적 네트워크가 없는 상태에서 자신이 대표가 되어 물건을 팔고 수수료를 챙긴다는 건 위험부담이 너무 크다.

이것도 저것도 안 되면 희망소득의 눈높이를 자연스레 낮출 수밖에 없다. 기술이 있었다면 그래도 월 200~250만 원 정도의 일자리를 찾을 수도 있었겠지만 '인사팀에서 오래 일한' 종인 씨가 지원가능한 곳은 경비직종뿐이었다. 그런데, 이마저도 어려웠다. 가장 대우가 괜찮다는-그래서 월 180만 원대-초등학교 경비('보안관'이라 한다)는 경찰공무원 퇴직자들에게 절대적으로 유리했고, 그렇지 않다면 학교 쪽과 어떤 식으로든 인연이 있어야 했다. 그리고 150만 원 받기가 어려운 경비직은 죄다 24시간 맞교대 형태다. 버티긴 하겠지만 일상이 무너질 것이 눈에 보듯 선했다. 물론 지원자가 넘쳐나니 원한다고 할 수 있는 것도 아니었다.

이런 와중에 헤드헌터로부터 '오너' 자택에서 일하지 않겠냐는 의

뢰를 받은 적도 있다. 집에서도 일하는 사업가의 보조 인력으로 채용되는가 싶어서 가보니 그냥 '그 집에서 일하는 비서'였다. 하는 일은 아침에 신문 줍기, 마당에 물 뿌리기, 개와 산책하기, 오너가 역기 운동할 때 옆에서 카운트하기, 손님 옷 받아주기 등이었다. 급여는 꽤 높았지만 집에는 못 간다. 돈에 혹해 해볼까도 했지만 "내가 돈 때문에 이런 일을 해야 하나"라는 말을 입에 달고 살 자신의 모습이 처량해서 포기했다. 정부기관에서 제공하는 은퇴자들을 위한 프로그램의 도움을 받아보려고도 했지만 전혀 도움을 받을 수가 없었다. 하나같이 65세에 정년퇴임한 노인들이 취미 삼아 할 수 있는 일들을 소개하는 수준이었기 때문이다.

6개월이 그렇게 지났다. 아끼고 아꼈지만 목돈에서 2,000만 원이 순식간에 사라졌다. 이와 비례해 종인 씨는 극도로 위축된다. 친구들과 운동을 할 수 없으니 사교의 폭은 극도로 좁아져갔다. 물론 여기서의 운동은 '골프'다. 어떻게든 인연을 만들어보려고 열심히도 다녔던 라이온스 클럽 모임도 가지 않는다. 그곳에서는 자신을 드러낼 명함 한 장 없이 다른 사람을 만나는 게 불가능했다.

종인 씨는 가족들 앞에서도 작아졌다. "오늘 고기 한번 먹으러 갈까?"라는 말이 이토록 어려웠단 말인가? 이 와중에 딸은 갑작스레 로스쿨을 진학하겠단다. 살아생전 법法으로 밥 먹고 살겠다는 희망을 눈곱만큼 가진 적이 없었던 아이인데 '취업난' 앞에선 꿈꾼 적 없는 꿈도 꾼다. 아직까지 종인 씨는 "등록금은 네가 알아서 해라"는 말을 차마 못하고 있다.

그러던 어느 날 혹시나 일자리 정보나 얻을까 하는 마음에 어렵사리 참석한 대학 동기 모임에서 '공무원' 친구의 평소와 달라진 모습을 보고 묘한 생각이 들었다. 지금으로부터 20년도 더 전, 친구는 대기업에 다니다가 적성에 맞지 않는다면서 갑자기 잠적했고, 1년 후 7급 공무원이 되어 나타났다. 그는 지난 시절 종인 씨가 친구들과 골프를 칠 때 단 한 번도 얼굴을 내비치지 않은 그저 평범한 친구였다. 남들은 40대를 거치면서 승진 혹은 사업 성공의 명목으로 아주 크게 한 턱을 낼 때도 늘 받아먹기만 하던 친구였다. 종인 씨는 은근히 그를 무시했다. 공무원들 비리 때문에 기업인들이 죽어난다는 이야기도 하고, 일은 건성으로 하면서 월급은 국민 혈세로 꼬박꼬박 받는 게 미안하지도 않냐면서 친구를 무시했다. 모두가 위태로웠던 IMF 외환 위기 때도 공무원은 팔자 좋지 않았냐고 매번 비꼬았다.

하지만 이제 이 친구를 무시하는 자는 아무도 없다. 모임도 그가 주도한다. 그는 호탕해졌고 2차로 맥주와 노가리 정도는 거뜬히 낸다. 뒤늦게 배운 골프도 잘도 치러 다닌다. 친구는 종인 씨가 갖고 있는 미래에 대한 불안이 없었다. 은퇴하면 매달 받을 연금이 250만 원 조금 미치지 않을듯한데, 선배들에 비해 야박해졌다고 투덜거리는 게 전부다. 종인 씨는 친구에게 "부럽다"고 솔직하게 말했다. "나, 솔직히 회사에서 잘나갈 때는 공무원인 너 무시하고 그랬잖아. 지금 생각해보니 내가 참으로 바보였네. 아직도 7년이나 전문적인 일을 이어갈 수 있는 너에 비하면 내 팔자는 어휴……." 깊은 한숨을 내뱉는 종인 씨를 '꼴좋다'는 눈빛으로 바라보던 친구는 스쳐지나가듯이 대꾸했다. "그럼 너도 한번 공무원 해봐. 요즘 공무원 시험 연령 제한 없어서 오십 넘어서 도전하는 사람도 많아."

종인 씨는 이날 처음 알았다. 공무원 시험에 나이 제한이 없다는 것을(2009년에 나이 제한 폐지). 그리고 공무원 시험 검색을 시작하고 목표를 설정한다. 기업 임원을 한 사람이 퇴직해서 9급 공무원이라는 타이틀을 가진다면 그 자체가 극적인 스토리 아니겠는가. 일 자체도 굉장히 만족스러울 듯하다. 아직은 닭을 튀기거나 아니면 경비가 되어 낙엽을 쓸면서 주민들 택배 받아주기에는 좀 이르지 않은가. 종인 씨처럼 결심한 50대들이 전국에 2천여 명 가량 된다. 인생 2막이 아니라 제대로 마무리 짓지 못한 인생 1막을 어떻게든 연장하려는 사람들. 이들을 이해하기 위해선 한국의 베이비부머 세대를 알아야 한다.

그들은 소리 내 울지 않는다

지난 2013년, '베이비부머 세대'에 관한 책《그들은 소리 내 울지 않는다》(이와우, 2013)가 화제가 된 바 있다. 베이비부머 세대들은 이 책의 제목이 자신의 처지를 너무나 잘 대변해준다면서 공감했다. '소리 내 울지 않는다'는 표현은 무엇을 뜻하는 것이었을까? 일단, 이들은 '울 만한 상황'에 직면해 있다. 그만큼 힘들어 하고 있다. 베이비부머 세대는 아직 창창한 나이지만, 주된 일자리에서 본인의 의지에 상관없이 밀려나고 있다. 이것도 억울한데, 부양해야 할 사람도 많다. 부모님을 모시는데, 이 부모가 과거의 부모와는 좀 다르다. 베이비부머 세대의 부모는 과거에 비해 훨씬 오래 살고 이와 비례해 병원비 지출은 상상을 초월할 만큼 높아졌다. 고령화 사회가 안겨

다준 고통이다. 자녀를 부양하는 것도 마찬가지 맥락이다. 그저 '지들 알아서 크는' 경우는 이제 없다. 자녀가 대학 졸업까지 드는 비용이 기본이 3억 원, 그리고 3억 원을 투자 받고도 '로스쿨 가게 돈 주세요'라고 자녀들이 말하는 시대다. 최근 조사를 보면 25세 이상의 자녀를 부양하는 부모가 전체의 40퍼센트에 육박한다(월 73만 원 지원).[30] 문제는, 이런 절망적인 상황에서도 베이비부머 세대들은 모든 짐을 자신의 어깨에 올려놓고 묵묵히 살아간다는 것이다. '정년'은 우스워졌다. '시키는 대로만 하고, 그것도 열심히 했는데' 되는 일이 하나도 없다. 그럼에도 이들은 지금껏 악착같이 살아왔듯이 악착같이 참는다. 부모와 자녀들이 자신 때문에 힘들어 하는 모습은 상상조차 할 수 없다. 그래서 '소리 내' 울지 않는다.

한국의 베이비부머 세대는 6·25 전쟁 이후인 1955년에서 1963년 사이에 태어난 사람들을 말한다. 이 9년의 시기를 특별히 세대라는 개념으로 묶는 이유는 말 그대로 이 당시에 인구 증가율이 급격히 증가(boom!)했기 때문이다. 전쟁이 끝나고 인구가 이렇게 증가한 이유는 무엇일까? 전쟁이 끝나면 사람들은 일상으로 천천히 돌아오기 시작한다. 그러나 삶의 터전은 풍비박산이 났고 가족들은 뿔뿔이 흩어진 상태다. 누구는 징집이 되어 전사했고, 누구는 피난길에 죽었다. 형제, 자매가 많은 집안은 그나마 핏줄을 이어갈 수 있었다. 다시 전쟁이 날 수도 있다는 공포 속에 사람들은 직감적으로 '가족의 많음'이 너무나도 중요하다는 것을 알게 되었고 이와 비례해 '출산율'은 급증한다. 한국에서는 이 시기를 1955년부터 1963년으로 보고 있다. 그때 태어난 베이비부머들이 현재 700만 명이 넘고 전체

인구의 15퍼센트에 육박하는 높은 비중을 차지한다.

　사람들은 이 수치가 얼마나 대단한지 잘 이해하지 못한다. 지난 2007년 '황금돼지해'를 맞이해 출산율이 증가한 사실이 언론에 대서특필된 적이 있다. 그때 태어난 신생아가 49만 3천 명이다. 이는 그 전후였던 2005년의 43만 5천 명, 2009년의 44만 5천 명에 비해 10퍼센트 이상 차이가 나는 '엄청난' 숫자였다. 그런데 베이비부머 세대가 태어난 1955년에서 1963년까지는 한 해 신생아가 80만 명 밑으로 태어난 적이 없다. 1958년부터 1963년 사이에는 100만 명에 육박할 정도였다. 이 수치는 1940년대에 비해 두 배에 달한다.

　특정 연령층이 갑작스레 증가했지만, 사회적 인프라가 마련되어 있을 리 만무하다. '형님' 베이비부머 세대가 학교를 다니던 1965년에 초등학교 학급당 평균 인원은 85명이었고 막내 격이 다니던 1975년에는 78.1명이었다. 2014년도에는 학급당 22.8명이니 당시의 상황은 과연 어떠했을까? 오전반, 오후반으로 반을 나누어도 '콩나물 교실' 아니었겠는가. 선생님 한 명이 85명을 관리하는 공간에서 웬만한 일들은 스스로 해결할 수밖에 없다.

　어디 학교뿐이겠는가? 베이비부머 세대들의 형제, 자매 수는 평균 5.1명에 이른다(참고로 이들의 자녀 세대는 형제, 자매가 평균 1.9명이다). '단칸방에 여섯 식구가 서로의 몸을 접한 채 잠을 자야 했던' 경우가 부지기수였던 시대, 이들은 힘들어도 혼자만 힘든 것이 아니었기에 늘 참는 법에 익숙했다. 이처럼 베이비부머 세대는 아주 어릴 때부터 '소리 내 울지 않는' 연습을 했던 것이다.

　베이비부머 세대의 문제는 한 사회 전체의 문제다. '누군가'가 일찍 은퇴를 하면서 어떤 문제에 직면하는 것과 동시에 동년배 수십만 명이 매년 이런 위기를 맞이하는 것은 차원이 다르다. 아울러 베이비부머 세대가 겪는 은퇴는 전혀 준비되어 있지 않은 '강제적 은퇴'다. 당연히 경제적·심리적 이중고에 시달릴 수밖에 없다.

삼성생명 은퇴연구소의 조사에 따르면 베이비부머 세대의 61퍼센트가 '나는 행복하지 않다'고 자신의 심정을 밝혔다. 이들이 보유한 자산은 평균 3억 3천만 원이지만 이는 보유한 부동산 금액에 불과하다. 하지만 갚아야 할 현금부채는 평균 4천 6백만 원이다.

이 상황에서 부모님과 자녀들을 안정적으로 부양하기는 어렵다. 그래서 은퇴한 베이비부머 세대들이 괜찮은 일자리를 희망하고 있는 것은 당연하다. 이런 베이비부머 세대들이 워낙 많기에, 정책적 관심도 상당하지만 실제 이들이 얻게 되는 새로운 일자리는 참으로 형편없다. 이들 중 일부가 갑작스레 공무원이 되겠다는 건 결코 갑작스러운 일이 아니다.

공딩족을 아십니까

소말리아에 가서
너희들의 자본주의를 보아라
너희들의 사회주의를 보아라
주린 아이들의 눈을 보아라
_ **고은, 《순간의 꽃》 중에서**[31]

교복 입은 공시족

"아이고, 어디 대학생들만 노량진에 온답니까. 엄마 손 잡고 오는 고
등학생들도 있다니까요. 연말에는 수능 끝나고 아직 고등학생 신분
의 학생들도 있지만 봄, 여름에는 그냥 진로가 이 길인 친구들이 온
다니까요. 교복 안 입어도 딱 보면 알아요. 슬쩍 물어보면 고3이라고
실토하죠.

그런데 요즈음 오후반에는 교복 입고 오는 경우도 있어요. 물론 드물
기는 한데, 300~400명 강의실에 누가 교복 입고 있으면 눈에는 확
띄죠. 묘하다니까요. 그 친구는 남들은 다 어른인데 자기 혼자만 아

니니 주눅 들지 모르지만 사실은 다른 이들이 '아 내가 교복 입은 학생하고도 경쟁하는구나'라는 자괴감이 들죠.

저 역시 겉으로는 "저렇게 빨리 준비할 필요 있나"라고 수군거렸지만 속으로는 '아, 나도 저렇게 일찍 시작했어야 하는데……'라는 생각이 들었어요."

공무원 시험을 준비하는 대학생 아무개는 요즘 한국에서 같은 시험을 준비하는 사람이 얼마나 많은지를 이렇게 표현했다. 세상이 이상해졌다는 뉘앙스로 말하지만 결국엔 이른 선택을 부러워하는 눈치다. 다 큰 성인도 노량진 학원의 시스템에 적응하는 데 시간이 걸리니, 엄마 손 잡고 오는 고등학생이 있다는 것은 놀라운 일도 아니다. 2000년대가 시작될 즈음만 해도 서울권 4년제 대학 학생들이 9급 공무원 학원에 있으면 "쟤 ○○대 다니고 왔잖아. 요즘 세상이 살기 힘들어졌다고 하는데 정말인가봐" 같은 말들과 함께 여기저기 소문이 났다고 한다. 그간 세상은 더 힘들어졌음이 분명하다. 이제 공무원은 '모두가' 꿈꾸는 직업이 되었다.

이미 공무원은 청소년들 사이에서 가장 선망하는 직업 아닌가. 최근 십수 년 사이 고등학생들 사이에서 "대학을 과연 가야 하는가?"라는 물음은 과거에 비해 훨씬 빈번해졌고 진중해졌다. 대학 무용론의 성격도 변했다. 예전에는 '내가 하고 싶은 일은 따로 있는데, 부모님은 일단 대학부터 가서 내 꿈과 상관도 없는 전공을 공부하라고 하신다'는 식이었다면 지금은 '내 꿈을 위해 대학에서 최선을 다해도 어차피 취업하기 어렵다면 대학에 갈 필요가 있는가?'의 형태다.

이들은 수십만 명의 대학 진학 '선배'들이 결국에는 공무원 시험만 준비하는 모습을 이미 수없이 목도했다. 선배들의 조언은 늘 같다.

"늦었다고 생각할 때는 정말 늦더라. 무조건 일찍 시작해라. 어차피 길은 이뿐이다. 나는 대학 다니느라 허비한 시간이 미치도록 아깝다."

조언을 귀담아 들은 이들은 실천을 마다하지 않는다. 그러니까 이 조언에 인생을 거는 경우가 최근 계속 늘고 있다. 모든 요소를 조합하면 일찍 준비하지 않을 이유가 없다. 계산기만 두들겨도 고등학교부터 준비하는 게 정답임을 알 수 있다. 대학 4년 등록금에 각종 사교육비로 수천만 원 날릴 바에는 그 돈의 3분의 1, 4분의 1도 안 되는 돈으로 1~2년 투자하면 인생의 가장 큰 걱정을 해결할 수 있지 않은가? 특히 연금 이야기가 나오면 '단언컨대 공무원은 빨리 시작하는 게 장땡'이라는 말을 피부로 느낄 수밖에 없다. 연금만이 아니다. 스무 살 때 9급으로 시작하면 40대에 이르기 전에 7급은 당연하고 6급도 충분히 노려볼 만하다. 진로를 확신한 이들은 부모님을 설득한다. 부모님은 자녀의 결심에 절대 놀라지 않는다. '인생에서 가장 잘한 결정'이라면서 환영 일색이다. 오히려 자녀의 로드 매니저가 되어 손잡고 함께 학원에 간다.

시험제도도 이들의 수요에 귀를 기울였는데 여러모로 찝찝한 기분이 든다. 앞서 베이비부머 세대의 경우를 보면 국가는 정년이 불안정해진 이들에게 정년의 안정성을 추구하는 것이 아니라 공무원 시험 응시 연령 폐지로 화답했다. 마찬가지로 '대학에 진학해도 비전이 없다'는 고등학생들의 하소연에 국가는 '비전 있는 사회'를 제공하는 것이 아니라 고교 졸업자의 공직 기회를 확대하겠다면서 공무원 시험과목을 개편한다. 지난 2013년 정부는 국어, 영어, 한국사의 기본 교과목 외에 선택해야 하는 과목들이 지나치게 전문적이라면서 사회, 과학, 수학 등의 고교 교과목을 선택과목에 포함시킨다. 표면적으로는 더 많은 이들에게 기회를 제공하는 것 같지만 어딘가 '공무원만이 살 길'이라는 사회적 분위기가 견고하게 만들어지는 모양새다.

이제 18~19세의 나이에도 노량진으로 가는 걸 마다할 이유가 없다. 한 조사에 따르면 19세 이하 수험생이 전체 대비 27퍼센트 수준이다.[32] 물론 산전수전 다 겪은 인생의 선배들과 겨뤄야 하니 초기에 합격하는 경우는 매해 50여 명 안팎에 불과하다. 한 매체는 이 풍경을 이렇게 표현했다. "노량진 공시촌에선 고등학교를 갓 졸업한 '젊은 고졸'과 위태롭고 차별받는 삶을 겪어본 '연륜 있는 고졸들'이 뒤섞여 대졸자와 경쟁하고 있다."[33] 이 미세한 확률을 조금이라도 높일 방법은 '더 빨리', 그러니까 교복을 입은 상태에서 시작하는 것이다.

대학 2학년 정도의 나이로 준비하는 경우는 이제 '이른 축'에도 들지 못한다. 고3 수능 응시 후 이리저리 원서도 넣어보면서 고민하다가 만 19세의 새해와 함께 노량진에서 삶을 시작하는 경우도 늘어났고 아예 고3때부터 보통 친구들과는 다른 수험생 모드를 선택하기도 한다. 일찍 일어나는 새가 벌레를 잡을 수도 있다는 말을 아직까진 낭설로 받아들이지 않는 사람들이다. 사회는 이들을 공무원 시험을 준비하는 고딩, 즉 '공딩족'이라 부른다. 최종학력이 고졸인 자가

9급 공무원 합격자 태반이었던 시절에도 없었던 명명이다. 하지만 고등학교'만' 나와도 먹고 사는 것이 가능했던 시대가 대학'까지' 나와도 일자리를 구하지 못하는 상황으로 변하자 별 이름이 등장한다.

공무원 하려고 일반고에서 특성화고로 전학 온 아이들

공무원 시험공부를 하는 고등학생들은 '일부의' 고등학생이 아니라 공딩'족族'으로 불릴 만한 집단이니 이 책에서 빠져서는 안 된다고 생각했다. 하지만 실제로 그들을 만나는 게 쉽지는 않았다. 앞서 등장한 대학생들 혹은 대학을 졸업하고 거칠게 사는 사람들을 만나는 것은 10년째 대학에서 시간 강사를 하면서 매학기 수백 명의 학생들을 만났던 내게 그렇게 어려운 일은 아니었다. 경력 단절 여성과 베이비부머 세대의 경우 이들 집단에 대한 사회적 관심도 크다보니 연구기관에서 진행하는 프로젝트에 내가 참여하는 경우도 많아서 인연 맺기가 가능했다. 하지만 고등학생 혹은 스무 살 공시족들과의 만남은 참으로 어려웠다. 하긴 쉽사리 자신의 존재를 노출시킬 자라면 그렇게 '빨리' 인생의 승부수를 띄울 수 있었을까 하는 생각도 들었다.

　지지부진한 일정이 계속되다가 '아! 이거다!'라고 할 만한 사실을 알게 되었다. 한 시사주간지가 집중취재를 한 내용이었는데 그 대상이 특성화고 안에 있는 공무원 준비반이었다. 이는 고교과정에서 공무원 시험 준비가 굉장히 체계적임을 뜻한다. 얼핏 좋은 말처럼 들리지만 '고등학교 교육과정＝공무원 시험 준비'라는 건 상상만 해도 끔찍하다(물론 이것이 '＝대학입시'면 더 큰 문제다. 그러다가 지금 '대학

가서 돈 쓰고, 공무원 시험 때문에 또 돈 쓰고, 하지만 쓴 만큼 얻어지는 건 없는' 세상이 된 것 아니겠는가).

특성화고가 처음부터 이러진 않았다. IMF 외환 위기 전까지는 그래도 실업계의 취지에 맞는 교과과정을 진행했다. 하지만 태풍 같은 구조조정 과정에서 학력 '차'가 해고를 결정하는 이유로 인식되면서 너도나도 일단 대학부터 가야 하는 풍토가 만들어졌다. 특성화고도 90년대 말부터는 대학 진학이 취업보다 더 자연스러워졌고 대학도 이들을 위한 별도 전형을 만들었다. 그러니 특성화고도 '일반고'의 입시 위주 교육을 병행했다.

물론 이 솔루션은 참혹하게 실패했다. 애초에 일자리의 불안정성은 '노동자들의 학력이 낮아서' 발생하지 않았다. 모두가 대학생이 된다고 바늘구멍이 늘어날 리 있겠는가. 이런 우왕좌왕 속에서 최근에야 특성화고에서는 '어차피 대학가도 똑같더라'라는 자조 속에 원래의 교육 방향에 충실하려는 경향이 나타나고 있다.

공무원 시험제도도 이에 응답했다. 기존의 기능 인재 추천 채용 정도에 불과했던 고졸자 우대전형이 지금은 '지역 인재 추천 채용'이 추가되어 고졸자의 진입 장벽을 낮추고 있다. 이 채용전형은 전국의 마이스터고등학교를 포함한 특성화고, 그리고 전문대학교 졸업자들만을 위한 전형인데 고졸자 합격자 비중이 최소 50퍼센트로 규정되어 있다. 시험 과목도 3과목으로 편의를 봐주는데, 합격하면 6개월간 견습 과정을 거쳐 임용된다. 순수한 고졸자들끼리의 경쟁은 사실상 이것뿐이기도 하니 학교에서는 '특별반' 운영을 할만도 하다. 이 사실을 알자마자 나는 특성화고에서 교사로 근무하는 친구에게 전화를 했다. 그리고 몇 명의 학생들을 만날 수 있게 되었다.

학교에 특별반은 한 반만 꾸려져 있었고 고작 14명의 아이들만이 있었다. 교실이 휑한 느낌이었다. 노량진에서 느꼈던 압도적 열기에 비해 조촐한 느낌이었지만 친구는 이들을 특공대라 했다. "어차피 승부를 띄울 아이들만 추린 것이라 이 정도도 많은 편"이라면서 친구는 특별반의 진실(?)을 말하기 바빴다. 특공대가 조촐한 이유는 이 전형의 지원 자격인 학과 성적 상위 30퍼센트 정도로는 학교장 추천을 받을 수 없기 때문이다. 지역마다 배정된 쿼터를 고려하면 학교마다 합격권 근처에 도달할 자는 굉장히 소수에 불과하다. 그래서 상위 10퍼센트 밖이면 추천서를 받는 것이 어려웠다. 친구는 실제로는 5퍼센트 안에 드는 친구들이 주로 여기에 있다면서 재미있는 사실을 하나 알려줄까라는 표정으로 내 귀에 속삭인다. "저 중에 일반고에서 전학 온 친구들도 좀 있어."

내신 때문에 특목고에서 일반고로 전학을 오는 경우와 마찬가지로 순수하게 공무원 시험만을 목표로 특성화고로 오는 이들이 꽤 있었다. 그리고 이들은 학교로부터 정예요원 대우를 받았다. 몇 번의 시험에서 내신 상위권을 증명하면 학교 안에서는 순식간에 '역시, 인문계에서 왔다더니 다르긴 다르네'라는 소문이 퍼지고 선생들은 '너라면 공무원 시험에 합격 가능하다'면서 격려를 일삼는다. 어차피 이 지역 인재 추첨제로 응할 수 있는 시험 기회는 일생의 한 번뿐이니 학교는 실수를 최소화하려고 한다.

학교에서 제공하는 수업만으로는 한계가 있으니 평일 저녁과 주말에는 노량진에서, 그것도 '일타강사'의 강의를 듣게 해줄 여력이 있는 집안을 우선 고려한다. '들어가는 문은 좁고 기회는 없으니' 과정의 공정성 그런 것을 따질 때가 아니다. 경제적 빈부에 따라 가능성이 다르다면, 경제적 빈부에 따라 가능성을 제한하는 것이 훨씬 효과적이다. '어차피 될 놈 밀어주기' 분위기는 그렇게 정당화된다.

이 공기 속에서 선발된 이들은 특공대가 되어 '고교과정'에서 배워야 할 '어떤 것'하고 상관없는 공부를 눈에 불을 켠 채로 하고 있었다. 물론 '진정한 고교 과정'을 진행하는 학교가 한국에 있겠냐만. 부모들이 가장 원하는 교육이니 '수요자 중심 교육'이라고 해야 하나? 이미 한국의 부모들에게 자녀교육의 성공은 자녀가 '좋은 직장에 취직'하는 것을 뜻한다. 그래도 지금껏 최소한 말로는 인성을 갖춘 사람이 되어야 한다, 하고 싶은 일을 하는 게 중요하다 등이 우선이었는데 이제 '돈 잘 벌고 오래 근무하는 곳에 취업'하는 것을 교육의 목표로 못 박았다.[34] 그렇다면 고등학교 교실에서 공무원 시험 대비 수업이 이루어지고 있는 건 아주 적절해보인다.

나는 전학 와서 공부하고 있는 외지인 여러 명과 처음부터 특성화고를 다녔던 현지인 약간 명으로 이루어진 교실에서 '한국사' 특강을 했다(지역 인재 추천전형의 시험과목은 국어, 영어, 한국사뿐이다). 기출문제도 풀었다. 그러다가 잠시 틈이 날 때마다 슬쩍슬쩍 이야기를 해나갔다. 결국엔 '부모님께 절대 알리지 말라'는 약속을 받아내고—여러 이유가 있겠지만 내 친구가 곤란해질 것이 가장 큰 이유였다—외지인 5명, 현지인 4명과 각각 한 번씩 식사를 빙자 삼아 피자를 먹으며 이야기를 나눴다.

나는 이들 두 집단에게서 놀라운 공통점을 발견했다. 그것은 '평등하지 않은 사회'에 대한 분노였다. 전학 온 이들은 일반고에서 모든 기회는 금수저들이 독차지한다고 했다(물론, 이 금수저들은 중학교 시절, '특목고에 갈 만한 금수저들'과 경쟁했다가 처참히 패배한 바 있다). 이들이 내게 자주 한 말은 "거기선 뭘 해도 안 돼요"였다. 여기서 '안 돼요'의 의미는 기회의 박탈을 뜻했는데 이는 사교육에 투자할 수 있는 정도에 따라 내신과 수능 모의고사의 성적이 구분되고 또 이 성적에 따라 '학생부 종합전형'을 대비한 각종 스펙 관리의 기회가 차등됨을 의미한다. 특히 학생부 종합전형이 선사한 배신감, 이로 인한 상실감이 결정적인 '진로 변경'의 계기였다고 실토하는 경우가 많았다.

단순한 학업만이 아니라 '비非교과' 영역의 꿈과 끼만 있으면 대학 진학이 가능하다는 학생부 종합전형은 학교 측이 공모전, 응시대회 등의 각종 정보들을 '성적이 좋은 자들' 위주로 제공하는 경향이 굉장히 강한데, 이를 문제 삼는 것조차 학교에서는 금기시했다. 어렵게 말을 꺼내도 "왜? 네 성적에 이런 거 준비해서 뭐 하게?"라는 무안을 받기 일쑤였다. 한 학생은 이렇게 말한다.

> "일반고에서는 삶 자체가 모멸감의 연속인데, 도대체 어떤 희망을 꿈꿀 수 있었겠어요? 성적이 상위권이 아니란 건 등수를 받은 제 스스로가 가장 화나는 일인데 이를 등수를 매긴 쪽에서 저를 마치 인간 이하인 것처럼 취급하고, 또 그렇게 취급받아도 싸다는 식의 논리뿐이잖아요. 희망 자체를 가지는 것이 금지된 곳이었죠. 그런 모멸감이 없었다면 굳이 이렇게 전학까지 와서 공무원 시험 준비할 리 없었겠죠.

저도 설마하고 왔는데, 오자마자 첫 시험에서 1등급 바로 나오니 자신감이 붙었죠. 관심 가져주는 선생님들도 많고요. 장난으로 때리시거나 놀리시는 경우도 없어요. 당연한 건데, 일반고에서는 안 당연했거든요."

그리고 이 '기분'은 처음부터 특성화고를 다니고 있던 학생들에게도 마찬가지로 발견된다. 사실 특성화고에 다니는 대부분의 학생들은 중학교 때, 빠르면 초등학교 때 이미 자신의 존재만으로도 더러운 기분을 느껴야 한다. 학교만이 아니다. 오히려 가정에서 더하다.

"부모님은 한동안 제가 어떤 고등학교 다니는지 말씀을 안 하고 다녔어요. 한참이 지나서야 누가 "○○이 잘 지내죠?"라고 물으면 "쟤는 실업계 갔잖아"라고 대답하면서 한숨부터 쉬셨죠. 잘 지내냐 묻는데, 실업계 간 아이한테 그런 걸 왜 묻느냐는 식으로 답하니 제가 존재만으로도 싫다는 거잖아요.
저는 대학 진학을 염두에 두고 왔는데, 부모님은 "네가 대학 간다고 고등학교 이름이 사라지는 줄 아느냐"면서 핀잔만 주셨어요. 부모님이 이러시는데 일상에서는 대박이죠. '꼬리표'라는 게 이런 건가…… 그런 생각이 많이 들었어요. 특성화고라는 타이틀이 일상에서 차별을 받아도 당연하다는 것을 말하는 것은 아닐텐데…… 실제는 그렇지요. 2년간 이렇게 살았는데 공무원 시험 준비해보겠다고 하니 부모님이 그때서야 마음을 여시더라고요."

'현지인' 특공대 아무개의 말이다. 그는 대학에 가서 열심히 하면 된다고 생각해 내신 관리를 아주 잘했다. 그런데 대학생들의 취업난을 보니 대학 진학이 능사가 아님을 깨달았다. 하늘 같은 대학생들도 공무원 한다고 난리다. 오, 이런. 상황을 직시하니 공무원이 되는 '유리한' 길이 자신에게 있음을 알게 되었다. 학교 측도 친절히 배려해줬다. 부모님마저 몇 년 만에 격려해주시니 이제 '합격만이 남았다!' 생각하고 있었는데 별안간 갑자기 '일반고에서 귀하신 손님'이 오셨다. 아무개는 그날 이후 '꼬리표'에 따라 완전한 찬밥이 되었다. 학교는 내신만 좋은 학생을 원하지 않았다. 아무개는 불안했다. 학교장 추천을 받아야지 그다음 단계가 가능한데, 이조차도 불투명하기 때문이었다. 정말 사는 게 이토록 더러운 굴욕의 연속인 줄 미처 몰랐다.

그런데 아무개는 행운아다. 그래도 특별반 아닌가. 전학 온 친구들이 포기하면 다시 가능성은 높아지지 않겠는가. 학기 초가 지나 수험 생활이 길어지면 지루함을 느껴 포기하는 경우도 있고 또 모의고사 성적이 잘 나오지 않아 진로를 수정하는 학생들이 꽤 있다. 대학생들처럼 '할 건 이것뿐이다'라고만 생각하지 않는 '젊은'(?) 친구들이다.

그래서 아무개는 인생 다음 단계로 들어갈 틈을 찾는 노력을 아직까지는 포기하지 않은 상태다. 하지만 학교에서는 이미 오래전부터 '관심 밖' 종자 취급을 받는 이들이 많다. 그들은 특성화고에 왔다는 상처도 모자라 "그냥 얌전히 있다가 졸업하고 공장이나 가라"는 말을 수시로 듣는다. 시스템으로부터 구제 가능성이 없다는 확인사

살까지 받는 이들 대부분이 세상에 대한 일말의 희망도 가지지 않고 살아가지만, 아주 일부는 인생의 승부수를 띄운다.

여기 대학생들과의 정면승부를 위해 과감하게 노량진 행을 선택한 이들이 있다. 왜 그런 선택을 했는지 그들의 말을 들어보자.

"사회가 내게 공무원을 권한다오"[35]

> "적은 월급에 과도한 노동으로 혹사당하는 선배들의 이야기를 가끔 듣는다. 2~3년 열심히 공부해서 공무원이 되면 인생이 달라질 수 있다고 생각한다. 나는 절실하다."
>
> _ 특성화고 학생 강윤성[36]

편의점에서 아르바이트를 하는 열아홉 살 A가 화장실을 가기 위해 비운 시간은 4분 10초였다. 편의점에서 화장실까지는 아무리 빨라도 20초가 걸린다. 왕복이 40초니, A는 3분 30초 동안 똥 싸고 닦고 손을 씻었다. 이렇게 '빨리' 배설이 가능하기 위해 얼마나 참고 참았던가. 그 새벽에 잠시 편의점 계산대 앞을 비웠다고 A는 잘렸다. 야간근무에 따른 1.5배 시급도 받지 않고 일했는데 '똥 누고 왔다고' 잘렸다. 사장 탓을 하기는 싫다. 근무태만시 조치라는 본사 매뉴얼이 적용되었을 뿐이다. 사람을 고용하면 어떤 경우에도 최저임금 이상을 지급하라는 법은 안 지켜도 되지만 본사의 전화를 받지 않았을 때의 페널티는 철저히 지켜졌다.

그 찰나의 시간에 매장에 전화를 걸어 A의 부재를 파악한 본사 직원은 딱 3분만 지나 다시 걸었으면 A가 똥 누러 갔는지조차 몰랐을 것이다. 하지만 본사의 관리직 당직자는 자기 지역의 여러 편의점을 컴퓨터가 임의로 제공한 시간에 따라 확인 전화를 하는 매뉴얼을 따라야 한다. 전화를 해서 '받지 않으면' 이에 따른 조치 역시 매뉴얼에 따라야 한다. 그렇지 않으면 해당 직원이 징계를 받는다. 조치는 점장에게 전화를 걸어 매장 상황을 파악시키고 다음 날 오전까지 팩스로 사유서를 제출토록 하는 것이다. 새벽 2시가 넘은 시간이었지만 점장은 본사의 연락을 받는다. 본사 관리인 번호는 점장에게 일종의 '핫라인'이다. 안 받으면 또 왜 안 받았는지를 해명해야 한다. 점장이 매장으로 전화했을 때는 이미 A가 화장실은 다녀온 뒤였다. A는 자초지종을 말했지만 점장은 "나야 네 마음 알지. 그런데 본사가 어디 그러냐. 최악의 경우엔 그만둬야 할 수도 있으니 각오하는 게 좋을 거야. 이런 말 하는 나도 미안한 마음이 드네. 남는 김밥 있으면 좀 먹고 기운 내"라면서 A를 이상하게 위로했다. 남는 김밥이란 유통기한이 지나서 팔지 못하는 경우를 말한다.

사실 점장은 할 수 있는 게 아무것도 없다. 점장과 그의 아내는 아침 7시부터 밤 11시까지 편의점을 직접 운영하고 나머지 시간만 아르바이트생에게 맡긴다. 주간 아르바이트를 한 명쯤 고용하면 편할 것 같지만 그러면 소득이 200만 원이 되지 않는다 했다. 유일한 아르바이트 인원인 A에게도 주간 대비 1.5배 야간수당은커녕 최저임금도 100원 부족하게 지급하지만 총 매출액에서 본사 수수료, 월세, 시설비를 제외하고 점장 부부가 손에 쥐는 돈은 220만 원 남짓이다.

편의점 오픈 당시의 초기 투자 비용은 은행에서 빚을 져서 충당했는데 원금상환을 아직 1원도 하지 못하고 있다. 자녀가 고등학생인 이들 부부에게 220만 원은 생활비로도 벅차다. 부부는 하루 16시간을 일하지만 매달 빚을 더 내야 하는 상황이다. A가 쉬는 날에는 부부가 나눠 하루 종일 매장을 지킨다. 그래서 근무시간 대비 시급으로 계산하면 A가 더 많이 받는 웃지 못할 일이 벌어지고 있었다.

본사는 판매금액의 22퍼센트를 징수한다. 그러니 밤새 매출이 낮아 인건비, 시설비 등이 부담이라는 점장의 말에는 관심이 없다. 그리고 이 근방에 다른 매장도 오픈시켰다. 점장은 '이러면 어떡하느냐'고 따졌지만 본사는 아쉬울 것이 없는 입장이다. 그날 밤 무엇이든지 단 한 개라도 판매가 되면 그게 본사 수익이기 때문에 주변에 같은 이름의 편의점이 많을수록 좋았다. 당연히 점장 개인의 수익은 줄어들 수밖에 없지만 맘대로 해지하지도 못했다. 본사는 '계약 후 2년 내 해지시 위약금 5천만 원' 조항을 들먹이며 막무가내였다. 그래서 점장 부부는 2년간 단 하루도 쉬지 못했다. 이 와중에 A는 지난 3개월간 똥 누다가 본사의 전화를 못 받은 것이 두 번째다. 본사가 원하는 조치는 '해당자 교체'다. 이것도 매뉴얼이다. 불이행시는 점장이 어떤 식으로든 불이익을 당한다. 그래서 A가 불이익을 당해야 한다. 점장은 그래도 미안했는지, 유통기한이 2시간 남은 4천 원짜리 도시락 하나를 퇴직금이라 생각하라면서 건네줬다. 이 바닥에선 나름의 파격 대우다.

A도 이게 잘못된 것임을 안다. 소셜 네트워크 서비스sns를 통해 이럴 때 어떻게 대처해야 자기 권리를 보장받는지를 대충 들은 적

도 있다. 하지만 그런 과정들은 낯설고 무엇보다 자신에게 '멀어' 보였다. 이는 대학생 정도는 되어야지 권리 주장이 가능하다는 느낌이 들어서이기도 하고 무엇보다도 돈이 급한 자신에게 이리저리 진정서를 넣는 등의 과정이 지난해 보였기 때문이다. 지금껏 이 편의점 점장은 그래도 체불은 하지 않았다. 정산 과정에서도 5천 원 미만 정도의 부족분은 '일을 하다보면 발생할 수 있는 경우'라면서 그냥 넘어가줬다. 이 정도도 선의로 느껴질 정도라는 건 고등학생 신분으로 '할 수 있는' 노동들이 열악하고 정의롭지 못한 처우를 받고 있음을 뜻한다.

퇴직금 도시락을 먹으니 A는 편의점 이전에 배달원으로 일했던 치킨가게가 생각났다. 사장은 체불 끝판왕이었다. 한 달을 체불 한 후, 다음 달에 원래 받을 돈에서 20~30퍼센트를 제하는 식이었다. 60만 원 월급을 연체시킨 후 다음 달에 120만 원 줄 돈을 100만 원만 주는 경우가 허다했다. 그러면서도 사장은 "사회 생활하려면 이 정도는 감수해야 한다"는 말을 하면서 오히려 당당했다. '경험 쌓기'나 '용돈벌이' 차원으로 노동의 수준을 격하시켜[37] '학생이 그 정도면 충분한 거 아닌가' 하는 발상 안에서 사장은 범죄를 정당화했다. 무엇보다 사장은 이 방식을 '효율적'이라고 생각했다. 이러면 누구든지 최소 2개월은 일을 할 수밖에 없기 때문이다. 2개월 후 때려치우더라도 사장은 걱정 없다. 일하겠다는 고등학생들이 즐비하기 때문이다.

고등학생들의 아르바이트 현실을 이야기하면 '왜 고등학생들이 아르바이트를 하는 거야'라고 접근하는 이들이 많다. 하지만 이게

만 16세가 된 날부터 단 하루도 일하지 않은 적이 없는 A에게 과연 할 소리일까? A의 부모님은 '성실하면서도 가난한' 전형적인 빈곤층이다. 아무리 일을 열심히 해도 큰돈을 벌 수 없는 워킹푸어다. 일해도 가난하니 도리가 없다. 그래서 고등학생이지만 생계를 위해 일을 하는 것이다. 부모의 지원 자체가 없으니 당연하다. 청소년 신분의 노동자 중 30퍼센트가 이렇다.[38] 그러니 언젠가부터 고용자 입장에서는 '저렴한 노동자들'이 넘쳐나기 시작했다. 이들은 '불쌍한 너희를 내가 거두어준다'는 식의 사고방식을 한 점 부끄러움 없이 표출하면서 밥 먹듯이 법을 어겼다.

고용자 입장에서 고등학생들은 최저임금 어쩌고 따지는 까다로운 대학생들보다 한결 부려먹기 좋다(실제로 A는 "최저임금은 20세 이상부터 적용되는 거야"라는 헛소리를 마다하지 않는 사장도 경험했다). 그러니 이 바닥이 원래 더러운 것이 되어버렸다. 그래서 '나쁜' 사장을 만나도 지켜져야 할 개인의 권리는 인심 좋은 '좋은' 사장을 만나야만 겨우 가능한 복불복 게임이 되었다. 그러니 주휴수당이라도 지급해주는 사장은 자신이 천사인 줄 안다. 물론 현재의 시스템에서는 이런 천사도 드물 수밖에 없다. 원래 좋았던 사람도 자영업을 선택하면서 '나쁜' 사람이 되기 일쑤였다. 넘쳐나는 가게들, 프렌차이즈 기업의 횡포 속에 자영업자들은 지쳤다. 삶 자체가 좌불안석이 된 이들에게 '약자' 아르바이트생에 대한 예의를 기대하긴 어렵다.

A는 참을 수 없었다. 부모가 부자가 아니라는 건 '팔자'라고 생각하겠는데, '이 나이에 하는 일들이' 당연히 불공정함을 감수해야 한다는 것은 도무지 이해할 수 없었다. 문제를 제기해봤자 "그러면 하

지 말든가"와 같은 빵점짜리 조언만이 난무했다. 주변을 돌아보면 마찬가지였다. 배달시간 준수라는 황당한 규약 때문에 수많은 고등학생들이 오토바이 사고를 당하고 있는데 그걸 바라보는 기성세대들은 "너는 다른 일을 해라(조금 나쁜 어른)", "공부는 안 하고 왜 저런 일을 하느냐(정말 나쁜 어른)", "어릴 때 공부 안 하니 저런 일이나 하는 거지(진짜 나쁜 어른)"와 같은 말을 주저 없이 한다.

A는 결론을 내렸다. 이 사회를 믿어서는 안 된다고. 열아홉 살의 나이에 불과했지만 충분히 느낄 수 있었다. 이런 나라에서는 무엇을 하더라도 인생은 엉망이 될 것이 눈에 보듯 선했다.

최저임금부터가 엉망이다. 시간당 최저임금으로 맥도날드의 '빅맥 버거'를 얼마나 사먹을 수 있는지를 살펴보면 그 '수준'을 쉽게 알 수 있다. 한국은 1.36개 구입이 가능하다. 반면 캐나다는 1.93개, 독일은 2.32개, 일본은 2.40개, 벨기에는 2.46개, 네덜란드는 2.52개, 오스트레일리아는 3.18개다.[39]

어떤 사회나 최저임금을 받고 살아가는 사람들이 있겠지만 그 돈으로 할 수 있는 목록들은 사회마다 완전히 다르다. 최저임금에는 한 사회의 철학이 고스란히 들어 있다. 대한민국의 헌법 32조 3항은 "근로조건의 기준은 인간의 존엄성을 보장하도록 법률로 정한다"고 명시되어 있다. 이런 조항은 다른 나라라고 예외일 수 없다. 그래서 OECD는 한 달을 일할 경우 근로자 평균임금의 50퍼센트 수준에 최저임금을 맞추라고 권고한다. 하지만 한국은 32퍼센트에 불과하다.

학생 신분으로 돈을 벌어야 하는 상황도 슬픈데 '노동의 단가'가

워낙 낮으니 돈을 모으는 데 걸리는 '엄청난' 시간까지 감수해야 한다. 당연히 그들은 일 때문에 공부를 포기한다. 명백한 사회적 이유다. 한국에서 최저임금은 인간의 존엄성을 유지하는 수준이 아니라 '죽지 않을 정도의 식량만을 살' 정도의 급여를 보장하는 것에 맞춰 있다고 봐야 할 듯하다. 이것도 '기업의 현실을 고려해 인상을 자제해야 한다'는 온갖 잃는 소리 앞에서 매년 몇백 원씩 찔끔찔끔 오를 뿐이다. 그리고 한국에서는 '목숨 부지' 수준의 최저임금조차 주지 않았다고 해서 누가 문제 삼지도 않는다. 2012~2014년 동안 최저임금을 위반해 고발·적발된 경우가 1만 6천 777건이었는데 이 중 사업주가 제재를 받은 건 전체의 0.3퍼센트인 48건에 불과했다.[40]

공권력을 믿고 공식적으로 고발해도 전혀 나아지지 않는 상황에서 도대체 무슨 기대를 하겠는가. 고3 초부터 인생에 대한 진중한 고민을 이어가던 A는 수능시험이 끝나자마자 노량진의 공무원 학원을 찾았다. 지금도 A는 야간 편의점 아르바이트를 하면서 공무원이 되고자 최선을 다하고 있다.

한국에서 장애인이 무엇을 할 수 있을까[*]

> 서로를 하찮은 존재로 대하는 것이
> 설령 아무런 피해를 야기하지 않더라도
> 그렇게 대해서는 안 된다.
>
> _ 데버러 헬먼[41]

무엇을 배웠든 바구니 공장으로

한국의 복지정책이란 왜 그런 식인가. 다 해주지도 않으면서 장애인
을 구걸하게 만드는 그런 게 복지정책인가. 장애인이 그들 눈에는 거
지로 보이나.

---

* 이 장에서는 지소연의 논문 〈장애정체성과 취업과정: 고학력 장애인의 대응전략〉(서강대학교 대학원
사회학과 석사학위, 2015)을 많이 참조했다. 지소연은 장애인 10명과 기업의 인사담당자 2명을 인터뷰
해 장애인이 취업 과정에서 받는 차별을 어떻게 내재화하면서 적응해나가는지를 밀도 있게 분석한다.
나는 이 논문의 심사위원이었는데, 덕분에 부족한 이 책에 살을 붙이는 계기가 되었다. 깊은 감사를 표
한다.

가끔 가다 생각해본다. 내가 회사를 가면 어떤 일을 할 수 있을까 하고. 사실, 할 수 있는 건 거의 없다. 회사라는 것이 어떻게 보면 고객을 상대하는 일이고 고객을 상대하려면 최소한의 전화 통화는 가능해야 할 텐데 나에게 있어 첫 직장이었던 그곳에서 잘리게 된 가장 큰 원인이 그 부분이어서 그때부터 겁이 난다. 일종의 트라우마가 된 것이다.

시민사회단체에서조차 전화를 못 받는다고 잘렸는데 일반기업이나 공무원이나 공사는 어떨까. 또 누군가 말처럼 로스쿨을 간다고 하더라도, 어떤 바보가 말도 하나 똑바로 못하는 변호사에게 일을 맡길까.

나는 무엇을 해야 할까. 무엇을 해야 살 수 있을까. 이런 저런 생각이 많아지는 요즘이다. 스물아홉의 봄은 가까이 와 있지만 아직도 봄이 아닌 거 같아서 너무 아프다.

지체 2급 장애인 H의 글이다. 선천적 뇌병변을 앓고 있는 H는 장애인 보조금이 갑작스레 줄어들면서 확인차 동사무소를 갔다가 "기존 금액을 유지하려면 장애 등급이 더 높아져야 합니다. 예산은 줄었고 기준은 엄격해져서 어쩔 수 없어요"라는 예상했던 말을 듣고 집으로 와 이 글을 SNS에 올렸다. 이때의 기분을 H는 이렇게 표현한다. "매번 '내가 병신이요'라고 말해야 하는데 그게 아무렇지도 않을 리가 있겠어요?"
명문대를 졸업한 H는 지금 논다. 공무원 시험 외에는 다른 길이 없다고 생각하고 도전해 필기는 합격했지만 면접에서 고배를 마셨다. 5분 스피치 면접에서 다른 이들은 종이에 연필로 답변을 정리할 시간이 있는데 H는 그렇게 하지 못했다. 연필을 제대로 잡는 게 어려운 자신을 위한 어떤 배려도 공무원 시험 장애인 전형에서조차 없었다. 하지만 놀랍지 않았다. 지금껏 한국사회는 그래왔으니까.

H가 공무원 시험 준비를 결심하게 만든 이전 직장은 어떠했는가. 태어날 때부터 말이 느리고 부정확한 장애를 가지고 있어서 일상적인 전화 응대가 어렵지만 취업 후 '전화를 못 받는다고' 잘렸다. 저성과자이기 때문에 회사는 해고에 아무런 책임 없다는 입장만을 단호히 보였다. 놀라운 건 이 회사가 비영리 시민단체라는 사실이다. 그러니 '이윤'이 지상 최대의 과제인 기업에선 오죽하겠는가.

> 6급 장애인인 김승재(가명, 34) 씨는 4년제 대학에서 경영학을 전공하고 대기업에 입사했다. 5년 가까이 일했지만 승진에서 자꾸 밀렸다. 장애인 차별이라고 불만을 제기했지만 회사는 달라지지 않았다. 공기업은 다를 것 같아 지난해 12월 이직했다. 계약직이지만 성과를 내면 정규직으로 전환될 수 있다고 했다. 전공과 경력을 살릴 수 있는 업무라 자신도 있었다. 그러나 입사해보니 장애인 의무고용률(공공기관 3퍼센트)을 맞추려고 공기업이 단기계약직을 채용한 것이었다.[42]

이 기사에는 한국의 기업에서 장애인이 어떤 취급을 받는지가 적나라하게 드러나 있다. 장애인 의무고용제도는 전체 근로자의 일정

비율을 장애인으로 채용하는 것이다. 공공기관은 3퍼센트, 민간기업은 규모에 따라 2~2.7퍼센트의 기준이 있다. 물론 법률이 시행된 1991년 이후부터 이 기준을 지키는 기업은 거의 없다. 어쩌다 준수할 때도 있는데 CEO가 구속되는 특별한 일이 있어야만 한다. 한국의 대기업 장애인 고용률은 1.9퍼센트에 불과하다[43] (해외선진국은 4.7퍼센트~5퍼센트). 2015년도 조사에 따르면 30대 그룹 중 24곳이 기준미달이었다.[44] 대기업 평균이 1.9퍼센트에 그쳤고 한 명도 고용하지 않는 곳도 수두룩했다. 대인업무가 많은 금융권에서는 장애인 고용율이 1퍼센트에도 미치지 않았다. 공공기관도 마찬가지다. 국회도 미달이다.

현장에서는 어쩔 수 없다는 입장이다. 경영을 하는 사람은 물론이고 비장애 직장인들도 마찬가지다. 이유는 간단한데, '자신이 지금 하는 일'을 같은 시간 안에 장애인들이 할 수 없음이 분명하다고 확신하기 때문이다. 그게 당연하니까 '의무고용제'를 하는 것이지만 이를 이해하는 이는 없다. 그래서 기업은 의무고용을 위반한 만큼 부담금을 대체했으니 문제될 것이 없다는 입장이다. 이렇게 해도 화내는 직원은 한 명도 없다. 오히려 장애인 고용이 늘어나서 자기 부서의 '한 명'이 장애인으로 채워지는 걸 더 끔찍하게 여긴다. 회사와 직원이 의견 일치하는 몇 안 되는 경우다.

2년마다 한 번 장애인 의무고용제 실태를 확인하니 꼼수도 비일비재하다. 평소에는 한 명도 뽑지 않고 있다가 조사기간이 다가오면 6개월짜리 인턴직으로 채워 넣는 식이다. 1.9퍼센트라는 숫자도 그렇게 억지로 만들어졌을 뿐이다. 면접관은 노골적이다. "장애인을 채용하라고 해서 하긴 하는데, 우리 회사에서 장애인이 할 수 있는 건 없다"고 면전에서 말한다. 회사 홈페이지 광고용으로 약간 명은 정규직으로 채용되기도 한다. 그렇다고 비장애인들의 인권도 없는 곳에서 장애인의 '정상적인 일상'을 보장할 시스템을 기대하는 것은 무리다.

헬조선에서 '장애인으로' 살아남기가 어떤지 대강 짐작되지 않는 가. 엘리베이터, 계단경사로, 문턱 없는 공간 등 장애인의 이동권을 위해 지켜져야 할 것들을 갖추지 않는 곳에서 불편함을 장애인이 호소해봤자 '어쩔 수 없다'는 답변만 메아리친다. 누군가의 권리는 '일부를 위해서 그런 비용을 쓸 수 없기에' 포기되어야 한다. 그러니 장애인은 역량 발휘가 어렵고 늘 조직에서 '뒤처진 사람'이 된다. 그리고 회사는 '우리는 기회를 주었는데도 성과가 없는데 승진을 어떻게 시켜주느냐'는 식의 분위기를 만들어 자연스럽게 퇴사를 유도한다. 어떤 이들은 승진 자체가 문제냐면서 그것도 참지 못하고 퇴사하는 이들을 탓하는데, 이부터가 장애인을 사람으로 인정하고 있지 않다는 거다.

장애인은 욕심이 없는가? 장애인은 후배들에게 밀리면 자존심 상하지 않는가? 장애인은 생애 과정에서 연봉이 늘어야만 하는 상황이 발생하지 않는가? 당연한 질문조차 삭제된 인간이 바로 장애인이다. 이런 철학을 들먹이며 따져봐야 기업은 '회사 입장에서는'이라는 말만 한다. 한국에서 '회사 입장'은 모든 경우에 대처하는 불변의 반응이다. 사회 '위'의 기업이 아닐 터인데, 한국에서 '기업적 가치'는 '사회적 가치'보다 우선한다.

그러면 채용되는 1~2퍼센트의 장애인들은 누구일까? 기업들이 채용하는 장애인들은 겉모습으로는 전혀 장애를 알 수 없는 경우가 많다. 전화도 비장애인과 똑같이 받고, 컴퓨터도 비장애인과 똑같이 사용할 줄 알고, 엘리베이터가 없어도 이동에 아무런 문제도 없는 장애인들이 주로 채용된다. 그래서 장애인 채용전형 면접장에서는 장애인들이 "내가 장애 등급은 있지만 전혀 장애가 없다"는 궤변을 하는 진풍경이 벌어진다. 휠체어 타는 이들도 드물다.

> "장애인 인턴 면접이잖아요. 그런데 휠체어를 탄 사람이 한 명도 없는 거예요. 나만 왠지 엄청 심한 장애인이라는 느낌이 들었어요. 지팡이를 짚으면 좀 걸을 수 있는 사람 같으니까 시선 같은 게 좀 덜하죠. 휠체어 타면 면접관들이 확실히 질문도 좀 덜해요. 관심 끄는 거지."[45]

H처럼 얼굴과 몸이 절반 이상 마비된 장애인은 다른 장애인들과의 외모(?) 경쟁에서부터 불리하다. 묻는 질문도 이상하다. "출근할 수 있겠어요?"가 제일 중요한 질문이다. 이 회사로 출근해서 일할 의향을 묻는 게 아니라 '그런 몸으로 제시간에 올 수는 있냐?'라는 뜻이다.[46] 지소연의 논문에 등장하는 장애인의 경우를 보자.

> "면접을 보면 이동성 부분을 제일 많이 물어보는데, ○○그룹 인턴에 지원했는데 처음엔 뽀뽀할 것처럼 잘해주다가 뭐 타고 왔냐고 물어보더라고. 엄마가 태워줬다 했죠. 네 번 물어보더니 한숨을 쉬더라

고요. 떨어졌죠. 그래서 엄마한테 나 취업 안 하겠다 그랬죠. 후배들한테는 대중교통 타고 왔다고 말하라고."[47]

그러니 자세히 보지 않으면 도무지 장애가 있다고 느껴지지 않을 사람들—이를테면 신체 내부기관의 장애 혹은 손가락 절단 정도—이 '장애인으로' 채용된다.[48] 장애인처럼 보이지 않는 장애인들이 회사에서 일을 열심히 하다보면 또 이상한 소리를 듣는다. "자기는 일하는 건 멀쩡한데, 왜 장애인으로 채용된 거야?"와 같은 물음이 대표적인데 겉으로 다정해 보이는 이 말투의 속뜻이 '너, 왜 나처럼 치열한 경쟁을 거치지 않고 편하게 입사했어?'라는 걸 장애인들은 다 안다. 좋게 말해 '운이 좋은 경우'이고 나쁘게 말해 '무임승차', '새치기', '꼼수' 등으로 장애인을 보고 있다는 것이다. 이런 시선들이 일상화된 곳에서 버티기는 쉽지 않다. 멀쩡하게 입사했다가 속병 생겨 '진짜 장애인 되어' 퇴사하는 꼴이다.

평온하게 적응하는 경우도 있다. 회사가 원하는 '장애인 본연의 일'에 충실한 사람이라면 별 문제가 발생하지 않는다. 주로 허드렛일이다. 자신의 업무 외의 허드렛일을 하는 것이 아니라 일 자체가 허드렛일이다. 회사는 이런 거라도 감지덕지해줄 장애인을 원한다. 배운 만큼의 업무를 원하는 '먹물' 장애인은 기피 일순위다. 그래서 '정신은 멀쩡하면서' 몸은 불편한 사람보다 웬만한 심부름은 시킬 수 있는 낮은 등급의 정신지체 장애인을 선호한다. 그러면 비장애인들은 장애인은 다 저런 줄 알고 이들에게 '회사와 관련된 일'을 맡긴다는 건 불가능하다는 고정관념을 형성한다.

산전수전을 겪은 H는 장애인고용공단을 통해 일자리를 알아봤다. 공단은 '바구니 만드는 공장'을 추천한다.[49] H는 '내가 이거 추천받으려고 대학까지 나왔나' 하면서 갈등하지만 쉽사리 겉으로 드러낼 수 없다. 그래봤자 주변 사람 모두가 "요즘 멀쩡한 친구들도 취업이 어려운 현실을 모르느냐"는 소리만 할 뿐이다. 주제 파악 좀 하라는 의중인데, 도대체 장애인은 왜 '비장애인들의 삶이 힘드니까' 바구니를 만들어야 하는 것일까. 그래서 H는 공무원 시험에 도전했고 합격했고 면접에서 떨어졌다. 2016년 봄 현재, H는 다시 9급 시험에 응시해 필기 합격 후 면접을 기다리고 있다.

장애인을 부차적인 존재라 생각하는 사회

H의 이야기를 내가 만난 노량진의 다른 수험생들에게 슬쩍 했다. '정말로 X 같은 사회네요'라고 공감하면서 한국사회가 왜 문제인지 술술 말해줄 것 같아서다. 하지만 수험생들의 반응은 냉소적이었다.

"그분은 운 좋은 거죠. 사실 장애인 전형은 점수 컷이 많이 낮잖아요. 장애가 없었으면 그렇게 쉽게 공무원 될 수 있나요?"

H가 (만약 최종합격한다면) 앞으로 공무원 생활에 어떻게 적응할지 두고 봐야겠다. 민원인들이 H의 '느림'을 이해하지 못하는 것은 둘째 치고 동료들마저 '생산성' 타령을 하지 않겠는가. 수차례 말했지만 이미 공무원이 되겠다는 사람에게 '공무원이 되려는 심성' 같은

것이 별도로 있을 리 없다. 이들은 그냥 한국인이다. 한국사회가 제공한 공기에 숨 쉬며 사는 대로 모든 것을 생각한다. 태초에 경쟁이 있었던 것으로 생각하는 사람들은 "생산성이 더 높은 사람을 제쳐두고 장애가 있다는 이유로 누군가를 우대하는 것은 차별 아닌가?"와 같은 놀랄 만한 질문을 던지는 걸 두려워하지 않는다. 이미 일반 기업에는 이 생각을 행동으로 옮기고 있으니 H가 그런 수모를 겪었던 것 아니겠는가.

한국의 장애인 고용률은 37퍼센트다. 비극적인 숫자다. 100명의 장애인이 있다면 그중 63명이 백수로 산다는 건 장애인들이 그냥 집에만 있다는 것이다. 취업을 했다는 37명도 꿈이 무엇이든, 어떤 공부를 했든 바구니를 만드는 수준이다. 아니면 일반 회사에서 '운 좋은 줄 알아라'면서 멸시의 눈치를 주는 사람들 틈바구니에서 수치심을 일상적으로 느끼고 살아야 한다. 하지만 비장애인들은 이것이 잘못된 것인 줄 모른다. 잘해주고 싶은데 '객관적으로 수준이 안 되니' 별수 없다는 입장이다. 비장애인의 관점에서 규정된 객관성으로 장애인을 판단하는 것도 문제지만 생산성이 낮은 것이 과연 일자리에서 차별받아야 하는 '원인'일 수 있을까? 물론 아니다. 그럼에도 고약한 생각을 마다하지 않는 건, 바쁜 성장을 추구했던 한국사회의 '결과'다.

장애인이 겪는 차별, 장애인 차별에 대한 비장애인의 둔감한 정서에는 한국사회의 슬픈 현대사가 고스란히 배어 있다. 30년 전, 내가 초등학교 1학년 때 같은 반이었던 Y의 이야기를 해보자. Y는 또래와는 조금은 다른 아이였다. 친구들은 그를 '바보'라고 불렀는데 선생은 한술 더 떠서 '저능아'라고 했다. 하지만 Y가 초등학교 1학년 과정을 못 따라갈 정도는 아니었다. 그때는 한글을 다섯 살 때 마스터하는 지금과 달랐다. 그래서 한 반의 절반 정도가 한글을 더듬거렸다. Y는 겉으로는 다른 친구들에 비해 한 박자 정도 느리기는 했지만, 나름 따라오고 있었다. 다른 이들이 조금만 '협력'한다면 Y는 정상적으로 초등 1학년 과정을 마칠 수 있어 보였다. 하지만 담임선생은 한 학기 만에 Y를 '사슴반'으로 옮겼다. 사슴반은 '특수아동'을 지도하는 특별반 이름이다. 학교는 Y처럼 장애가 있는 아이들만을 한 반에 모아 별도의 '맞춤형 교육'을 실시했다.

그런데 이 맞춤형 교육은 차마 '공교육'이라 부를 수 없는 시간들로 채워져 있었다. 사슴반 아이들이 하는 건 1년 내내 '자기 이름' 말하기, 그다음은 읽기, 마지막은 쓰기였다. 다음은 부모님 성함, 집 전화번호, 주소를 암기한다. 그게 전부였는데, 더 심각한 것은 이 사슴반이 1학년만이 아니라 3학년까지를 대상으로 운영되었다는 것이다. 즉 1학년 때 사슴반에 들어가면 3년 동안 '미아가 되지 않는' 교육만을 받을 뿐이다. 사슴반이 끝나면 3년 동안 기린반을 다닌다. 여기서는 일종의 심화(?) 학습이 진행되는데, 100원 들고 동네 구멍가게에 가서 물건 사고 거스름돈 받아오기와 버스를 직접 타고 정해진 목적지에 내리는 훈련만이 이어진다. 이러니 초등학교를 졸업하면 중학교에 갈 수준이 되겠는가. 그래서 특수학교로 가서 스무 살이 될 때까지 단순노동을 하는 법을 몸에 익힌다.

지금도 이때와 다르지 않다. 어떻게든 일반학교에서 공부시키겠다고 부모가 의지를 보여도 선생은 "왜 아이를 특수학교에 보내지 않고 일반학교에 방치하세요"[50]라고 할 뿐이다. Y, 그리고 한국의 장애인들이 받는 '맞춤형 교육'에는 단계를 밟아가는 전문성이 전혀 없다. 일반 교육에 비해 수십 단계 아래에 성취점이 맞춰져 있다. 이런 교육을 받으면 단지 동물보다는 똑똑한 사람이 될 뿐이다.

한국의 교육에 모두가 '함께' 가는 건 없다. 성실한 노동자로 길러 질 '다른 이'들을 위해서 핸디캡을 가진 이들은 '따로' 구분된다. 게다가 Y가 경험한 사슴반, 기린반 선생들은 특수교육 전공자도 아니었다. 그 자리는 '나이 든' 교사의 땡 보직 자리였다. 하루 종일 아무것도 안 해도 되기 때문이다. 이런 환경에서 자란 이들에게 '무엇을 할 수 있는 수준이 아님'을 탓하는 게 과연 정당할까? 이런 상식적인 의문을 배제하면 현장에서 경험한 장애인의 업무 미숙을 보고 '기회를 줘도 안 된다'는 고정관념만을 가질 뿐이다. 이런 곳에서는 부모의 엄청난 헌신과 본인의 악착같은 노력으로 일반적인 업무 능력을 보유한 장애인들에게도 바구니를 만들 기회만을 (이것도 소수에게만!) 제공할 뿐이다.

유럽의 여러 나라들은 장애학생들을 별도 관리하는 교육을 지양한다. 일반반, 특수반 개념으로 구분되는 것부터 차별의 시작점으로 보기 때문이다. 그래서 함께 교육받을 수 있도록 막대한 지원을 개인별로 한다. 이를 '우대'라고 생각하는 이들은 없다. 뉴질랜드는 기업에서 장애인을 채용하면 1년간 연봉의 상당부분을 국가에서 지원한다. 기업 입장에서는 밑져야 본전이니까 고용을 하는데 1년 후 거의 전부가 재계약을 한다. 1년만 같이 있어보면 '고용하지 않을' 이유가 없음을 알기 때문이다. 그런데 한국에서 장애인은 일은커녕 평범한 이동도 어렵다. 지하철 역사에는 장애인 전용 승강기가 부족해 장애인들이 리프트로 계단을 오르내리다 떨어져 사망하기도 한다.

1998년에 선포된 한국의 장애인 권리 헌장을 보면 "'장애인에게는 다른 모든 사람과 마찬가지로 가능한 한 정상적이고 원만하게 인간다운 삶을 영위할 수 있도록 모든 기회와 편의가 제공되어야 한다(2항)", "국가는 장애인이 혼자 힘으로 행동하고 생활할 수 있도록 조치를 취할 의무가 있으며 모든 장애인은 그것을 요구하고 이용할 권리가 있다(4항)"고 하지만 이를 실제로 요구하면 답변은 궁색하다. 승강기를 설치하기 위해서는 최소한 3미터의 '폭'이 필요한데, 그럴 경우 지상과 지하의 보행자들이 방해를 받을 수 있다는 것이다. 걷는 사람 불편하다고 걸을 수 없는 사람의 이동을 제한할 수밖에 없다는 황당한 입장이다. 횡단보도가 없고 지하 통로로 이동하는 곳에서 장애인들이 횡단보도 설치를 주장하면 지하상가 주인들이 '그러면 장사 망한다'고 시위를 한다. 이러니 장애인들은 집에만 있게 된다. 본인 스스로 한 걸음의 성장도 어렵다. 덩달아 가족들의 인생도 망가진다.

"성인이 된 장애인을 지도하는 교육자들은 하나같이 장애인이 마흔 살이 되어도 그 가족들은 하나도 변한 게 없다고 이야기한다. 오래전부터 더 이상 아이가 아니지만 여전히 그의 불행에 대해 비극적인 결론을 내려버린 가족들에 둘러싸여 어린아이인 채로 살고 있는 것이다. 가족구성원 한 사람 한 사람은 각자가 맡은 역할에 갇혀 있다. 자식을 위해 희생하는 어머니는 부상으로 받은 헌신이라는 이름 아래

화석이 되어간다. 아버지는 도피와 책임 사이를 오가며 교육자들이 흔히 말하는 '부재하는 아버지'가 된다. 형제자매들은 부모의 관심을 받지 못해도 아무렇지 않은 척 '가짜 무관심'을 선택하거나 반대로 장애형제를 돌봄으로써 부모의 관심을 받는 '보상행동'을 선택한다. 그리고 당사자인 아이는 장애가 있는 아이로서 있어야 할 자리를 지킨다."[51]

'자신의 자리를 지킬수록' 장애인들은 밖으로 나오지 않는다. 전체 장애인의 40퍼센트가 최종 학력이 초등학교에 불과한 것도 이 때문이다. 세상과 함께 살지 못하니 사회가 요구하는 역량을 갖출 수가 없다. 이런 결과를 보고 사람들은 자신의 판단을 옳다고 생각한다. 그나마 착한 사람들은 동정심은 보이지만 이것도 문제다. 그래서 고안한 게 장애인을 '장애우'라고 부르자는 것 아니었던가.

아직도 이 표현에 어떤 문제가 있는지 모르는 사람들이 많다. 장애를 가졌다고 모두가 친구여야 하다니, 이건 관계 맺음의 일방적인 폭력일 뿐이다. 누구와 친구로 지내는 건 그 사람의 자유다. 장애인을 불쌍하게만 보니 장애인의 반대 개념을 정상인으로 이해하는 사람도 여전히 많다. 잘못이라고 설명하는 데도 한참 시간이 걸린다.

문자 그대로 '병신病身'이란 말에는 장애인이 겹치지 않을 수 없으니 일상에서 비록 그것이 추임새에 불과할지라도 사용하지 말 것을 당부해도 씨도 안 먹힌다. 자기는 비하의 뜻이 없으니 누가 수치심을 느끼든 말든 상관없단다. 참, 쉽게 산다. 이러니 장애인들은 "갑-을이라는 계약관계의 장場에서조차 배제된 '을 이하의 인간'"[52]일 뿐이다. 이런 한국에서 장애인이 공무원이라도 할 수 있다는 게 다행인 것처럼 보이지만 어떤 집단에 속한 사람들의 '인생 최고의 꿈'이 공무원뿐이라는 건 결코 다행이 아니다.

4부

우주가 아니라
사회가 도와줘야 한다

노량진 사육신 공원에서 바라본 한강

"호주에서 웨이트리스로 일하는 게
한국에서 동사무소에서 일하는 것보다 나쁘지 않을 걸?"
_ 장강명, 〈한국이 싫어서〉 중에서[1]

오늘보다 나아지기 위해
버려야 하는 생각들

"이 나라는 정말 거꾸로 가고 있어.

사람들은 너무 쉽게 속아가."

_ 필립 로스, 〈유령퇴장〉 중에서[2]

'현실이 어쩔 수 없잖아'라는 말은 틀렸다

인터넷에 떠돌아다니는 정보들 중에는 출처를 정확히 확인할 수는
없지만 사람들이 '충분히' 합리적으로 이해하는 내용이 있다. 굳이
출처를 정교하게 따지지 않아도, 자신이 현실에서 느낀 바가 그대로
드러났다고 생각하기 때문이다. '각 나라의 중산층 기준'이라는 정
보도 그러하다. 중산층이 어떤 자격을 갖춰야 하는지 나라별 차이를
모아둔 내용인데, (많은 것들이 그러하듯) 한국과 다른 나라들의 차이
가 어마어마하다. 이래서 '역시 헬조선!'이라는 생각이 들 정도다.

예를 들어 프랑스의 중산층 기준에는 이런 내용이 등장한다. '공
분公憤에 의연히 참여할 줄 알며 약자를 도울 것.' 세상에! 한국에서

는 취업준비생이 자기소개서나 면접장에서 절대로 이야기하지 말아야 할 내용 아닌가. 공분, 즉 공중의 공적인 분노에, 그것도 의연히, 이것저것 따지지 말고 참여한다는 것은 한국에서는 쉽사리 드러내지 못하는 행동이다. 만약 면접장에서 누가 공분의 대표적 사례라고 할 수 있는 파업에 대해 묻는다면, "노동자들의 정당한 의사표현은 존중하나 시민을 불편하게 하면서 불법행동을 해서는 안 된다"라고 답해야 한다. 그래야만 그다음 질문을 받을 수 있다. 그런데 이런 생각을 하지 말고 사회적 약자를 '적극적으로 도와주는 것'이 어느 사회에서는 중산층의 기준이라니 놀랍지 아니한가.

미국과 영국에서도 사회적 약자를 돕는 것을 강조한다. 영국의 중산층 기준을 보면 이를 위해서 어떤 노력이 필요한지가 드러나는데, 이는 '비평지를 정기 구독할 것'이다. 여기에는 비평지를 읽어야만 공분의 이유를 알 수 있으니 약자의 소리에 '이상한 이념적 재단 없이' 귀 기울일 수 있다는 측면도 있고 중산층 정도 되는 사람이라면 어떤 지출을 하는 것이 사회적으로 바람직한지가 정확히 나타난다. 정기구독을 통해 비평지의 경제적 안정성을 도와주라는 것은 소득이 좀 높다고 다 중산층이 되는 것이 아니라 한 사회의 발전을 위해 지출을 어떻게 하는지가 중요함을 뜻한다.

이런 사회적 지출 덕에 자신은 지속적으로 수준 높은 비평지를 읽을 수 있고, 이와 비례하여 공분의 크기는 커질 것이며, 궁극적으로 '오늘보다 내일' 차별받는 사람들은 줄어든다. 이 아름다운 순환을 인지하고 사회의 톱니바퀴가 원활히 돌 수 있는 윤활유를 끊임없이 보충하는 데 '자신이 번 돈을' 쓰지 않는 사람을 어떻게 중산층이라

할 수 있는지를 묻는 사회가 곳곳에 있다.

물론 이 나라들이 유토피아라는 말이 아니다. 더 많은 이윤을 위해 일자리를 줄이는 것을 주요 전략으로 삼는 신자유주의 시대의 물결은 전 세계를 강타했다. 하지만 이에 대응하는 방식은 사회마다 다르다. 사회가 이 문제를 '어떻게' 인지하느냐에 따라 피해를 최소화할 수도, 아니면 그 반대일 수도 있다.

세상 어디에서나 자본주의의 부작용이 없을 수 없지만, 개인을 짓누르는 무시무시한 불안의 공포가 한국만큼 크지 않은 사회가 있다면 이는 '사람이라면 어떤 일을 해야 하는가? 돈만 많이 벌면 다인가?'라는 질문을 끊임없이 던질 수 있는 토대가 있고 없고의 차이일 것이다. 앞의 나라들 역시 제각기 문제점들이 많지만 여러 '좋은' 지표는 한국보다 높고, '나쁜' 지표는 한국보다 낮다. 이 차이가 한국에서만 유독 심한 '공무원 열풍'을 일으킨 것 아니겠는가.

그렇다면 한국의 중산층 기준은 어떠할까. 부채 없는 30평 이상 아파트 소유, 월 급여 500만 원 이상, 중형차 이상 소유, 예금 잔고 1억 원 이상, 해외여행 연 1회 이상 등이다. 누구는 이 조사가 별다른 부연설명 없이 막연히 중산층의 기준만 물어서 이런 것 아니냐고 반문하는데, 그것이 바로 '한국적'이다. 부연설명 없으면 중산층이란 단어에서 경제적인 것만을 먼저 떠올리고, '억지로 묻지 않는 이상' 사회적 가치를 굳이 생각하지 않는 개인들이 모인 곳에서 약자들이 보호받을 리 있겠는가. 그래서 너도나도 노량진으로 더 몰려들었으니 해가 갈수록 공무원 시험에 합격하지 못할 가능성은 더 커져만 가는 것이다.

더 우울한 지점은 한국의 중산층 기준을 보면 문제가 개선될 것이라는 기대를 할 수 없다는 데 있다. 한국에서는 자본주의적 가치가 개인이 존엄하게 살 권리를 침해하는 것을 방어하는 민주주의적 가치에 대한 사회적 교육이 전혀 없다. 그래서 한국은 비판할 지점들이 너무나 많음에도, '비판이 사라진 사회'가 되어버렸다.

우리를 괴롭히는 자본주의를 비판하는 것이 얼마나 공허한지는 다음의 일화가 잘 말해준다. 딸이 초등학교 1학년 때의 일이다. 초등학교에 입학한 지 얼마 안 된 때라 그런지 또래 부모들은 자녀들이 언제부터 영어 학원을 가야 하는지, 괜찮은 수학학습지는 무엇이 있는지를 서로 묻고 답했다. 자녀를 영어 그룹과외와 피아노·태권도·미술학원에 보내는 한 엄마는 "우리 아이는 아무것도 안 하고, 놀고만 있어서 걱정이다"라고 말한 후, 자신도 이상한 것을 아는지 겸연쩍게 웃었다. 이런 이야기를 부모들과 한참 하다 보니 본격적으로 '도대체 한국사회는 왜 그런지'를 모두 한탄하기 시작했다. 부모들은 직업에 따라 온갖 차별이 난무한 한국사회에 화를 냈다. 또 해맑게 놀아야 되는 내 아이가 삭막한 경쟁에 지쳐가고 있는 것에도 강한 불만을 표출했다.

비단 학부모들 모임뿐이겠는가. '한국에서 산다'는 조건만 동일하다면, 입시에 지친 학생들도, 업무에 시달리는 직장인들도, '모이기만 하면' 이 사회에 대한 불만을 말하기 바쁘다. 그런데 비판은 거기까지다. 사회에 대한 불만은 '불만으로' 그쳐야 한다. 답답하면 '땅만 쳐야 하지', 이를 해결하기 위한 다음 단계로 더 나아가서는 안 된다.

누군가가 조금이라도 나은 사회를 만들기 위해 우리가 어떻게 살아야 하는지를 말하는 순간, 그 공간에는 싸늘함이 감돈다. 나는 직업이 직업인지라 가만있지 못하고 꼭 한 걸음 더 들어가고자 한다. 누굴 가르치려고 하는 게 아니라 모두가 공감하는 문제는 '불씨를 꺼트리지 않고' 확장해야 한다는 일종의 의무감 때문에 말이다.

또래 부모 모임에서도 마찬가지였다. 나는 1학년 아이에게 사교육을 시키지 않기 위해 이렇게 굳은 의지가 필요한 줄 몰랐다고 격분하면서 '이렇게까지 경쟁시키는' 사회가 좀 달라져야 하지 않겠냐고 강조 또 강조했다. 많이, 빨리 배울수록 타인과의 경쟁에서 '살아남을 수 있다'는데, 왜 현실은 더 반대로 흘러가고 있는지를 따지고 또 따졌다. 사회가 잘못되어도 이를 비판하지를 않으니 면죄부를 얻은 사회는 더 포악스러워지는 것 아니냐고 묻고 또 물었다.

하지만 그날 이후 난 입을 다물었다. "오! 다음에 국회의원 되셔야겠네요!"라는 질퍽한 조롱을 들었기 때문이다. 이 말은 쓸데없이 진지하고 몽상이나 하는 사람이라는 비판에 지나지 않는다. 30대 후반에서 40대 초반의 어른들이 모인 공간에서 나온 말이라고는 믿기지 않지만, 이것이 엄연한 현실이다. 한국에서 사회의 변화를 논하는 자는 '오글거리는' 감정을 유발시킨 죗값, '싸늘한 공기'를 생산해 모임을 망친 대가를 치를 뿐이다.

대학생들과 이야기를 해도 마찬가지다. 이미 '사회 어쩌고' 이야기하는 사람을 '진지충'이라 하는 시대다. 나는《대학의 배신》(지식프레임, 2016) 해제에서 이미 밝혔는데, '민주주의가 퇴행된 사건'을 두고 우리가 왜 분노해야 하는지를 강의할 때 학생들의 반응은 이러하다. "민주주의가 훼손되는 어떤 사실이 머릿속에 인지되어도 '심장을 송곳으로 찌르는 그런 아픔'이 느껴지지 않아요."

놀랄 일도 아니다. 이는 경쟁의 크기가 달라진 시대적 특징일 뿐이다. 과거 같으면 머리에 띠 두르고 공부하며 밤잠을 설치는 고3 시기쯤 되어야 듣는 "지금 고생하면 나중이 편하다"는 소리를 지금의 대학생들은 초등학교 입학 전부터 익숙히 들었다. 4~5세부터 학습지를 풀면서 대학에 왔는데 취업을 위해서는 '9종 세트'를 준비하라고 한다. 아니면 세상과 단절하며 공무원이 될 각오를 해야 한다. 탈출하고 싶은 사회. 하지만 이 사회를 탈출하지 못한다면 정신적인 세뇌라도 필요하다. '왜 이렇게 경쟁해야 하는가?'라는 대안 없는 비판에 전전긍긍하는 것보다, '자본주의 사회는 어쩔 수 없다'는 체념과 '어차피 경쟁은 피할 수 없다'는 식의 순응을 바탕 삼아 '경쟁에서 이길 묘수를 찾는' 대안이 차라리 속 편하다.

이들은 "거지에 대한 동정은커녕 자기 자신에게마저도 냉혹해야 하는 '경제인homo economicus'"[3]으로 자라왔다. 또한 어릴 때부터 "너, 열심히 안 하면 비정규직 된다!"를 수없이 들어왔다. 그래서 비정규직은 그 원인이 사회구조에 있든 없든 개인의 자격 결핍을 상징한다. 비정규직이 되면 '패배한' 개인이다. 문제는 자신조차 '패배하지 않았다는' 징표인 정규직이 되는 게 만만치 않다. 그래서 그 자리를 노리는 '자기보다 노력을 덜 한 것처럼 보이는' 누군가에게 단호하게 군다.

드라마 〈미생〉에서는 요즘 젊은이들의 이런 심리상태가 잘 나타난다. 명문대 출신에 화려한 스펙을 가진 이상훈은 대기업에서 인턴

생활을 하면서 정직원이 되길 고대했다. 그런데 자신은 합격하지 못하고 검정고시 출신에 토익점수는커녕 대학은 가본 적도 없는 장그래가 인턴에서 (비정규직이지만 어쨌든) 직원으로 선발되자 이를 받아들일 수 없었다. 또 다른 엘리트인 장백기와의 술자리에서 상훈은 이렇게 말한다.

> "새치기 하는 자식 때문에 나 같은 사람이 피해보는 것 아닙니까. 그 새끼 하나 살리자고 우리 중 하나가 희생된 게 사실이잖아요. 장그래가 '우리'라고 생각해요? 아니죠? 걔는 개고 우리는 우리고. 공평한 기회? 웃기고 있네. 걔가 어떻게 우리와 공평한 기회를 나눠요. 우리 엄마가 나 학원 보내고 과외시키느라 쓴 돈이 얼만데. 이거는 역차별이라고요. 나도 좀 놀 걸. 중고딩 내내 열두시 전에 자본 적이 없다고요. 초딩 때는 학원만 몇 개를 돌았게요. 대학 때는 어학연수까지. 그런데 이게 뭐야?"

나는 《우리는 차별에 찬성합니다》에서 대학생들의 이런 억울함이 어떤 식으로 발로되는지를 증명했다. 이들은 비정규직 노동자가 '정규직 전환 요구'를 하는 것을 '날로 정규직 되려는 도둑놈 심보'라고 생각했다. 정규직 파이가 커지면 모두가 행복해질 확률은 높아지겠지만 지금의 대학생들은 그렇게 생각할 틈이 없다. 일단 자신부터 살아야 한다. 그러니 남들보다 더 노력하고 더 예민해진다. 차별 해소와 역차별을 구분하지 못하는 개인은 그렇게 등장한다.

드라마로도 제작된 최규석의 웹툰 〈송곳〉을 보면 비정규직은 "만기 없는 형벌"과 같은 것이어서 노동조합이 반드시 필요하다는 이유를 절실하게 말하는 구고신 노동상담사에게 "경쟁에서 진 걸 어떻게 해요. 남들이 열심히 할 때 열심히 안 한 자기 탓이지. 운동회 때도 달리기 1, 2, 3등만 상주지 꼴찌한테 상주는 거 아니잖아요"라고 또 다른 노동자가 말하는 장면이 있다. 그때 구고신은 이렇게 말한다.

> "1등한테 상주는 거, 누가 뭐라 그래? 2등부터 벌을 주니까 문제지. 패배는 죄가 아니오! 우리는 벌 받기 위해 사는 게 아니란 말이오! 우리는 달리기를 하는 게 아니라 삶을 사는 거고, 패배한 게 아니라 단지 평범한 거요. 우리의 국가는, 우리의 정치 공동체는 평범함을 벌주기 위해 존재하는 게 아니란 말이오!"

멋진 말이다. 하지만 현실에서 패배는 죄다. 나를 힘들게 하는 자본주의를 옹호해야만 한다는 역설적 주술이 사회의 공기가 된 곳에서 민주주의가 부차적인 수준에 머무르는 건 당연하다. 그러니 무시무시한 취업스펙이 '시장 키즈'로서 자란 이들에 의해 집단적으로 형성될 수 있었던 것이고 계산기를 다르게 두드린 또 다른 집단은 노량진으로 향한다. 이런 사회에서 민주주의는 고귀한, 그래서 지속적으로 발전시켜야 하는 개념이 아니라 '고도로 추상적인 이념 덩어리'에 불과하다.

시민교육을 담당하는 한 선생님은 국정원 취업이 목표라는 학생에게

"만약 너에게 댓글 정치 개입 지시가 내려오면 어떻게 하겠느냐"는 물음을 던졌다고 한다. 이때 그 학생으로부터 돌아온 대답은 "위에서 시키면 어쩔 수 없죠"였다. 도덕과 정의라는 가치가 학생들의 깊은 내면에서 작동하는 갑을관계와 먹고사니즘 앞에서 무력해지는 장면이다.[4]

원론적으로는 개인들이 시민이 되어 '사회구조'의 문제를 직시하고 변화를 추구하는 것에서 문제 해결의 실마리를 찾는 게 마땅하다. 이를 모르는 사람은 없다. 하지만 자신의 '내일'이 위태로워지는 걸 빤히 아는 상황에서는 불분명한 혹은 장기적인 관점에서 이해해야 하는 '사회의 변화'를 논하는 것보단 자기 인생을(상황에 따라서는 자녀의 미래를) 건사하는 게 옳고 효율적이라고 생각한다. 사회를 비판하는 사람이 많아지면 결국 정치의 변화를 도모하며 궁극적으로 '모두가' 행복해진다는 문법을 내일부터 '당장의 달라짐'을 느끼고 싶어 하는 절박한 사람들이 수긍할 리 없다.

그나마 따라잡을 수 있을 정도의 불평등 간격 수위를 넘겨버린 사회에서 사람들은 역설적이게도 '좋은 사회'를 위한 어떤 노력도 하지 않는다. "위험과 불안이 상존하는 사회에서 개인은 누구나 알아서 자신의 안전을 도모하는 수밖에"[5] 없기 때문이다. 그래서 많은 이들이 "아, 빨리 공무원 시험이나 준비해야겠다"고 다짐하거나 "너, 빨리 공무원 시험 준비해"라면서 타인을 걱정한다. 그 결과, 민주주의는 '밥 먹고 사는 일'에 비하면 너무나도 하찮은 가치가 되어버렸다. 이와 비례해 지금은 '밥 먹고 사는 일' 자체에 직면한 이들이 그 어느 때보다도 많아졌다. 즉, 우리의 '현실론'은 틀렸다.

'공무원만이 희망'이 되어서는 안 된다

한국이 정상적인 사회였다면 취업 조건으로 어학연수 경험을 당연시하는 걸 가만 내버려둘 리 만무하다. 비정규직이기에 일을 해도 가난할 수밖에 없는 현실을 보고도 외면하지 않았을 것이다. 일상의 병영화에 대해서 '이건 아니다'라고 말했을 것이고, 여자라는 이유로 경력이 단절되는 걸 '왜 그래야 하는가'라고 따졌을 것이다. 고작 나이 오십에 주된 일자리에서 퇴출되고, 고등학생이라는 이유로 최저임금조차 보장받지 못하고, 장애인보고 집 밖에 나오지 말라는 분위기를 그저 '어쩔 수 없다'고만 하지 않을 것이다. 하지만 한국은 모든 걸 내버려뒀다. 그래서 생애를 기획하는 것이 불가능한 현실에 직면한 수많은 이들이 한 곳으로 향했다.

그런데 독자들 중 '그러니 공무원만이 희망이네'라고 이해하는 경우가 있지 않을까 하는 걱정이 드는 것이 사실이다. 나는 우리를 힘들게 하는 '벽'을 고발하고자 했는데 오히려 사람들 중에는 '벽'의 두께가 실로 막강하다는 것에 놀라 자신도 노량진으로 오겠다는 결심을 하는 경우도 있을 듯하다. 다양한 사연을 품은 자들이 등장하면 '눈물 나는 합격 신화'도 덩달아 많아지고, 또 이에 혹해서 너도나도 인생의 승부수를 띄우겠지만 바늘구멍이 수요가 많다고 해서 넓어질 리 있겠는가. '공무원만이 희망'으로 귀결되는 논의는 결국 불합격자 숫자를 엄청나게 늘릴 뿐이고, 몇 년을 노력했지만 얻은 건 '허송세월'뿐인 사람들이 변변치 않은 일자리에 미래를 맡겨야 하는 악순환을 만들 뿐이다. 공무원 시험이 개인에게 '탈출구'로 인식되면 현실의 부조리가 덮여버린다. 그러면서 사회는 더 포악스러워지니 매년 '공무원 시험 지원자 역대 최고'라는 소식만이 정기적으로 등장하지 않겠는가.

한국에 태어나지 않았으면 '공무원이란 길'을 선택하지 않을 사람들의 이야기에서 수험생들에 대한 위로도, 그리고 자신의 미래에 대한 고민도 중요하겠지만 무엇보다도 사회에 분노해야 하는 타당한 이유를 찾았으면 한다. 그릇된 현실은 단기적으로 피할 순 있지만 '어떻게든 고쳐 나가는 게' 앞으로 이곳에서 살 미래 세대들을 위해서도 마땅하다. 그래야만 '과거에 비해 공무원 시험 준비생들이 줄고 있다'는 희망찬 뉴스를 볼 수 있을 것이다. "굳이 공무원을 하지 않아도 잘 살 수 있는데, 왜 시험공부를 해요?"라고 반문하는 청춘의 모습을 보려면 우리는 지금 어떤 논의들을 해야 할까?

얼마 전 서울대 학생 한 명이 아까운 목숨을 스스로 포기하면서 인터넷에 유서를 남긴 바 있다. 그는 '합리'를 추구하면서 살아가길 희망하는데 한국사회의 합리는 "먼저 태어난 자, 가진 자, 힘 있는 자의 논리에 굴복하는 것"이라면서 자신의 상식과는 "너무도 다른 이 세상에서 버티고 있을 이유가" 없다면서 허공에 몸을 던졌다. 그는 "근거도 없는 '다 잘 될 거야' 식의 위로는 오히려 독"이라면서 자신의 선택이 사회적 문제로 발전되길 희망했다. 이는 그가 말한 '상식과는 너무 다른 이 세상'이 어떤 모습인지를 적나라하게 공개해 이것이 왜 문제인지를 뼈저리게 느낄 때만이 가능하다.

이 책이 그럴 수 있는 불쏘시개이길 희망한다. 내가 만난 이들은 한국사회가 지금껏 어떤 그릇된 문화를 만들어 유지하고, 개선하지 않았는지를 고스란히 보여준다. 이들은 각자의 사연으로 노량진에 와 있지만 '하나의 사회', 즉 지옥 같은 한국사회 그 '안'에서 '어떻게든' 살아가다가 많은 상처를 받았고, 그 서러움을 나와의 인터뷰에서 털어놓았다. 공익을 추구하는 걸 쓸데없는 것이라 여기는 사회 풍토, 그 안에서 사익의 침해가 어떻게 이루어졌는지를 생생하게 증언했다. 아울러 한국사회를 깊숙하게 체험한 자신들의 경험이 무용담이 되는 것을 경계했다. 나아가 '더러우면 그만두면 되지! 마음만 먹으면 나도 다른 것 할 수 있다!'는 식으로 자신의 결심이 이상한 자기계발서처럼 포장되는 것을 극도로 경계했다.

이들은 자신들의 목소리가 '공공성'이란 개념이 낯선 한국사회가 얼마나 위험한 지경인지를 경고하는 '불쏘시개'가 되길 '시민으로서' 희망했다. 이 책의 독자들은 내가 나열할 한국사회의 모순들을 '응축'시켜[6] 논의의 불꽃을 더 크게 퍼뜨리는 장작이 되어주길 희망한다. 미국의 민주당 대통령 후보 경선에서 돌풍을 일으켰던 버니 샌더스Bernie Sanders가 "우리가 직면한 문제들은 하늘에서 떨어진 게 아니다. 사람들의 잘못된 의사결정 때문이다"라고 말한 것처럼 수많은 이들이 '그럭저럭 살기 위해 목숨을 걸어야 하는' 한국사회 역시 태초에 이런 운명을 타고난 것은 아니었을 것이다.

우리는 이 사회가 지금껏 '선택한 가치'들의 근본부터 고쳐나가야 한다고 각오해야 한다. 그것은 문제에 대한 지금까지의 처방이 죄다 틀렸음을 이해하고―그게 옳았다면 4천 명 뽑는 9급 공무원 시험에

22만 명이 지원하겠는가―이 사회가 어쩔 수 없다고 여기는 모든 것들을 파괴하는 것이어야 한다. 기회·과정·결과의 평등이 없는 자본주의를 '별수 있나'라고 여기는 천박한 태도, 성장을 위해서는 누군가의 희생이 필요하다는 관성적인 태만, 남자와 여자, 어른과 학생의 역할이 원래부터 엄격히 구분되어 있었다는 웃기지도 않는 고정관념을 다 깨부숴야 한다. 스스로 하지 못한다면, 이를 도와줄 정치권력에게 힘을 보태는 정치적 시민이 되어야 한다. 그렇지 않으면 지금도 놀라자빠질 '22만 명'의 숫자는 더 늘어날 것이 분명하다. 이건 공무원이 되겠다는 사람만의 관심사가 아니라 모두의 삶과 관계된 문제다. 벼랑 끝을 '일단 탈출'하겠다는 사람이 많아질수록 원래의 낭떠러지는 경사가 더 심해지기 때문이다.

많은 이들이 '억울하면 강자가 되라'는 식으로만 말한다. '성공한 사례'를 찾아서 마치 누구나 그렇게만 하면 삶의 구렁텅이에서 구원받을 것처럼 포장한다. 간절히 원하면 우주가 도와준다는 주술을 외우는 것도 잊지 않는다. 확실한 것은 사회가 할 일을 우주에 맡길수록 잔혹한 현실은 더 잔혹해진다는 사실이다.

이 책은 '노량진에서 고생하는 누군가에 대한 안쓰러움'이 아니라 좋은 사회를 만들기 위해 노력해야 하는 '시민으로서의 직무를 유기한 스스로'를 발견하길 바라는 마음에서 집필되었다. 사회는 '개인들'이 만들어낸 것이다. 문제가 있다면 '개인들의 변화'만이 해법이다.

나도 '남들처럼' 인간답게 살아야 할 권리가 있고 남들도 '나처럼' 자신의 존엄성이 지켜져야 한다. 만약 그렇지 않다면 끊임없이 내가 살고 있는 이 사회에 의문을 제기해야 한다. 정책 하나하나는 물론

이고 우리가 익숙하게 받아들이는 관습들 중에 상식적이지 않은 것이 무엇인지 따져봐야 한다. 그렇지 않으면 노량진은 더 붐빌 것이고, 상처받는 영혼들은 늘어만 갈 것이다.

　"어휴, 그래도 '헬조선'이라고 할 때도 이 정도는 아니었는데……"라고 말할 초현실적인 상황은 '지금 이대로라면' 충분히 현실적인 미래다.

어떻게 하면 아이들이
대통령을 꿈꾸게 할 수 있을까

아무도 무인도에 혼자 살게 된 사람을 보고
완벽한 자유를 누리게 되었다고 축하하지 않는다.
_ 홍세화

내가 지금까지 쓴 책들은 죄다 읽을수록 우울해진다. 이 책을 읽을
독자도 지금쯤 마찬가지 기분일 것이다. 실낱같은 빛에 희망을 거는
데 익숙한 사람들은 나의 이야기를 못마땅해한다. 그러면서 "그럼
어떻게 해야 하느냐?"면서 불편한 심기를 감추지 않는다. 내 입장은
한결같다. 구체적인 절망을 파괴하는 것이 모호한 희망에 사로잡혀
'객관적으로 그릇된' 현실을 애써 부정하는 것보다 훨씬 효율적이지
않을까?

강연장에 가면 '비판적 시민으로 매일을 살아가는 것이 유일한 답
이다'는 나의 결론이 시원찮다고 생각한 청중 가운데 자신이 직접
답을 말해야지만 직성이 풀리는 분들을 만난다. 이들은 '부모의 역

할'을 강조 또 강조한다. 이를테면 이런 식이다. 자신은 한국의 교육에 도무지 희망을 걸 수가 없어서 홈스쿨링을 시작했다고, 그렇게 아이와 함께 공부도 하고 여행을 다니면서 세상의 숨겨진 블루오션을 발견할 수 있었다고 한다. 이렇게 구체적으로 제시하지 않아도 '자녀들이 자신의 적성을 발견하고 진로를 찾아내도록 부모가 끊임없이 노력해야 함'을 강조하는 이들은 정말 많았다.

서로 처음 만난 대중 강연에서 이런 제안을 하신 분들에게 감사해야겠지만 나는 "말씀해주신 방법을 존중하지만 그것을 결코 사회적으로 권장할 모델이라고 할 수는 없습니다"라면서 찬물을 끼얹는다. 그럴 수밖에 없다. 이런 제안들은 결국 '자기 자녀 구하기'에 불과하다. '각자도생'의 좀 아름다운 버전이랄까?

내가 단호한 이유는 간단하다. 우리는 자꾸 '평범한 삶'을 벗어나 '비범하게' 사는 개인의 결심을 강조하는 버릇이 있는데, 이는 모순된 현실을 피할 용기가 없는 이들에게는 무용한 짓이다. 마음은 있어도 쉽사리 그럴 결정을 내릴 수 없는 사람은 또 어떠한가? 제도권 교육을 거부하고 홈스쿨링을 하겠다는 것은 짜장면과 짬뽕 중 무엇을 먹을지를 고민하는 수준이 아니다. 평범한 사람들은 쉽사리 선택할 수 없는, 리스크가 너무나도 큰 도전이다.

좋은 사회란 '대단한 결심이 없이' 평범하게 살아도 인간으로서의 존엄성이 보장되어야 한다. 때가 되면 다녀야 하는 학교에서 배우는 것만으로도 충분히 행복감을 느낄 수 있는 사회가 '좋은 시스템'을 갖춘 것임은 자명하다. 용기 없는 자들, 대단한 결심을 하지 않는 자들도 행복할 수 있어야 하는 것이 우리 사회가 추구해야 하는 방향이라는 말이다. 이러한 사회제도를 구축하기 위해 세금을 꼬박꼬박 내는 것이 아니었던가?

대통령을 꿈꾸는 아이들은 '누구나' 대통령을 꿈꿀 수 있는 사회적 토양 위에서 등장할 수 있다. 불안의 시대에 적응하는 것은 '불안이 없는 곳'을 찾아 가는 것이 아니라 그곳에 사는 평범한 누구라도 위축되지 않도록 불안의 요소를 원천적으로 제거하는 것이어야 한다. 하지만 살아남기 위해 평범한 일상을 포기해야 하는 곳에서, 부모가 자신의 삶을 때려치우고 희생을 감수하는 걸 당연시 여기는 곳에서 대통령을 꿈꿀 일부의 아이는 존재하겠지만 '너도나도'의 그 아이들을 만날 순 없다.

나는 이 책을 '한국을 떠나고 싶은 마음으로' 집필했다. 이는 내 나라에 대한 배신이 아니다. 오히려 내 자녀들이 자신들의 부모가 살았던 여기를 '떠나지 않았으면' 하는 간절한 바람이 있었기에 이 힘든 여정을 시작할 수 있었다. 떠나지 않으려면 잘못된 부분이 확실하게 개선되어야 할 것이고, 이는 한국사회의 민낯을 적나라하게 까발리는 것부터 시작해야 마땅하다. 나는 한국의 문제를 까발렸고, 어떤 문제의식을 가져야 하는지를 분명하게 말했으니 이제 '집단지성'을 통해 이 문제가 해결되길 기원한다. 그래서 나의 '자화상' 시리즈를 이제 그만 써도 된다는 징후가 제발 발견되었으면 한다. 시간이 지나 이 책이 "우와, 예전의 한국사회가 이 정도였을 줄이야"라고 말할 때 언급되는 '과거의 유산'이 되었으면 좋겠다. 진심으로 노량진이 한산해지길 기대한다.

감사의 글로 이 책을 마무리할까 한다. 2014년 초에 위즈덤하우스에서 원고 청탁을 받고 책이 나오는 데까지 2년이 넘게 걸렸다. 마감일을 몇 번이나 일방적으로 연기한 작가를 포기하지 않은 위즈덤하우스 관계자분들께 사과 말씀부터 드린다. 원고가 늦어진 이유는 인터뷰를 통한 자료 수집이 나의 전작들보다 훨씬 길었고 힘들었기 때문이다. 세상과 단절해 공무원 시험을 준비하겠다는 이들과 충분한 이야기를 나누는 일은 쉽지 않았다. 그래서 나와 만났던 42명에게 진심으로 감사 말씀을 전한다.

특히 만남의 교두보를 터준 서강대 졸업생 H, 노량진 ○○고시원의 K 총무, 청강을 허락해준 ○○○학원 상담실장님은 이 책이 탄생하는 데 지대한 공헌을 했다. 인터넷 카페 '9꿈사' 회원 70만 명에게도 감사 인사를 전한다. 그들이 올린 수만 개의 글들이 있었기에 나는 현장에서 느낀 생각을 어느 정도 일반화할 수 있다는 자신감을 얻었다.

강일도서관 4층 디지털자료실 노트북 전용좌석 25번에 앉아계셨던 분도 생각난다. 인터넷 강의를 집중해서 들으시던 그분은 초면인 나의 인터뷰 요청을 흔쾌히 승낙해주셨고, 우리는 도서관 앞 카페에서 다섯 시간이나 이야기를 나누었다. 1분 1초가 중요한 그분께 내가 큰 잘못을 한 것은 아닌지 모르겠으나, "주변에 보면 임대사업자 해보겠다고 부동산 경매 공부하는 친구들이 몇 있어요. 처음에는 별 미친 짓을 한다고 그랬는데, 이제 그 친구들의 선견지명이 부러울 뿐이죠. 그게 부럽다니……. 이거 정말 이상한 나라 아닌가요?" 라면서 뱉은 울분들을 이 책의 여러 지점에 반영한 것으로 미안함을 대체하고자 한다.

미처 지면으로 다루지 못한 사람들도 있다. 집단 왕따를 당하던 중학교 2학년 때부터 공황장애와 대인기피증을 앓았다던 C, 남에게 신경조차 쓰지 않는 노량진에서조차 자신을 향한 불편한 시선을 느낀다는 다문화가정의 자녀 P, 프로로 진출하지 못한 ○○대학의 야구선수 출신 K, 음대에서 비올라를 전공했다는 J 등은 "한국에서 태어난 게 잘못이지, 별수 있나요"라는 말로 현실을 설명했다. 이들이 내게 전달한 '이 사회를 향한 분노'가 없었다면 이 책이 완성되지 못했을 것이다.

마지막은 늘 그랬듯이 가족 이야기다. 드라마 〈태양의 후예〉를 볼 때를 제외하곤 남편의 예민한 글쓰기 시간을 존중해준 아내와 애니메이션 〈터닝메카드〉를 볼 때만 아빠의 글쓰기를 방해하지 않았던 딸과 아들은 내게 너무나도 소중한 존재다. 쑥스럽지만 이런 고백을 할 수 있기에 나는 글쓰기가 좋다. 나의 가족을 생각하면서 다음의 시 구절을 인용하며 이 책을 끝낸다.

지켜주지 못해서 미안하단 말은 그만하기로 하자
충격과 지진은 언제든 다시 밀려올 수 있고
우리도 전능한 인간은 아니지만
더 튼튼한 뼈대를 세워야 한다
남아 있는 폐허의 가장자리에 삽질을 해야 한다

_ 도종환, 〈지진〉 중에서

어쩌면 멸망이 우리를 덮치도록 두는 대신,
우리가 먼저 멸망의 모습을 선택할 때가
도래한 것인지도 모릅니다.

_ 손아람, 〈망국_{亡國} 선언문〉 중에서

주註

5쪽

● 안수찬, 〈그들과 통하는 길〉, 《민주정책연구원 연구원칼럼》 2011년 4월 19일자. 이 글은 '가난한 청년은 왜 눈에 보이지 않는가'라는 제목으로 지금도 화제가 되고 있다. 원문은 "개인에 대한 공포다"라고 끝맺는데, 문맥을 고려해 약간 수정했음을 밝힌다.

프롤로그

1 경제학자 존 메이너드 케인스의 에세이 〈우리 후손들의 경제적 가능성 Economic Possibilities of our grandchildren〉에 나온 말이다. 다음 문헌에서 참조했음을 밝힌다. 이원재 외, 《소셜픽션》, 어크로스, 2014, 16쪽.
2 김미진, 《공무원이 말하는 공무원》, 부키, 2014, 294~297쪽.

1부 | 잘 하든지, 잘 태어나든지

1 영화 〈내부자들〉에서 지방 출신 검사인 조승우(우장한 역)에게 부장검사가 "그러게 잘 하지 그랬어. 아니면 잘 좀 태어나든가"라고 하는 말에서 차용했다.
2 장하성, 〈기성세대는 자식들에게 물어봐라〉, 《한겨레》 2016년 2월 19일자.
3 김소연, 〈악몽의 기록들〉, 〈김소연의 볼록렌즈〉, 《한겨레》 2015년 12월 30일자.
4 〈갑질면접 백태〉, 《주간조선》 2015년 8월 3일, 2368호, 11쪽.
5 같은 글, 14쪽. 인용된 문장은 연세대학교 문과대학 여자화장실에 있었던 낙서였다고 한다.
6 올리버 예게스, 강희진 옮김, 《결정장애 세대》, 미래의창, 2014, 268쪽.
7 〈국민 10명 중 2명만 '계층상승 가능'〉, 《한겨레》 2015년 11월 26일자.

8   미스핏츠,《청년, 난민되다》, 코난북스, 2015, 237쪽.

9   같은 책, 231쪽.

10 〈타워팰리스보다 비싼 곳에 살지만, 행복하지 않다〉,《오마이뉴스》2014
     년 9월 17일자.

11 〈한국 20代 상대적 박탈감, 가나 이어 최악〉,《동아일보》2015년 9월 21
     일자.

12 이원재,《아버지의 나라 아들의 나라》, 어크로스, 2016, 51쪽.

13 노명우,《세상물정의 사회학》, 사계절, 2013, 73쪽.

14 미스핏츠, 앞의 책, 126쪽.

15 이재익, 〈공무원 시험 준비해〉, 〈이재익의 명대사 열전〉,《한겨레》2014
     년 10월 30일자.

16 인용구는 다음의 두 글에서 참조했다. 주형일, 〈지방대에 대한 타자화 담
     론의 주관적 수용의 문제: 자기민속지학 방법의 적용〉,《미디어, 젠더&
     문화》vol. 13, 2010, 76쪽; 양돌규, 〈[연속기획/ 한국사회의 차별과 편견
     의 구조 12–서울 vs 지방②– 대학사회의 서울중심주의] 지방대생 '친구'
     이야기〉,《당대비평》vol. 27, 2004.

17 주형일, 같은 글, 77쪽.

18 엄기호,《아무도 남을 돌보지 마라》, 낮은산, 2009, 99쪽.

19 〈노량진 수험생활 3년째……〉,《한국대학신문》2013년 2월 17일자.

20 정근하, 〈공무원시험 장수생들의 사회적 연계단절에 관한 연구〉,《문화와
     사회》vol. 19, 2015, 131~167쪽.

21 신효수, 〈공무원 취업 준비생들의 영어 학습 전략〉,《영어영문학 21》vol.
     28(3), 2015, 215~248쪽.

22 손이상, 〈껍데기는 가라〉,《황해문화》, 2016, 봄, 71쪽.

23 장하성,《왜 분노해야 하는가》, 헤이북스, 2015, 143쪽.

24 〈비정규직 600만명 시대, 월평균 임금 146만 7000원…… 사회보험 가입
     률〉,《헤럴드경제》2015년 5월 28일자.

25 바바라 에런라이크, 최희봉 옮김,《노동의 배신》, 부키, 2012, 47~48쪽.

26 전주희, 〈시간을 강탈하는 부채〉,《우리는 왜 이런 시간을 견디고 있는
     가》, 코난북스, 2015, 25쪽.

27 〈근로자 평균 연봉 3,150만 원? '체감 평균'은 1,322만 원〉,《머니투데이》
     2015년 9월 9일자.

28 장하성, 앞의 책, 27쪽.

29 〈대기업 정규직 100원 받을 때…… 중소기업 비정규직 41원 받아〉,《한

겨레》 2015년 2월 22일자.

30 〈비정규직 600만명 시대, 월평균 임금 146만 7000원…… 사회보험 가입률〉, 앞의 기사.

31 내용은 이원재의 《아버지의 나라 아들의 나라》에 관한 것이며, 다음 문헌에서 참조했음을 밝힌다. 〈'계급사회' 전락한 미국과 다음 세대의 재생을 위하여〉, 《한겨레》 2016년 2월 26일자.

32 〈한국, 비정규직 탈출 가장 어려운 나라〉, 《한겨레》 2014년 10월 6일자.

33 〈30대 공기업, 정규직 덜 뽑고 계약직만 늘렸다〉, 《경향신문》 2015년 6월 29일자.

34 조계완, 《우리 시대 노동의 생애》, 앨피, 2012. 347쪽.

35 이광일, 〈비정규직 문제에 대한 생생한 정치보고서〉, 《황해문화》, 2016, 봄, 383쪽.

36 〈비정규직의 메르스…… 드러나는 '투명인간'〉, JTBC 뉴스, 2015년 6월 15일.

37 이광일, 앞의 글, 384쪽. 앞 문장에 등장하는 '하등인간'이란 표현도 여기서 참조했다.

38 강준만, 《세계 문화의 겉과 속》, 인물과사상사, 2012, 43쪽.

39 〈쪼그라드는 중산층…… 20여년새 7.7퍼센트(75.4퍼센트→67.7퍼센트) 줄어〉, 《조선일보》, 2013년 8월 17일자.

40 〈빈곤탈출률 8년새 최저…… '희망 없는 사회'〉, 《국민일보》, 2015년 1월 27일자.

41 이라영, 〈공부 좀 할 걸〉, 《한겨레》 2013년 8월 7일자.

42 홍세화, 《생각의 좌표》, 한겨레출판, 2009, 34, 42쪽.

43 〈"동료 공격해야 내가 생존", 한국판 배틀로얄〉, 《매일경제》, 2016년 3월 3일자.

44 〈공무원·건물주가 '꿈'…… 청소년들의 현주소〉, JTBC 뉴스, 2016년 2월 29일.

45 김동춘, 〈청년 26만이 공시족인 나라〉, 《한겨레》 2016년 9월 6일자.

46 〈마태복음〉 25장 29절, 〈루가복음〉 8장 18절과 19장 26절에서도 반복되어 등장한다.

47 대니얼 리그리, 박슬라 옮김, 《나쁜 사회》, 21세기북스, 2011, 19쪽.

48 지그문트 바우만, 안규남 옮김, 《왜 우리는 불평등을 감수하는가》, 동녘, 2013, 11쪽.

2부 | 지옥을 떠나 더 나쁜 지옥으로

1 인터넷 카페 '9꿈사'(9급 공무원을 꿈꾸는 사람들)에서 아이디 'lakeluise' 가 쓴 글이다.

2 손석희 앵커의 말이다. 〈앵커브리핑: '모든 사라져 가는 것들에게 경의 를'〉, JTBC 〈뉴스룸〉, 2015년 10월 15일.

3 김현경, 《사람, 장소, 환대》, 문학과지성사, 2015, 207쪽.

4 정근하, 〈공무원시험 장수생들의 사회적 연계단절에 관한 연구〉, 《문화와 사회》, 2015, vol. 19, 145쪽.

5 다음 기사에서 참조한 표현이다. 〈블랙홀 같은 노량진에서 벗어나고 싶 다. 취직 위해 명절 반납한 공시생들…… 1박 2일, 그들의 삶을 엿보다〉, 《뉴스앤조이》 2016년 2월 8일자. 특히 이 문장에 주목했다. "노량진에 입 성하는 사람들은 무조건 '합격'에 대한 꿈을 안고 들어온다. 길어야 2년 이라고 생각하지만, 현실은 다르다. 아무리 발버둥쳐도 쉽게 빠져나가기 힘든 곳이 노량진이다."

6 '9꿈사'에서 아이디 'lakeluise'가 2007년 11월에 쓴 〈노량진별곡 1〉에 나 오는 문장이다.

7 〈유동인구 45만 명…… 청춘 문화의 중심지로 싸고 푸짐하게 '박리다 매'가 대세…… 컵밥 특화거리, 희망가로등 '새 명물'〉, 《한경비즈니스》, 1048호, 2015년 12월 30일자.

8 〈그 '섬'에서 맞은 아침: 노량진 고시촌(1)〉, 《티비 리포트》 2015년 9월 21일자. 인용한 구절의 전문을 소개하면 다음과 같다. "식사를 마친 고 시생들이 여가를 즐기는 방법은 두어 가지다. 근처 '사육신공원'에 올라 광합성하기, 길가에 널린 코인노래방에서 소리 지르며 노래하기다. 노량 진 거리에는 유독 코인노래방이 많다. 최소 열 곳은 넘을 것이다. 임창정, 브라운아이드소울 등 실력파 발라드가수의 노래 구절이 쩌렁쩌렁 울려 퍼진다. 목청을 찢듯. 음정은 상관없다. 이것은 분명 '분출'을 위한 노래 다."

9 〈김군 암기방, 200초짜리 한국사 압축 노래 '통암기' 선뵈〉, 《머니투데이》 2014년 9월 19일자.

10 정근하, 앞의 글, 148쪽.

11 정근하, 같은 글, 137쪽.

12 〈노량진 수험생활 3년 째…… 취미도 인간관계도 사치, 참으로 긴 터널〉,

《한국대학신문 캠퍼스라이프》 2013년 2월 26일자.

13   이문열, 《젊은날의 초상》, 민음사, 2005, 57~58쪽.

14   전효진, 《전효진의 독하게 합격하는 방법》, 에스티엔북스, 2013, 97, 102, 138, 145, 162쪽.

15   〈아침의 눈 아공법(138회)〉, 《한국고시》, 1564호, 2016년 2월 23일자, 10면.

16   웹툰 〈송곳〉에 나오는 대사다.

17   '9꿈사'에서 아이디 'lakeluise'가 쓴 〈노량진별곡 4〉에서 참조했다. 주요 지점은 다음과 같다. "지난세월 필름처럼 머릿속을 스쳐가니/외로움과 괴로움이 웅어리진 이내 모습/혹자들은 말한다지 한차례의 소나기라/나는 감히 말한다오 지루하던 장마라고."

3부 | 아니꼬우면 공무원 하라는 사회

1   박노자, 《왼쪽으로, 더 왼쪽으로》, 한겨레출판, 2009, 186쪽.

2   김영선, 《과로사회》, 이매진, 2013, 27~31쪽.

3   김영선, 같은 책, 30쪽.

4   〈살고 싶어서 퇴사합니다〉, 《시사인》, 441호, 2016년 3월 2일자

5   같은 글.

6   김보성, 〈장시간 노동사회에서 가족들의 생존기〉, 《우리는 왜 이런 시간을 견디고 있는가》, 코난북스, 2015, 119~120쪽.

7   〈부끄러운 OECD 통계…… 한국 노동시간 '최상위', 소득분배 '최하위'〉, 《경향비즈》 2015년 12월 22일자.

8   〈한국인 근로시간 연간 2천163시간…… OECD 2위〉, 《연합뉴스》, 2014년 8월 25일자.

9   〈한국인 평균 수면시간 7시간 49분? 프랑스와 비교해보니……〉, 《동아일보》 2015년 2월 8일자.

10   〈한국인 10명 중 4명, '업무 스트레스'로 수면 방해〉, 《머니투데이》 2015년 3월 15일자.

11   강준만, 《세계 문화의 겉과 속》, 401쪽.

12   〈병영체험의 이름은 '창의력 캠프'〉, 《한겨레 21》 972호, 2013년 8월 2일자.

13   톰 하트만, 한상역 옮김, 《중산층은 응답하라》, 부키, 2012, 28쪽.

14   〈9급 공무원에 열광하는 대한민국〉, 《한경비즈니스》 2015년 4월 13일자.

15   리베카 솔닛, 김명남 옮김, 《남자들은 자꾸 나를 가르치려 든다》, 창비,

2015, 24쪽.

16 문정희, 《오라, 거짓 사랑아》, 민음사, 2001, 28~29쪽.

17 스테퍼니 스탈, 고빛샘 옮김, 《빨래하는 페미니즘》, 민음사, 2014, 147쪽.

18 조계완, 《우리 시대 노동의 생애》, 409쪽.

19 조계완, 같은 책, 390쪽.

20 〈'부끄러운 꼴찌'…… 남성 가사노동시간 OECD 국가 중 최하위〉, 한국
경제 TV, 2015년 12월 7일.

21 조계완, 앞의 책, 381쪽.

22 신경아, 〈불안정한 노동시장에서 살아남기〉, 《젠더와 사회》, 동녘, 2014,
350쪽.

23 〈살고 싶어서 퇴사합니다〉, 《시사인》 441호, 2016년 3월 2일자.

24 앨리 러셀 혹실드, 백영미 옮김, 《돈 잘 버는 여자, 밥 잘 하는 남자》, 아
침이슬, 2001, 37쪽.

25 〈양향자 삼성전자 상무, 더민주 입당…… "여상 출신 최초 삼성 임
원"…… 스펙이 '어마어마'〉, 《서울신문》 2016년 1월 12일자. 인용은 기
사의 구절을 합쳤다. '(중략)' 표시가 있어야 하지만 흐름상 삭제했음을
밝힌다.

26 신경아, 〈불안정한 노동시장에서 살아남기〉, 앞의 책, 353쪽.

27 조계완, 앞의 책, 380, 398쪽.

28 이성은, 《섹슈얼리티는 정치학이다》, 서해문집, 2014, 108쪽.

29 엄기호, 앞의 책, 106쪽.

30 〈25세 이상 성인자녀 둔 부모 39퍼센트 "졸업·취업·결혼해도 자식 부
양 중"〉, 《조선일보》 2016년 6월 5일자.

31 고은, 《순간의 꽃》, 문학동네, 2001, 72쪽.

32 〈대학 낭만보다 9급 공무원, 노량진 몰리는 '공딩'들〉, 《중앙일보》 2016
년 1월 13일자.

33 〈'고졸 지옥'에 부는 '고졸 공시' 바람〉, 《한겨레 21》 1081호, 2015년 10
월 9일자, 48쪽.

34 〈자녀교육 성공이란? "좋은 직장 취직"이 1위로〉, 《한겨레》 2016년 2월
11일자. 참조한 내용은 다음과 같다. "한국교육개발원이 10차에 걸쳐 조
사를 진행한 17년 동안 국민들의 '자녀 교육관'에도 변화가 나타났다.
'자녀교육에 성공했다는 것은 어떤 의미인가'라는 질문에 '좋은 직장 취
직(24.3퍼센트)', '하고 싶은 일, 좋아하는 일을 하게 되는 것(21.9퍼센
트)', '인격을 갖춘 사람으로 자라는 것(19.1퍼센트)', '경제적으로 잘 사

는 것(17.7퍼센트)', '명문대에 진학하는 것(14.5퍼센트)' 순으로 조사되었다. 4, 5차 조사(2008년, 2010년)에서는 '자녀가 인격을 갖추는 사람으로 컸다는 의견(31.2퍼센트, 25.8퍼센트)'이 '자녀가 좋은 직장에 취직했다는 의견(24.8퍼센트, 22.5퍼센트)'보다 높게 나타난 바 있다."

35 〈사회가 내게 공무원을 권한다오〉,《프레시안》2016년 2월 17일자. 미래정치센터 블로그 이하나 기자의 기사 제목을 그대로 사용했다.

36 〈'고졸 지옥'에 부는 '고졸 공시' 바람〉, 앞의 글, 47쪽.

37 〈알바 vs 자영업자 '乙끼리 싸움'…… 광고주만 남는 장사〉,《중앙선데이》2015년 2월 15일자.

38 〈"알바 안 하면 교통비도 없어요" 고교생 10명 중 3명은 '생계형'〉,《한겨레》2016년 2월 14일자.

39 OECD 국가 34개 중 최저임금을 법으로 정하는 나라는 26개국이다. 이들 나라만을 비교할 때 한국의 최저임금은 15위권이다. 덴마크 · 노르웨이 · 아이슬란드 · 오스트리아 · 스위스 · 스웨덴 · 이탈리아 · 핀란드 등은 최저임금을 법으로 정하지 않고 단체협약을 통해서 자율적으로 결정하는데 그 수준이 OECD 평균 이상이다. 2015년 기준 스웨덴 레스토랑 노동자의 최저임금은 14.28달러이고 노르웨이 청소노동자는 20달러다. 이를 고려하면 한국의 최저임금은 20위권 안에 들지 못한다(〈한국 최저임금 OECD 순위는?〉,《시사인》2015년 6월 11일자).

40 〈최저임금 못 받은 노동자 232만명, 처벌 받은 사업주는 0.3퍼센트〉,《연합뉴스》2015년 7월 13일자.

41 데버러 헬먼,《차별이란 무엇인가》, 서해문집, 2016, 62쪽.

42 〈공기업, 장애인 고용률 맞추려 계약직 채용〉,《한겨레》2016년 5월 5일자.

43 〈대기업 장애인 고용 1.9퍼센트에 그쳐, 의무고용률 크게 미달〉,《뉴스 1》2016년 4월 19일자.

44 〈30대 그룹 중 24곳 장애인 의무고용률 '미달'〉,《머니투데이》2016년 5월 12일자.

45 지소연 〈장애정체성과 취업과정: 고학력 장애인의 대응전략〉, 서강대학교 대학원 사회학과 석사학위 논문, 2015, 52쪽.

46 지소연, 같은 논문, 56쪽.

47 지소연, 같은 논문, 43쪽.

48 지소연, 같은 논문, 32쪽.

49 지소연, 같은 논문, 28쪽.

50 〈갈 곳 없는 장애학생〉,《동아일보》2016년 4월 16일자, 1면.
51 시몬느 소스, 김현아 외 옮김,《시선의 폭력》, 한울림스페셜, 2016, 36쪽.
52 김도현,〈장애인은 대한민국 시민인가〉,《창작과 비평》2016, 봄(171호), 426~427쪽.

4부 | 우주가 아니라 사회가 도와줘야 한다

1   장강명,《한국이 싫어서》, 민음사, 2015, 179쪽.
2   필립 로스, 박범수 옮김,《유령퇴장》, 문학동네, 2014, 114쪽.
3   강수돌,《팔꿈치 사회》, 갈라파고스, 2013, 38쪽.
4   이기라,〈인문학적 분열증: 후마니타스 교양교육의 새로운 도전〉,《후마니타스 포럼》, 2015, vol. 1(2), 167쪽.
5   류동민,《서울은 어떻게 작동하는가》, 코난북스, 2014, 278쪽.
6   여기서는 다음의 표현을 참조했다. "헬조선은 젊은 사람들이 현재의 한국 사회를 경멸적으로 부르는 말인데 사회 전반의 모순과 문제점을 나름대로 집약해서 표현하고 있다. (중략) 문제는 모순들의 나열이 아니라 그 모순들을 응축시켜내는 것이다. 프랑스 철학자 알튀세르는 모순의 응축을 혁명이라고 불렀다." 이재현,〈헬조선〉,《한국일보》2015년 9월 15일자.

에필로그

●   홍세화, 앞의 책, 222쪽.

250쪽

●   손아람,〈[부들부들 청년: 1부 ①우린 붕괴를 원한다] 손아람 작가 신년 특별 기고–망국(望國)선언문〉,《경향신문》2015년 12월 31일자.

대통령을 꿈꾸던 아이들은 어디로 갔을까

믿을 건 9급 공무원뿐인 헬조선의 슬픈 자화상

초판 1쇄 발행 2016년 11월 4일   초판 3쇄 발행 2019년 9월 27일

지은이 오찬호
펴낸이 연준혁

출판 1본부 이사 배민수
출판 4분사 분사장 김남철
편집 신민희

펴낸곳 (주)위즈덤하우스 출판등록 2000년 5월 23일 제13-1071호
주소 (10402) 경기도 고양시 일산동구 정발산로 43-20 센트럴프라자 6층
전화 031) 936-4000 팩스 031) 903-3893
전자우편 yedam1@wisdomhouse.co.kr
홈페이지 www.wisdomhouse.co.kr

값 14,000원 ⓒ오찬호, 2016
ISBN 978-89-6086-999-8 03330

국립중앙도서관 출판시도서목록(CIP)

대통령을 꿈꾸던 아이들은 어디로 갔을까 : 믿을 건 9급 공
무원뿐인 헬조선의 슬픈 자화상 / 지은이: 오찬호. — 고양
 : 위즈덤하우스, 2016
    p. ; cm

ISBN 978-89-6086-999-8 03330 : ₩14000

한국 사회[韓國社會]

330.911-KDC6
301.09519-DDC23   CIP2016025127